Howard Murphet: Sai Baba und seine Wunder

Howard Murphet

Sai Baba und seine Wunder

Sathya Sai Vereinigung e.V.

Umschlaggestaltung: Jens Bosse
Titelfoto: Sathya Sai Baba materialisiert laddus, indisches Zuckerwerk.
Titel des englischen Originals: Murphet, Howard: Sai Baba – Man of Miracles, Samuel Weiser, Inc., York Beach, USA.
Übersetzung ins Deutsche von Rainer Benda.

Die Deutsche Bibliothek – CIP-Einheitsaufnahme
Murphet, Howard:
Sai Baba und seine Wunder / Howard Murphet. Sathya-Sai-Vereinigung e.V., Dietzenbach. [Das engl. Orig. wurde von Rainer Benda ins Dt. übers.] – 4. Aufl. – Dietzenbach: Sathya-Sai-Vereinigung, 2002
ISBN 3-924739-86-2

4. Auflage 2002

Sathya Sai Vereinigung e.V., Buchzentrum, Grenzstr. 43, D-63128 Dietzenbach
Herstellung: Richarz Publikations-Service GmbH, D-53757 Sankt Augustin

Inhalt

Anmerkung des Autors

Dieses Buch ist für drei unterschiedliche Lesergruppen gedacht.

Erstens für die, die das Mysteriöse, Wunderbare und Geheimnisvolle des Lebens interessiert und anzieht; zweitens für die, die auf der Suche nach dem spirituellen Licht sind und es noch nicht gefunden haben. Aus diesen beiden Gruppen, insbesondere der ersten werden viele von Sathya Sai Baba aus Indien noch nichts gehört, geschweige denn seine Wunder gesehen und seine große Kraft gespürt haben. Sie werden größte Zweifel haben. Deshalb habe ich versucht, den Aspekt der Verehrung möglichst im Hintergrund zu halten und die Fakten so objektiv wie möglich darzulegen. Diesen Aspekt der Verehrung findet man in einer Reihe anderer Bücher, die sich mit Heiligen und wunderbaren Phänomenen befassen. Ich kenne aber keines, daß so viele und verschiedenartige Ereignisse über einen Wunderheiligen beschreibt, der noch lebt. Die in diesem Buch dargestellten Ereignisse sind zudem von einer Menge von Zeugen belegt worden, deren authentische Namen angegeben werden.

Darüber hinaus sind diese Zeugen zum großen Teil in ihrem Berufsbereich oder ihren Wohnorten wohlbekannt, und jeder Zweifler, der eine Bestätigung dieser phantastischen und unglaublichen Erfahrungen mit Sai Baba sucht, kann mit ihnen Kontakt aufnehmen.

Da der Aspekt der Verehrung Sai Babas hier minimal gehalten werden soll, wird die dritte Gruppe von Lesern, für die das Buch gedacht ist, die Sai Baba-Anhänger, wahrscheinlich den Eindruck haben, daß die Darstellung zu kalt und sachlich für sie ist. Ich bitte sie aber zu berücksichtigen, daß die rein verehrende Darstellung einzig für einen Baba-Anhänger von Interesse ist. Ich aber spreche hier in erster Linie eine breitere Leserschaft an.

Trotzdem hoffe ich sehr, daß sogar der eifrigste und erfahrenste Sai-Anhänger, dem das Außergewöhnliche zur Selbstverständlichkeit geworden ist, auf diesen Seiten auch für sich etwas Interessantes finden wird – vielleicht eine neue Einsicht, einen Aspekt oder eine Erklärung dieser großen Sai-Kraft, denn sie ist ein unauslotbarer Ozean, und kein Mensch kann mehr als einen Ausschnitt davon erkennen. In diesem Buch, das die Frucht von langen und höchst lohnenswerten Nachforschungen, Untersuchungen und eigenen Erfahrungen ist, möchte ich mit ihnen den Ausschnitt teilen, den ich erfahren durfte.

Und nun möchte ich meine Wertschätzung und Dankbarkeit zum Ausdruck bringen. Sie richten sich zuerst und vor allem an Shri Sathya Sai Baba selbst für all das, was er mir persönlich in seiner Güte gezeigt und enthüllt hat. Worte können dies nicht hinreichend ausdrücken. Ich möchte auch jenen Dank sagen, die so liebenswürdig waren, mir die Details ihrer eigenen kostbaren und wunderbaren Erfahrungen zur Verfügung zu stellen, und die mir gestattet haben, ihren Namen zu nennen, als Zeugnis für die Wahrheit, die merkwürdiger anmutet als Dichtung.

Schließlich gebührt aufrichtiger Dank meinem guten Freund, Herrn Alf Tidemand-Johannessen, der bei der Fertigstellung des Buches zur rechten Zeit Hilfe anbieten konnte, sowie meiner Frau für das Maschineschreiben und die Überarbeitung des Manuskriptes.

H.M.

Vorwort zur neuen deutschen Ausgabe

Seit der ersten Veröffentlichung 1971 in England hat dieses Buch seinen Weg in viele Sprachen gefunden, europäische und asiatische. Nun bietet mir die Veröffentlichung einer neuen deutschen Ausgabe die Gelegenheit, einige Dinge auf den neuesten Stand zu bringen.

Was ich beim Schreiben des Buches in den sechziger Jahren über das Reisen und die Lebensbedingungen sagte, war bezogen auf die damalige Zeit richtig, aber im Laufe der Jahre hat sich einiges geändert. Heute gibt es eine feste Straßendecke, durchgehend von Bangalore nach Prashanti Nilayam. Die Fahrt mit dem Auto oder Taxi dauert etwa drei Stunden. Es gibt auch einen öffentlichen Bus, der vier oder fünf Stunden braucht.

Der Aschram selbst ist, seit ich das erste Mal dort war, vollständig umgebaut worden. Nun sind das im Buch genannte Shanti Vedika und die offenen Unterstände verschwunden. Zu Seiten des erweiterten, schönen Mandirs befinden sich mehrstöckige Wohnblocks. Jede Wohneinheit gehört einem Devotee, der irgendwo auf der Welt lebt, aber wenn der Besitzer gerade nicht da ist, kann sie durch die Wohnungsvermittlung des Aschram einem Besucher zugeteilt werden.

Wenn alle Wohnungen belegt sind, was normalerweise nur während der großen Feste der Fall ist, bekommen die Leute einen Schlafplatz in einer der großen Hallen angeboten.

Auch die Verpflegungssituation hat sich verändert. Die Kantine bietet nun sowohl nicht-gewürzte westliche als auch die traditionellen indischen Speisen an. Außerdem befindet sich im Aschram eine Bäckerei, wo täglich z.B. Brot, Brötchen, Kuchen und anderes Gebäck gebacken werden. Es gibt auch eine Reihe von Aschramläden, wo die Devotees viele Sachen kaufen können, auch frisches Obst, Gemüse, Milchprodukte und Frühstücksgetreide.

Eine junge Frau, die dieses Buch studierte mit der Absicht, es in eine fremde Sprache zu übersetzen, warf mir vor, meine Leser mit der Bemerkung irrezuführen, Sai Baba nehme von niemandem Geld. Nun, meine Nachforschungen und Rückfragen diesbezüglich bestätigten, daß das tatsächlich zutraf, als ich das Buch schrieb.

Einige Jahre später jedoch, als Baba sein Erziehungsprogramm im großen Umfang begann (vom Kindergarten bis zur Hochschule), wurde ein Zentraltrust eingerichtet, auf den Devotees Geldbeträge einzahlen konnten. Das Geld wird auf Babas Anweisung verwendet für seine neue spirituell ausgerichtete Erziehungsarbeit und seine ausgedehnten Gesundheits- und sozialen Hilfsprogramme für die Armen.

Dennoch ist es immer noch wahr, daß er persönlich kein Geld annimmt. Ich weiß dies aus eigener Erfahrung, da ich einige Male Schenkungen von verschiedenen Devotees, die im Ausland leben, mitgenommen und ihm angeboten hatte. Er hat es immer abgelehnt und stattdessen über spirituelle Themen gesprochen. So mußte ich die Schenkungen und Überweisungen zu der Bank bringen, bei der das Konto des Trusts geführt wird.

Es ist auch wahr, daß die Schenkung – ganz gleich wie groß sie ist – die Liebe des Avatars nicht erkaufen kann. Stattdessen muß ein Devotee ein gutes Maß an selbstloser Liebe und Herzensreinheit besitzen, bevor sein Beitrag für Babas göttliches Werk akzeptiert wird.

Die wesentlichen Dinge aber, die ich in diesem Buch beschrieben habe, sind die gleichen geblieben wie damals, als ich Bhagavāns Instrument war, um sie erstmalig der weltweiten Öffentlichkeit zur Kenntnis zu bringen. Gewiß ist die weite Welt als Ganzes noch nicht reif für die reinigende Botschaft des Avatars. Aber es ist ermutigend zu sehen, daß es schon in vielen Teilen der Welt größere Kerngruppen von Menschen gibt, die *bereit sind* – wie Wächter in der Nacht warten sie auf ein Lichtzeichen in einem Fenster. Wenn das Licht aufleuchtet, wissen sie, was es bedeutet, und sie kommen zu Tausenden, körperlich oder geistig, zur Stätte des Höchsten Friedens.

Möge diese neue Ausgabe in der deutschsprachigen Welt noch viele Menschen finden, die bereit sind und auf den Hoffnungs- und Freudestrahl des Avatars warten.

Juni 1985, Howard Murphet, Blue Mountains, N.S.W., Australia.

Einleitung

> ... und Sie finden es schwierig, an Wunder zu glauben? Ich dagegen finde es leicht. Sie müssen sich einfach ereignen. Die Sternenwelt in Zeit und Raum, das prunkvolle Fest des Lebens, der Prozeß von Wachstum und Reproduktion, die Instinkte der Tiere, der ganze Einfallsreichtum der Natur ... all dies ist vollkommen unglaublich. Wunder über Wunder ...
>
> Prof. W. Macneile Dixon, Gifford-Vorlesungen, 1935-37

Die meisten von uns begegnen dem Wunderbaren und Magischen in den Märchen der frühen Kindheit und in den prägenden Jahren; bevor „die Schatten des Gefängnisses" anfangen, uns einzuschließen, sind Wunder ein Teil der von uns akzeptierten Weltordnung. Damals gab es für uns nichts Unglaubwürdiges an der magischen Kraft der Lampe Aladins oder an Jacks Bohnenstengel oder am Gang Christi über das tosende Meer.

Solche Geschichten sind natürlich nicht auf die Folklore und religiösen Schriften der westlichen Welt beschränkt. Die schriftlichen Aufzeichnungen der Menschen überall auf der Erde breiten eine Überlieferung von Wundern aus, die sich von Lord Krishna vor etwa 5 000 Jahren bis zum heutigen Tag erstreckt. Das „Zeitalter des Wunders" ist immer gegenwärtig gewesen. Wir lesen seine Zeichen am fernen Horizont des alten Ägyptens, Caldäa, Indien und Palästina. Und im alten Alexandrien der frühchristlichen Ära gab es Theurgen, die bei öffentlichen Zeremonien Statuen zum „Laufen, Sprechen und Prophezeien" brachten.

Im Mittelalter in Europa beanspruchte die Kirche unglücklicherweise das Monopol für das Wunderbare, und jene, die außerhalb von ihr wirkten, mußten es insgeheim tun. Dennoch existierten solche säkularen theurgischen Meister, ob sie nun zu den Rosenkreuzern oder anderen okkulten Brüderschaften gehörten, und trotz kirchlicher Macht und Mißgunst erlangten einige große Persönlichkeiten – wie Paracelsus und Comte de St. Germain – Beachtung in der Öffentlichkeit und erregten ihre Neugierde, Ängste und ihren Argwohn.

Aber was betrachten wir eigentlich als Wunder? Wenn damals im Mittelalter ein einziges Individuum erschienen wäre, das irgendeines der vielen Dinge hätte tun können, die wir heute für selbstverständlich nehmen – Fernsehen, Raumfahrt, Fahrt zum Mond, in wenigen Sekunden mit einem anderen Kontinent kommunizieren, Materie in Nuklearenergie umwandeln oder Materie in ihre atomaren Komponenten zerlegen, um daraus eine ganz andere Materienform zu bilden – was wäre wohl mit einem so gefährlichen Häretiker geschehen? Was hätte man wohl mit jemandem getan, der solchermaßen die göttlichen Gesetze mißachtete, den Status der Theologen untergrub und sich die Kraft der Engel anmaßte? Wäre sein Leben mehr als ein Reisigbündel zum Verbrennen wert gewesen? Aber die heutigen „Wunder" um uns sind langsam durch die mühsamen Anstrengungen der Wissenschaften erreicht worden. Wir kennen einige der Gesetze, die dahinterstehen. Oder, wenn wir auch die Gesetze selbst nicht kennen, glauben wir, daß unsere modernen Priester, die Technologen der Wissenschaft, sie kennen. Und so akzeptieren wir diese Phänomene ruhig und bewundernd als Produkte des naturwissenschaftlichen Fortschritts. Wir betrachten sie nicht als Wunder.

Und dennoch sind sie es in gewisser Weise ebenso, wie das gesamte Universum in Zeit und Raum und die wunderbaren Erfindungen des Geistes Wunder sind. Aber vorausgesetzt, wir können sagen: „Es funktioniert nach der und der Gleichung" oder: „Unsere Wissenschaftler haben die Gesetze entdeckt und unsere Techniker arbeiten damit", so fühlen wir uns auf sicherem Boden. Es ist wissenschaftlich, also gibt es nichts Magisches daran.

Demnach scheint die Definition eines Wunders die zu sein, daß es ein Phänomen ist, von dem wir weder die kausalen Gesetze kennen, noch glauben, daß die große Gruppe von Wissenschaftlern sie versteht, in die wir unser Vertrauen und unseren Glauben setzen. Christliche Wunder, wie etwa die von Lourdes, sind gemäß den Theologen „die Aufhebung der Wirkung eines Naturgesetzes durch den Urheber, Gott selbst". Aber diese Auffassung befriedigt den Okkultisten nicht. Er meint, es gäbe keine Aufhebung der Naturgesetze; es mag so scheinen, aber in Wirklichkeit wird das wunderbare Phänomen von einem tieferen Gesetz hervorgebracht, das von der exoterischen Wissenschaft noch nicht entdeckt oder formuliert worden ist. Wenn das höhere Gesetz bekannt geworden ist, modifiziert sich unsere Vorstellung vom niederen Gesetz.

Madame H.P. Blavatsky formulierte den okkulten Standpunkt folgendermaßen: „Ein Wunder ist keine Übertretung der Naturgesetze, wie unwissende Leute glauben. Magie ist auch nur eine Wissenschaft, ein profundes Wissen von den okkulten Kräften in der Natur und von den Gesetzen, die die sichtbare und unsichtbare Welt regieren.“ Solche okkulten Gesetze sind der esoterischen Wissenschaft bekannt, aber die, die solches Wissen besitzen, waren immer wenige und in der Öffentlichkeit gewöhnlich unbekannt. Deshalb leugnet die öffentliche Meinung gewöhnlich ihre Existenz sowie die Existenz jeder Vereinigung esoterischen Wissens.

Wunder, die man dokumentiert hat, sind etwa folgendermaßen zu unterteilen. Bhagavān Das klassifiziert die Wunder Lord Krishnas so: 1) das Gewähren erleuchtender Visionen, 2) Sehen über große Entfernung, 3) Vermehren kleiner Mengen von Lebensmitteln oder anderer materieller Dinge, um größere Mengen herzustellen, 4) Projizieren des feinstofflichen Körpers (und *der* Körper), um zugleich an verschiedenen Orten zu erscheinen, 5) Heilen der Kranken und Mißgebildeten durch Berührung, 6) Wiedererwecken von „Toten“ bei einigen Gelegenheiten, 7) Verhängen von Strafen über besonders schlimme Sünder, z.B. über den, der Kinder und Schlafende ermordete.

Jesus Christus hat ähnliche Wunder bewirkt. Aber vielleicht lag das Schwergewicht etwas anders. Der Nazarener scheint sich mehr auf die Heilung von Kranken, Krüppeln und Gestörten konzentriert zu haben. Aber er bewirkte auch viele Dinge, die man heute als „Phänomene“ bezeichnet; er levitierte über dem Wasser, er machte sich unsichtbar; er vermehrte Lebensmittel; er verwandelte Wasser zu Wein; er erweckte die „Toten“. Und wenn die Überlieferung stimmt, kam seine größte phänomenale Wundertat am Ende der Geschichte. Nach dem Tode dematerialisierte er seinen Körper, um ihn aus dem Grab zu holen, rematerialisierte ihn in eine plastische, geschmeidige Form, so daß sie zuweilen von seinen Jüngern kaum erkannt wurde, und schließlich, auf dem Ölberg, erhob er seinen ätherischen Erdenkörper auf eine andere Existenzstufe.

Krishna und Christus sind die zwei herausragenden Wunder-Täter der Heiligen Schriften der Welt. Aber es gab auch viele andere von geringerem Format, oder vielleicht manchmal nur weniger berühmte. Einige konnten ein oder zwei Arten dieser Wunder wirken, andere hatten die Macht, viele zu wirken. Die frühen christlichen Apostel konnten Kranke heilen und andere Wunder vollbringen. Apollonius von Tyana im ersten nachchristlichen Jahrhundert konnte ähnliches und mehr. Einmal genügte seine bloße

Ankunft in einer Stadt, um eine Epidemie zu beenden. Viele Heilige und Mystiker haben übernatürliche Kräfte gehabt, wie Levitation, Bilokation und Astralreisen. Durch die Jahrhunderte hindurch hat es reichlich Anzeichen einer geheimen Bruderschaft von Okkultisten gegeben, die Adepten in verschiedenen Zweigen der hohen Magie waren.

In der zweiten Hälfte des letzten Jahrhunderts versetzte Madame H.P. Blavatsky eine ungläubige westliche Welt mit einer Fülle von Phänomenen in Staunen.[1] Scheinbar aus dem Nichts brachte sie auf Verlangen eine Vielfalt von Gegenständen zum Vorschein – Früchte, Geschirr, Besteck, Schmuck, bestickte Taschentücher, Bücher, Briefe und andere Dinge. Man sagte, sie habe auch eine Art Materie in eine andere verwandelt, Astralreisen und manchmal ihren physischen Körper unsichtbar gemacht. Sie konnte Dinge aus der Vergangenheit oder in großer Entfernung sehen, im „Astrallicht", wie sie es nannte.

Jeder, der gründlich und vorurteilslos die Zeugnisse studiert, wird zweifellos anerkennen, daß Madame Blavatsky eine echte „Magierin" war, wie die Welt das nennt. Oder vielleicht trifft es eher die Wahrheit zu sagen, daß in vielen Fällen die Magie durch sie von gewissen hoch-entwickelten Yogis oder Adepten, deren Chela (Schülerin) sie war, gewirkt wurde.

Es hieß, sie sei ein Medium. Aber im Zusammenhang mit spiritueller Praxis impliziert das Wort einen Bewußtseinsverlust, Madame Blavatsky jedoch hat niemals ihr Bewußtsein verloren, wenn durch sie Phänomene hervorgerufen wurden. Sie zog das Wort „Mediator" dem Wort „Medium" vor, wenn sie ihre Rolle beschrieb. Die Adepten, die durch sie wirkten, lebten weit entfernt, aber das behinderte sie nicht; sie wußten, was sich in der Ferne ereignete und wie sie handeln mußten, entweder durch Reisen in feinstofflichen Körpern oder auf andere Weise.

Was die sogenannten Wunder betrifft, vergangene und heutige, so gibt es darüber etwa drei verschiedene Arten von öffentlichen Meinungen. Da sind jene (vielleicht ist es im Westen die Mehrheit), die sagen, daß Wunder allesamt Hirngespinste seien, daß sie keine faktische Grundlage hätten. Andererseits gibt es jene, die entweder aus eigener persönlicher Erfahrung oder aus anderen Gründen die

[1] Siehe: Die Okkulte Welt, von A.P. Sinnett (Theosophischer Verlag, London).

Wunderwirkung als Tatsache akzeptieren. Und schließlich gibt es die (eine wachsende Zahl), die sich in dieser Frage offen halten. Sie haben das Gefühl, daß Ereignisse, die jenseits der Grenzen rationaler Erklärung liegen, nicht notwendigerweise jenseits des Möglichen sein müssen. Sie halten tatsächlich die Auffassung für vernünftig, daß nicht alle Gesetze und Kräfte des Universums schon im Lehrbuch der modernen Wissenschaft verzeichnet sind.

Aber während die Menschen dieser dritten Kategorie *theoretisch* die Möglichkeit des Wunderbaren akzeptieren, sind sie nicht überzeugt, daß Wunder tatsächlich stattfinden. Bevor sie irgendein Ereignis als übernatürlich akzeptieren, brauchen sie starke Beweise, vorzugsweise durch ihre eigenen fünf Sinne und sogar noch mehr als das, sowie eine innere intuitive Überzeugung, die das Sehen, Berühren, Hören und Testen begleitet. Ich gehörte zu dieser dritten Kategorie, bevor ich Sathya Sai Baba begegnete.

Mein Interesse an psychischer Forschung und Parapsychologie und das Studium ihrer Ergebnisse im letzten Jahrhundert hatten mich überzeugt, daß viele Wunder Sai Babas tatsächlich über die Grenzen hinaus in den Bereich respektabler naturwissenschaftlicher Fakten hinüberreichten. Telepathie, Hellsehen, Präkognition sind mittlerweile im Labor getestete und anerkannte Phänomene, obgleich es immer noch keine befriedigende Erklärung oder naturwissenschaftliche Hypothese dafür gibt. Darüber hinaus gibt es starke Beweise für die Existenz von Psychokinese, die Kraft des menschlichen Bewußtseins und Willens, aus der Entfernung Gegenstände zu bewegen.

Wenn solche Phänomene, wie die Kraft des Gedankenlesens, durch Wände sehen, zukünftige Ereignisse voraussagen, oder auf mentalem Wege physische Objekte bewegen oder ihre Bewegung verändern, einmal jenseits des begründeten Zweifels durch Laborexperimente und statistische Analysen bestätigt werden, dann erhalten wir eine naturwissenschaftliche Rationalität hinter dem, was wir gewöhnlich „Magie“ genannt haben.

Und genau das ist es, was die Mehrheit heute braucht: nicht eine alte theologische Erklärung, sondern ein akzeptables rationales Erklärungsprinzip für diese neue „wissenschaftliche“ Sichtweise, obgleich viele orthodoxe Wissenschaftler ihre Augen vor den Tatsachen verschließen. Zu allen Zeiten hat es unbeugsame Dogmatiker gegeben, die die Bequemlichkeit ihres eigenen Glaubens oder ihrer Theorien gegenüber neuen Fakten, neuen Beweisen, neuen Gedanken bevorzugten.

Überall finden wir diese Trägheit, diese tamasische Eigenschaft, die sich an die Sicherheit des Status quo klammert und die Risiken und Mühen einer endlosen Wahrheitssuche scheut.

Aber wenn das Wunder tatsächlich geschieht, wie wirkt es dann? Können wir etwas über die Mittel und Wege erkennen oder entdecken, durch die ein sogenanntes Wunder geschieht? Könnte ein Atomphysiker einem Grundschüler erklären, wie eine Rakete auf den Mond geschickt wird? Er mag vielleicht einige Hinweise geben oder eine stark vereinfachende Erklärung, aber bevor der Junge die Gesetze und Wirkungsweisen der Nuklearphysik wirklich verstehen kann, muß er Schritt für Schritt seine geistigen Fähigkeiten entwickeln und einen langen disziplinierten Lernweg beschreiten.

Die Entwicklung und die Ausbildung, die von einem Schuljungen verlangt werden, der Atomphysiker werden will, beziehen sich aber hauptsächlich auf Intellekt, Konzentration und Ausdauer. Auf der anderen Seite ist das, was man von einem Menschen verlangen muß, der etwas Wissen über Wunder erlangen will, hauptsächlich Charakterentwicklung, psychische Entfaltung und spirituelle Entwicklung. Mit richtigem Yoga-Training, welches tatsächlich spirituelles Training ist, beginnen sich automatisch übernatürliche Kräfte (siddhi) einzustellen, wie Patanjali in seinen Yoga-Sūtras ausführt.

Viele andere große Lehrer haben das gleiche Gesetz auf verschiedene Weise gelehrt. Sai Baba von Shirdi zum Beispiel sagte seinen Anhängern, daß im Verlaufe der Konzentration auf den Guru – oder Gott in jeglicher Form – der Schüler aufrichtiger, ruhiger, friedvoller werde, und in manchen Fällen werden spontan die latenten Fähigkeiten des Gedankenlesens und Hellsehens erworben.

Aber was ist mit den Voodoo-Priestern Afrikas, den Schamanen der sibirischen Stämme, den Hexenmeistern der Primitiven? Die meisten davon sind weit davon entfernt, spirituell entwickelt zu sein. Tatsächlich werden von ihnen die magischen Kräfte oft zu Rache, persönlichem Gewinn, Mord und verschiedenen verdeckten Verbrechen verwendet.

Dies bringt uns zu der Frage der verschiedenen Ebenen der Magie, von der hohen, weißen, transzendentalen Art, hinab zu verschiedenartigen grauen Schattierungen bis hin zur schwarzen Magie oder Hexerei. Viele Arten von Wundern werden in Zusammenarbeit mit Wesen aus anderen Existenzebenen, wie Naturgeistern, Elementargeistern, unkörperlichen Menschenwesen, Devas oder Engelwesen gewirkt. Diese Theorie scheint die am weitesten akzeptierte zu sein, denn sie ist praktisch von allen Magiern bestätigt worden, von hohen und niedrigen, die irgendetwas über ihren Modus operandi, ihre Wirkungsweise zu sagen hatten. Oberst H.S. Olcott, der Gründungspräsident der theosophischen Gesellschaft, stellte fest, daß die Mitglieder der letzten großen Theurgen-Schulen im antiken Alexandrien „an Elementargeister glaubten, die sie riefen und unter ihrer Kontrolle hatten". Diese verschiedenen Klassen von Wesen herbeizurufen und zu befehligen, dafür gibt es ein Geheimwissen. Es schließt nicht nur Tantra, Mantra und yantra ein – das richtige Ritual, das richtige Wort und die richtigen geometrischen und mathematischen Formen – sondern auch gewisse Selbstdisziplinen und vor allem Entwicklung der Willenskraft.

Je mehr der Wille entwickelt ist, desto weniger zeremonielle Hilfsmittel sind vonnöten. In dem Buch Old Diary Leaves (Blätter aus einem alten Tagebuch) beschreibt Oberst Olcott, der viele Jahre in enger Verbindung mit der Theurgin und Phänomen-Wirkenden Madame Blavatsky stand, wunderbare Ereignisse, die sich häufig in ihrer Gegenwart abspielten. Sie sagte ihm, daß einige davon mit Hilfe von Elementargeistern bewirkt wären. Diese schienen sich ihrem Willen ohne Zuhilfenahme von Ritualen, Mantras oder yantras zu fügen.

Bei einer anderen Gelegenheit wurde von einem italienischen Okkultisten, Signor Bruzzesi, der eines Abends in New York zu Madame Blavatsky und Oberst Olcott zu Besuch kam, ein yantra benutzt. Unter Anwendung okkulter Künste produzierte er in wenigen Minuten bei klarem Himmel einen Regenschauer. Der Oberst beobachtete, daß der Mann unbeugsame Willenskraft anwendete und dazu auch eine seltsame geometrische Figur auf einer Pappkarte verwandte, die er in den Himmel hielt. Er wollte Olcott sein yantra weder berühren noch untersuchen lassen. Der Italiener sagte aus, daß der Regenschauer von Luftgeistern produziert worden war, die unter seiner Kontrolle stünden.

Menschen von niedrigeren Stufen spiritueller Entwicklung können anscheinend eine Technik anwenden, mit der sie Wesen von anderen Existenzebenen, die die Erde durchdringen, benutzen können. Aber wie gleich und gleich sich immer anziehen, so werden Hexenmeister mit bösen Motiven böse Geister in ihre Dienste nehmen. Die Kraft solcher Magie auf niederer Ebene ist unter gewissen Bedingungen real genug, aber sie ist begrenzt und gefährlich für den Ausübenden. Er muß immer auf der Hut sein, daß seine Waffen nicht wie ein Bumerang zurückkommen und ihn zerstören. Dies ist eine der Gefahren schwarzer oder linkshändiger Magie.

Jene, die die graue oder mittelbare Magie ausüben, ziehen Verbündete einer etwas besseren Sorte aus den feineren Existenzebenen an. Die Motive solcher Magier sind nicht kriminell. Sie zielen nicht auf Mord, Unmoral, Dominanz oder Zerstörung. Trotzdem ist ihre Motivation wie die des Durchschnittsbürgers der heutigen Welt eher egoistisch als altruistisch. Stolz, Ruhmsucht, Ehrgeiz, Neid befinden sich unter den sie bewegenden Motiven. Zum Beispiel war Mohammed Bey, dem ein Kapitel in Brunton's Buch über Indien gewidmet ist, der Durchschnittstyp eines grauen Magiers. Sein Ziel war ganz offen, Geld zu verdienen, und für seine übernormalen Fähigkeiten (die hauptsächlich darin bestanden, den Inhalt von versiegelten Dokumenten lesen zu können), hatte er den Geist seines verstorbenen Bruders trainiert und verwendete ihn. Dies ist vielleicht nicht unmoralischer oder unethischer als viele normalen kommerziellen Praktiken, wie zum Beispiel der Einsatz von Industriespionen „aus Fleisch und Blut". Aber es können durchaus noch andere Gefahren hinzukommen für die Gesundheit, das Wohlergehen und die Integrität desjenigen, der die unkörperlichen Kräfte anwendet. Außerdem gehen die wunderbaren Kräfte, die für kommerzielle und egoistische Zwecke verwendet werden, schnell verloren, wie viele professionelle spirituelle Medien und fernöstliche Pseudo-Yogis feststellen mußten.

Am anderen Ende der Skala, ausgehend von primitiver Zauberei und Schwarzmagie und weiter über die verschiedenen Grauschattierungen, kommen wir zur weißen Magie des rechten Pfades. Diese ist etwas völlig anderes. Sie ist anders im Motiv, in Methode, Kraft und Reichweite. Der Schlüssel zu ihrer Erkennung aber liegt im Motiv. Dieses muß rein sein, das heißt vollkommen abgelöst vom persönlichen Selbst des Wundertäters. Es muß jemand sein, der über die gewöhnlichen Verführungen der Natur hinausgewachsen ist. Geld, Ehrgeiz, Ruhm, persönliche Macht, Sicherheit – alle persönlichen menschlichen Triebe – müssen ihm vollständig bedeutungslos sein. Seine einzige Motivation ist die seiner Liebe zu den

Mitmenschen mit dem Wunsch, ihre Sorgen und Leiden zu mindern und sie zu den höheren Ebenen des Verstehens und des Glücks zu erheben.

Wenn ein Mensch solch hohe Handlungsmotivation erreicht hat, vielleicht durch die Evolution vieler Inkarnationen auf Erden, dann kommen ihm gewiß übernatürliche, wunderbare Kräfte. Sie sind dann Teil seines reinen göttlichen Wesens. Das Shrīmat Bhāgavatam fragt: „Welche Kraft liegt jenseits des Heiligen, der seinen Geist, seine Sinne, seine Nervenimpulse und Neigungen unter Kontrolle hat und sich auf Gott konzentriert?" Und an anderer Stelle heißt es: „Wenn jemand in Gott eingetaucht ist, strahlen aus ihm alle Kräfte, alles Wissen, alle Weisheit, alle Vollkommenheit, die man als göttlich bezeichnet."

Alle, die jemals über dieses schwierige Thema geschrieben haben, haben das gleiche gesagt. Eliphas Levi schrieb: „Um die Natur zu befehligen, muß der Mensch über der Natur stehen." Joseph Ennemoser schrieb in seiner Geschichte der Magie vor etwas über einem Jahrhundert, daß göttliches Wunderwirken nur denen möglich sei, „die ihr ganzes Leben in ein göttliches verändert haben, die nicht mehr Sklaven der Sinne sind...", und es ist bekannt, daß in den alten theurgischen Schulen der Hierophant, der die esoterischen Mysterien durchführte, ein Leben äußerster Reinheit und Selbstverleugnung führte.

Auf der höchsten Ebene, so können wir sagen, stehen die Wunderwerke Gottes, die durch eine gereinigte Person geschehen, die die Göttlichkeit inkarniert (das heißt, ihr eine menschliche Form gibt). Christus sagte: „Der Vater (Gott), der in mir wohnt, tut meine Werke (Wunder). Ich bin im Vater, und der Vater ist in mir."

Im ersten nachchristlichen Jahrhundert im Römischen Imperium brachte die Zauberei die gesamte Magie in Verruf, so daß sie vom Kaiser verboten wurde. Aber der große Wundertäter Apollonius von Tyana wies auf die Unterschiede zwischen niederen und höheren Formen hin. Er sagte: „Ich brauche keine Opfer, denn Gott ist mir immer gegenwärtig und erfüllt meine Wünsche ... Ich nenne Zauberer falsche Heilige, weil sie sich nur zum Reichtum hingezogen fühlen, was ich immer verachtet habe."

Die göttlichen Wundertäter brauchen keine Opfergaben und Zauberriten, die die Magier der niederen Stufe verwenden. Es steht nicht geschrieben, daß Jesus, Krishna oder Shirdi Baba tantrische

Riten oder Mantragesänge angewendet hätten. Sie brauchten solche Formeln nicht. Der spirituelle Wille war die kreative Kraft.

So ein Wille ist sowohl menschlich als auch göttlich. Er ist menschlich in dem Sinne, daß ihn alle Menschen potentiell haben, aber was die meisten Menschen als ihren „Willen" ansehen, ist nicht mehr als ihre eigenen offenen oder versteckten Wünsche. Nur insoweit sind alle egoistischen Wünsche ausgelöscht, wenn sie wie Schmutz von der Oberfläche eines Kristalles hinwegpoliert worden sind und der Mensch sich als *eins* mit Gott sieht, nur dann erstrahlt der wahre spirituelle Wille. Und dieser, da er göttlich ist, hat Macht und Herrschaft über die Reiche der Materie.

Aber das heißt nicht, daß so ein erleuchteter Wille nicht manchmal Wesen von einer anderen Ebene benutzt, um sein Anliegen zu realisieren. Ennemoser hat diese Fragen gründlich studiert und erforscht und sagt, daß, während in den niederen Stufen der Magie die Operationen fast gänzlich mit Elementargeistern ausgeführt werden, in den höheren Stufen „der Mensch hauptsächlich mittels seiner eigenen inneren Kraft operiert, aber nicht ohne die Assistenz der Elementargeister".

Die Macht und die Kräfte der anderen Welten, die der Gott-Mensch oder Avatar mittels seines reinen Willens beherrscht, müssen naturgemäß von höherer Art sein – nicht die Dämonen und bösen Geister, die der Zauberer beschäftigt. Und es besteht keine Gefahr, daß irgendein unentdeckter Dämon dem großen weißen Magier etwas tun noch ihn im Stich lassen könnte. Von den höheren Geistern wird er hochverehrt, und von den niederen, seien es Nicht-Menschen oder entstofflichte Menschen, mit Furcht und Respekt behandelt.

Zu behaupten, wie es die Analytiker der Magie immer getan haben, daß mehr oder weniger intelligente Wesen von anderen Welten oft Diener der Wunder-Täter seien, bedeutet nicht, das Konzept der Naturgesetzlichkeit zu verletzen. Es kann kein Zweifel bestehen, daß das Universum gemäß dem Muster von Harmonie und Rhythmus funktioniert. Daß der Mensch aufgrund von sorgfältigen Untersuchungen und Überlegungen zu gewissen Verallgemeinerungen gekommen ist, die er Naturgesetze nennt, ist ebenfalls wahr. Aber diese Verallgemeinerungen erklären die Phänomene ja niemals vollständig. Im Laufe der Zeit gibt es andere Sichtweisen, andere Hypothesen, andere Gesetze, die der letzten Wahrheit noch näher kommen; und in diese ist das alte „Gesetz" einbezogen – entweder als irrig oder als eine nur zum Teil richtige Erklärung der Wirklichkeit.

Die Lehren der okkulten Wissenschaft, wie sie in Blavatskys Die Geheimlehre und anderen Werken dargelegt sind, behaupten, daß lebendige Wesen jenseits des Atoms – und somit dem menschlichen Auge unsichtbar wie das Atom auch – im Naturgeschehen eine Rolle spielen. Aber solche Wesen handeln nicht nach eigenen Launen und Einfällen. Sie arbeiten innerhalb der rhythmischen Harmonie und helfen bei ihrer Ausübung; diese Harmonie umfaßt die tiefsten Gesetze des Universums. Auch versucht der Wunder-Täter nicht, solche Wesen von ihrer legitimen Beschäftigung abzubringen und sie zu Gesetzesbrechern zu machen. Durch seinen Willen kommen sie zu überraschenden Wirkungen; aber immer im Rahmen des Naturgesetzes – obgleich in einem tiefer begründeten, das der Mensch noch nicht entdeckt hat.

Wenn wir beispielsweise jenes spektakuläre Wunder betrachten, die Umwandlung einer bestimmten Art von Materie in eine andere, können wir daraus ein gewisses Verständnis des Prinzips gewinnen. Alle Materie, so ist die Ansicht, entsteht aus Energie und kann auch wieder zu Energie werden. So bestünde also der Vorgang des Wunders darin, die vorliegende Art von Materie in ihre zugrundeliegende Energieform umzuwandeln und daraus eine andere Materienart aufzubauen.

Auch ohne Rückführung auf die zugrundeliegende Nuklearenergie wandelt der Mensch heute Materienarten ineinander um. In der chemischen Großindustrie zum Beispiel baut er natürliche Substanzen wie Kohle und Erdöl zu ihren Grundelementen ab und benutzt diese als Bausteine für völlig neue Materie, die in der Natur nicht vorkommt – wie Plastik und Kunstfasern. Was einstmals ein Klumpen Kohle oder eine Kanne voll Petroleum war, wird nun zu einem Nylonkleid oder vielleicht einem hellen Gehäuse für eine elektrischen Rasierapparat.

Warum sollten also nicht in den verborgenen Laboratorien der Natur Arbeiter am Werk sein, die ähnliche oder sogar noch schwierigere Abbau- und Umwandlungsvorgänge vollbringen? So wird im alten Palästina Wasser zu Wein oder in einer Moschee in Shirdi zu Öl. Solche unsichtbaren dienstbaren Geister im Laboratorium der Natur arbeiten nach kosmischen Gesetzen. Sie können Gesetze genausowenig brechen wie gewitzte moderne Chemiker es können. Aber ihre lenkenden Gesetze sind umfassender als die, die wir kennen. Warum sollten sie auf dieser Grundlage und ohne die Harmonie der Natur zu stören, nicht sogar Grundmetalle in Gold verwandeln, wenn dies unter der Aufsicht eines großen Alchimisten geschieht, der jedes persönliche Verlangen nach Gold abgelegt hat und es nur für das Wohlergehen seiner Mitmenschen verwendet?

So gesehen, erscheinen uns die Wunder eines Christus, eines Krishna oder eines großen Meisters irgendeines Jahrhunderts auch nicht weniger glaubhaft als die unzähligen Wunder, die uns immer und überall umgeben – „die sternenübersäten Welten in Zeit und Raum, das Schauspiel des Lebens, die Vorgänge von Wachstum und Fortpflanzung...".

Volles Verständnis des modus operandi, der Wirkungsweise von Wundern geht zweifellos über das menschliche Bewußtsein in seinem gegenwärtigen Entwicklungsstand hinaus. Aber ein Versuch, solche Geheimnisse zu lüften, muß uns zu einem tieferen Verständnis von uns selbst und des rätselhaften Universums um uns führen.

Durch das Buch eines Engländers, erschienen in England, kam ich erstmals mit einer eigenartigen, faszinierenden Gestalt in Berührung, die als Sai Baba von Shirdi bekannt ist. Später erfuhr ich mehr über diesen Wunder wirkenden Gottesmann aus anderen Schriften, darunter auch aus der vierbändigen Biographie von B.V. Narasimha Swami; aber seit dem ersten Kennenlernen fühlte ich mich im Tiefsten berührt. Ich konnte nicht verstehen, was es bedeutete.

Geheimnis umhüllt die Geburt und Herkunft Sai Babas von Shirdi. Alles, was man weiß, sind ein paar Bemerkungen von Baba selbst, und diese sind oft symbolisch und nicht immer widerspruchsfrei. Jedoch scheint es, daß seine Geburt Mitte des letzten Jahrhunderts in Nizam im Staate Hyderabad stattfand, wahrscheinlich im Dorf Patri. Anscheinend waren seine Eltern Hindu-Brahmanen, aber Baba scheint im zarten Alter unter die Obhut eines mohammedanischen Fakirs gekommen zu sein, eines heiligen Mannes, wahrscheinlich eines Sufi, der sein erster Guru wurde.

Nach vier oder fünf Jahren kam Shirdi Baba, entweder bedingt durch den Tod des Fakirs oder aus einem anderen Grund, zu dem bekannten Regierungsbeamten Gopal Rao. Dieser bemerkenswerte Mann war nicht nur reich und großzügig, sondern auch fromm, kultiviert und tief religiös. Er war ein kämpferischer Heiliger, mit weltlichen und spirituellen Kräften ausgestattet.

Als er zuerst den jungen Shirdi Baba sah, erkannte er ihn, so sagt man, als eine Inkarnation des großen Heiligen Kabir. Gopal Rao war daher sehr glücklich, diesen Jungen leibhaftig in seinem Hause und als ständigen Begleiter bei seinen Aktivitäten bei Gericht, auf dem Land und im Tempel um sich zu haben. Auf diese Weise erhielt das Kind von Gopal Rao, seinem zweiten Guru, eine Erziehung und Ausbildung von höchster Güte, allerdings keine Bücherweisheit.

Aber nach einigen Jahren befand dieser Heilige, seine Zeit, die Erde zu verlassen, sei gekommen. Als er dann, zum Zeitpunkt, den er für seinen Heimgang vorher festgelegt hatte, in einer Gruppe von Menschen saß, die den Gottesdienst feierten, verließ er mittels seiner eigenen yogischen Kräfte seinen Körper. Aber vorher zeigte er noch nach Westen und bat den jungen Sai Baba, in diese Richtung zu reisen, um dort neue Heimat zu finden.

Sai Baba ging nach Westen und kam schließlich in das Dorf Shirdi im damaligen Distrikt Bombay. Zuerst war er dort nicht sehr willkommen. Als er einen Hindu-Tempel am Ortsrand erreichte, fühlte er sich von der einsamen Stille angezogen und wollte bleiben. Aber der verantwortliche Priester hielt ihn für einen Moslem und wollte ihn keinen Fuß in den Tempel setzen lassen.

Also wählte Baba den Stamm eines Margosa-Baumes als seine vorübergehende Wohnstätte. Er verließ Shirdi und kehrte mehrere Male zurück; dann schließlich, im Jahre 1872, ließ er sich endgültig in Shirdi nieder. Eine verfallene moslemische Moschee in Shirdi wurde sein Heim. Hier ließ er ständig ein Feuer brennen, und nachts erleuchteten Öllampen das Innere der Moschee. Sowohl bei Hindus als auch bei Moslems war es üblich, Kultstätten bei Nacht zu beleuchten.

Ein paar Leute erkannten Babas göttliche Eigenschaften und kamen, ihm Ehrerbietung zu zeigen (unter den ersten war der Priester, der ihn aus dem Hindu-Tempel vertrieben hatte), aber die meisten Dorfbewohner betrachteten ihn als verrückten Fakir und kümmerten sich nicht um ihn. Gemäß der Tradition der heiligen Männer in Indien war er, was Lebensmittel und andere materielle Dinge betraf, von der Mildtätigkeit der Leute abhängig. Nun hatte er wenig Bedürfnisse, aber er brauchte Öl für seine steinernen Lampen. Eines abends behauptete der Ladeninhaber, der Baba normalerweise mit Öl versorgte, seine Vorräte seien zu Ende.

Vielleicht war das ein Spaß, um die Dorffaulenzer zu amüsieren. Jedenfalls folgte eine Gruppe von Leuten zusammen mit dem Ölhändler dem jungen verrückten Fakir zu seiner Moschee zurück, um zu sehen, was er ohne sein religiöses Licht tun würde – und vielleicht, um auf seine Kosten lachen zu können.

In Moscheen stehen normalerweise Wasserkrüge bereit, damit die Leute ihre Füße waschen können, bevor sie den heiligen Bezirk betreten. In der Dämmerung sahen die Dorfbewohner, wie Baba Wasser aus den Krügen in die Lampen goß. Er zündete sie an, und sie brannten. Sie hörten nicht auf zu brennen, bis die Zuschauer bemerkten, daß der Fakir das Wasser in Öl verwandelt hatte. Ganz bestürzt fielen sie ihm zu Füßen nieder und baten, er möge sie nicht mit einem Fluch dafür belegen, wie sie ihn behandelt hätten.

Aber Baba war nicht so, wie sie dachten. Er war kein Zauberer, der ihre Verachtung übelnahm und einen Vorteil ausnützte. Seine Natur war reine Liebe. Er vergab ihnen und begann, sie zu lehren.

Dies war das erste Wunder, das Sai Baba in der Öffentlichkeit wirkte, und dieses Streichholz, das das Feuer entzündete, wurde zum Leuchtfeuer, das viele Menschen von nah und fern anzog. Viele wurden seine Devotees. Er benutzte seine wunderbaren Kräfte, ihre Leiden zu heilen, ihnen in ihren täglichen Problemen zu helfen, sie vor Gefahr zu bewahren, wo immer sie waren, und sie auf einen spirituellen Lebensweg zu führen.

Viele fanden, daß sich ihre Wertmaßstäbe veränderten. Einige unterwarfen sich vollständig dem göttlichen Willen, den sie in Baba sahen, gaben ihr weltliches Leben auf und kamen, um als ergebene Schüler in Shirdi zu leben. Sai Baba lehrte sie entsprechend ihrer Bedürfnisse und Fähigkeiten. Gelehrte Pandits, die ihn für ungebildet hielten, erkannten, daß er über spirituelle Philosophie sprechen und die heiligen Schriften Indiens profunder und klarer interpretieren konnte als irgendjemand anderes, den sie kannten. Aber er führte seine Anhänger immer auf den bhaktimārga, den leuchtenden Pfad der göttlichen Liebe, der Selbst-Aufgabe und der Liebe.

Liebevolle Fürsorge für seine Anhänger war das leitende Motiv aller Handlungen Babas, und viele von ihnen haben bestätigt, daß sie in seiner Gegenwart immer eine spirituelle Freude verspürt hätten. Sie vergaßen ihre Schmerzen, ihre Sorgen und ihre Ängste. Sie fühlten sich vollkommen sicher, und die Stunden vergingen in seligem Glück.

Eine Verehrerin, eine Parsin, schrieb: „Andere Heilige vergessen ihren Körper und ihre Umgebung und kehren dann zu ihnen zurück, aber Sai Baba war immer in beiden, innerhalb und außerhalb der materiellen Welt. Andere scheinen sich große Mühe zu geben, die Gedanken der Menschen zu lesen, oder ihnen ihre Vergangenheit zu erzählen, aber Sai Baba brauchte sich nicht zu bemühen. Er war immer im Allwissenheits-Zustand."

Viele wunderliche, amüsante und bezeichnende Geschichten werden in den Büchern über sein Leben und seine Lehren erzählt. Aber wir wollen hier nur wenige Punkte aufgreifen. Ein Grund, warum er in der Moschee ständig ein Feuer brennen ließ, war der, immer einen Vorrat an Asche zur Verfügung zu haben. Diese nannte er udi und gebrauchte sie für viele Arten von wundersamen Zwecken, besonders zum Heilen von Krankheiten. Die Wunder, die er wirkte, erstreckten sich über die ganze Breite der siddhis oder übernatürlichen Kräfte wie sie in solchen spirituellen und yogischen Klassikern, wie dem Shrīmat Bhāgavatam und Patanjalis Yoga Sūtras dargelegt werden. Viele Male bewies er seinen Anhängern, daß er wußte, was sie dachten, sagten und taten, wenn sie auch Hunderte von Meilen von ihm fort waren. Oft erschien er bei Notlagen, wo immer er gebraucht wurde, entweder in seiner eigenen Form oder auch in einem anderen Körper, etwa als Bettler, Eremit, Arbeiter, Hund oder Katze. Es gibt eine Fülle von Beweisen, daß er sich über Entfernungen projizieren und jede materielle Form annehmen konnte, die er wollte. Jene, die es am besten wissen mußten, seine nächsten Anhänger nämlich, hatten hierüber nicht die geringsten Zweifel.

Baba gab Leuten Visionen, wie zum Beispiel dem ihn besuchenden hohen Brahmanen, der Bedenken hatte, in die moslemische Moschee zu gehen. Von außerhalb der Moschee sah er Sai Baba in der Gottesgestalt, die er verehrte, als Shrī Rāma. Diese Vision Rāmas war so überzeugend, daß er hineineilte und Baba zu Füßen fiel. Andere Arten von Wundern waren: aus der Ferne Schutz geben, Schutz vor Unfall, Plage, Unglück und drohendem Tod; die Gewährung der Bitte jener, die kinderlos waren und sich einen Sohn wünschten, das Erscheinen im Traum, um Rat und Hilfe bei Problemen zu geben.

Wie Jesus war auch Baba in der Lage, böse Geister bei denen auszutreiben, die davon besessen waren, und die schlimmsten Krankheiten zu heilen, wie Blindheit, Lähmung und Lepra. Er erlaubte zum Beispiel Bagoji, einem Mann mit fortgeschrittener Lepra, ihm seine Beine zu seifen. Die Leute befürchteten, daß Baba sich selbst anstecken würde, aber im Gegenteil, Bagoji wurde selbst vollständig von seiner Lepra geheilt, nur Narben und Male blieben zurück.

Gegen Ende des letzten Jahrhunderts verbreitete sich Babas Ruhm trotz der damaligen, primitiven Kommunikationsmittel in Indien wie ein Lauffeuer. Der Höhepunkt war etwa 1910 erreicht, als ein endloser Besucherstrom aus Bombay und anderen Gegenden einsetzte. Pomp und Zeremonie brachen über den urwüchsigen, schlichten Heiligen herein. Behängt mit Schmuck, in einem Silberwagen mit fünf Pferden und Elefanten sitzend, wurde er in einer großartigen und farbenfrohen Prozession durch die Straßen geführt.

Es hieß, daß Baba diese ganze Schau nicht mochte, aber er unterwarf sich ihr, um den Leuten eine Freude zu machen. Aber trotz der königlichen Behandlung und den angebotenen Reichtümern bettelte er wie früher weiter um seinen Lebensunterhalt: vielleicht um zu zeigen, daß Demut mehr als je nottut, wenn Reichtum, Pomp und Macht sich anschicken, die Seele des Menschen zu verführen.

Als Sai Baba im Jahre 1918 in Shirdi starb, hinterließ er gerade genug Geld, um sein Begräbnis zu bezahlen, mehr nicht. Es ist Tradition in Indien, daß ein Mensch, der Gotteserkenntnis erfahren hat, begraben und nicht verbrannt wird. Deshalb stimmten alle Anhänger der Beerdigung zu, aber sie stritten über die Art und Weise. Genau wie vor Jahrhunderten bei Kabir, beanspruchte sowohl die Hindu- als auch die Moslem-Anhängerschaft das Recht, den Körper entsprechend ihrer eigenen besonderen Rituale zu beerdigen; da sie in der Mehrheit waren, gewannen die Hindus. Aber durch die Weisheit und Diplomatie von Herrn H.S. (Kaka) Dixit wurden den moslemischen Anhängern akzeptable Konzessionen gemacht. Sai Babas Samādhi (Grab), die Moschee, in der er über 40 Jahre gelebt hatte und wo das heilige Feuer immer noch brennt, und andere Plätze in Shirdi, die mit der Erinnerung an ihn verbunden sind, sind heute das Mekka von Tausenden von Pilgern – Hindus, Moslems, Parsen, Buddhisten und Christen.

1. Die Suche

Wenn Du daher nach Weisheit strebst,
wird eine Lampe nicht fehlen ...
– ANON –

Nachdem meine Frau und ich einige Zeit in Europa verbracht hatten, entschieden wir uns, unsere Heimreise nach Australien noch eine Weile in Indien zu unterbrechen. Wir hatten uns dabei zwei Ziele gesetzt. Das eine war, tiefer in die Theosophie einzudringen durch die Teilnahme am sechsmonatigen Kurs „Schule der Weisheit" beim internationalen Hauptsitz der Theosophischen Gesellschaft in Adyar, Madras. Um hier Mißverständnisse zu vermeiden, sei gesagt, daß diese Schule keinen Kurs dafür anbietet, wie man schnellstmöglich weise werden kann; Gegenstand ist lediglich das Studium der zeitlosen Weisheit, die Jahrhunderte alte Philosophie, die man hauptsächlich in den alten Schriften des Ostens antrifft.

Das zweite Ziel war, durch das Land zu reisen, um zu erforschen, ob es irgendeine tiefere spirituelle Dimension im Leben des modernen Indien gab. War noch etwas übriggeblieben, fragten wir uns, von dem mysteriösen Indien, wie es in den Schriften von Paul Brunton, Yogananda, Kipling, Madame Blavatsky, Oberst H.S. Olcott und anderer Schriftsteller beschrieben war? Gab es noch versteckte Quellen esoterischen Wissens, oder waren die alten Quellen versiegt? Würde es möglich sein, in irgendeinem Aschram oder einer Dschungel-Einsiedelei einen großen Yogi mit übernatürlichen Fähigkeiten zu treffen, der die Geheimnisse des Lebens und des Todes kannte? Wir gingen davon aus, daß für dieses Programm ein Jahr Zeit genügen würde.

Die Theosophische Schule war angenehm und lehrreich. Sie war eine Vorbereitung unseres Geistes auf die kommenden ‚Erkundungen vor Ort', indem wir die Weisheitslehren von den alten Veden bis hin zu „The Secret Doctrine", veröffentlicht 1888, studierten. Wir verstanden besser, wonach wir suchten, und fühlten uns besser gerüstet, es zu würdigen, falls wir es fänden.

Unsere Suche führte uns durch ganz Indien zu mehreren der bekannten Aschrams und zu einigen weniger bekannten. Wir saßen und sprachen mit Einsiedlern und Asketen in ihren Höhlen im

Himalaya. Wir trafen eine Vielzahl von sādhus, sādhakas und Lehrern verschiedener Arten des Yoga.

Von den Einsiedeleien des Himalaya und den Aschrams entlang des heiligen Ganges kamen wir zurück nach Neu Delhi. Dort trafen wir in einem führenden Gesellschaftsclub einen angesehenen Geschäftsmann, der über seinem Bier sagte: „Ach so, Sie suchen nach dem spirituellen Leben Indiens. Es gibt keins. Das ist alles Vergangenheit. Wir hier suchen nach dem, was Sie im Westen haben: nach materiellem Fortschritt."

Bei anderer Gelegenheit versuchte ein Professor für Geschichte unseren Enthusiasmus zu dämpfen: „Glauben Sie mir," sagte er, „es gibt keine Spiritualität mehr in diesem Land. Im alten Indien, ja, da gab es das natürlich, aber das ist schon tausend Jahre tot."

Aber wir wußten, daß die Männer, die so sprachen, die Männer des modernen Indiens mit ihrem Verlangen nach westlicher Technologie, im Unrecht waren über ihr eigenes Land. Wir hatten genug gesehen und erlebt, um uns ziemlich sicher zu sein, daß die yogischen Schätze noch immer in ihren tiefen Schlupfwinkeln zu finden waren.

Wir hatten es gespürt; wir hatten einige Düfte ihres Parfums eingefangen; wir hatten brüderliche Liebe in den Aschrams erfahren; wir hatten Männer gefunden, die glücklich waren, die ewigen Wahrheiten der hinduistischen Religionsphilosophie zu lehren um des Lehrens willen. Es mangelte nicht an inspirierenden Worten und noblen Theorien. Aber wir hatten immer noch keinen Menschen von wirklicher Kraft getroffen, einen, der selbst lange und aufrichtig genug das Yogaleben gelebt hatte, um endlich durch die Grenzen hindurchgestoßen zu sein, die den Menschen in seinem gegenwärtigen, unglücklichen Zustand binden. Aber bei all dem vielversprechenden Material hofften wir zuversichtlich, daß doch so ein Mensch existierte. Wir wußten aber auch, daß spirituelle Schätze nicht auf einem Tablett gereicht werden. Es müssen auch tapas, Mühsal und Entbehrungen, durchgestanden werden.

Eisenbahn- und Busreisen in den Ebenen Indiens im brennendheißen Juni, so dachten wir, wären genügend Härtetraining für jedermann. Vom Backofen Delhi gelangten wir zum feurigen Schmelzofen Dayalbaghs, vor den Toren Agras. Wir wollten sehen, was aus der religiösen Kolonie Radha Soami geworden war, die Paul Brunton vor dreißig Jahren so sehr bewundert hatte.

Wir fanden, daß ihre Erziehungseinrichtungen Fortschritte gemacht hatten, und ihre Fabriken und Bauernhöfe schienen zu gedeihen, aber es herrschte eine träge Atmosphäre. Es gab nicht mehr diese Dynamik, die Brunton vorgefunden hatte. Die Kolonie war wie ein alter, müder Mann, der in seiner Jugend Hoffnungsträume gehabt hatte, die nie wahr geworden waren. Vielleicht, weil der kraftvolle, inspirierende Führer der Tage Bruntons, Seine Heiligkeit Sahabji Maharaj, tot war. Kurz vor seinem Tode hatte er die Führung einem seiner Anhänger, einem pensionierten Ingenieur namens Hazur Mahtaji Maharaj übergeben. Der war nun für die Dayalbaghiten der inkarnierte Gott auf Erden.

Es stellte sich aber heraus, daß er ein schwer faßbarer Gott war. Wir versuchten, ihn zu treffen, wurden aber darin nicht ermutigt. Einmal gingen wir früh am Morgen mit einer größeren Gruppe los, die einige Stunden Feldarbeit machte, bevor sie ihre Pflichten in Amt, Schule und Fabriken begann. Der Guru war bei der Gruppe, und wir hofften sehr, daß wir mit ihm in Kontakt kämen (das war überhaupt der Grund, weshalb wir mitgingen), aber es gelang ihm ständig, sich einige Felder von uns entfernt zu halten.

Schließlich aber, am Tage bevor wir abreisten, gelang es dem Sekretär, ihn so lange im Büro festzuhalten, daß wir ihn sprechen konnten. Auf dem Wege zum Interview wurde uns das Haus gezeigt, in dem der Führer lebte. Es war nur eins in einer Reihe, nicht zu unterscheiden von seinen bescheidenen Nachbarn.

Im Büro fanden wir einen scheuen, kleinen Mann, der ziemlich verlegen schien wegen seiner Klimaanlage in dem einfachen Raum. Dies war ungewöhnlich in der Kolonie, und er erklärte uns, daß seine Anhänger ihm diesen außerordentlichen Luxus seiner anfälligen Gesundheit zuliebe aufgedrängt hätten. Er war freundlich in seiner selbstlosen Art, aber er sagte nichts von Bedeutung, dessen ich mich erinnern könnte. Und wir fühlten nichts; nur, falls Gott äußerste Demut ist, dann könnte er wohl eine inkarnierte Gottheit gewesen sein, aber er war sicher eine sehr zurückhaltende Inkarnation und hielt alle anderen Zeichen seiner Göttlichkeit gut versteckt – wenigstens vor uns.

Der Sekretär, Babu Ram Radoun, glich mit seiner offenherzigen Gastfreundschaft und Hilfsbereitschaft jeden Mangel seitens des bescheidenen Führers aus. Er saß mit uns abendelang im Sessel vor dem kleinen Gästehaus und sprach mit uns über den Radha-Soami-Glauben und sein Sabdha Yoga, bei dem man sich in der Meditation auf das Hören der anāhat-Töne (mystischer Klang,

„Sphärenmusik“) konzentriert. Er erinnerte sich auch gern an alte Zeiten und erzählte uns Anekdoten über die zwei englischen Schriftsteller Yeats-Brown und Paul Brunton, die damals in den dreißiger Jahren zusammen in demselben Gästehaus wie wir wohnten.

Ich wußte, daß es nun bereits etwa zwanzig Radha-Soami-Kolonien in Indien gab, jede mit ihrem eigenen Guru. Wir hatten einige besucht, auch die große bei Beas nahe Amritsar, wo etwa 600 000 Menschen ihren erhabenen Führer Charan Singh Maharaj für die wahre Inkarnation halten. Wir hatten beobachtet, daß jede Gruppe, die wir besuchten, genau die gleichen Vorstellungen von ihrem Führer hatte.

Am Abend bevor wir Dayalbagh verließen, entschloß ich mich, den Sekretär, einen intelligenten Mann, zu fragen, was er von dieser Aufspaltung im Glauben hielt, die sich in diesem Kult in den hundert Jahren seiner Existenz seit 1861 ereignet hatte.

„Haben alle Führer die göttliche Inspiration?“ fragte ich. „Glauben Sie, daß *alle* Inkarnationen des unendlichen Brahmā sind?“ Meine Frau und ich waren die einzigen, die mit ihm unter den Bäumen vor dem Gästehaus saßen.

Er zog seinen Stuhl in die warme Luft, die uns wie eine Decke umhüllte, und nach einer Schweigeminute antwortete er: „Nein, es kann nur eine Inkarnation zur Zeit geben.“

„Und das ist *Ihr* Führer?“

„Ja.“

„Also ist der Rest falsch.“

„Ich fürchte ja.“

„Nun, Sie haben zweifellos gute Gründe, so sicher zu sein,“ bemerkte ich, „aber wie können wir, wie kann irgendein Außenstehender merken, wer der Richtige ist? Wie können wir entscheiden, in welchem der vielen Führer, falls überhaupt, die Gottheit lebt?“

Der runzlige, freundliche kleine Mann schien eine zeitlang nachzusinnen, bevor er sagte: „Vor dreißig Jahren war ich Assistent am hiesigen College für Maschinenbau. Eines Abends saß ich mit einigen Leuten hier, wo wir jetzt sitzen, und wir lauschten unserem Führer Sahabiji Maharaj. Paul Brunton, der bei uns war, fragte ihn dieselbe Frage, die Sie mir gerade gestellt haben. Ich erinnere mich gut an die Antwort, die seine Heiligkeit gab.“

„Was antwortete er?“ fragte Iris.

„Er sagte: Bete jeden Tag zu Gott, daß er Dich zu dem Mann

führe, in dem er gegenwärtig inkarniert ist. Das gleiche schlage ich Ihnen nun vor. So ein Gebet wird zweifellos beantwortet werden." Er unterbrach und fuhr dann mit einem freundlichen Lächeln fort: „Und wenn Sie ihn finden, bitte schreiben Sie und lassen Sie es mich wissen."

Gern hätte ich gewußt, ob er meinte „schreiben und sagen Sie, daß Sie sich auf dem Rückweg nach hierher befinden." Dann erinnerte ich mich, daß Brunton nicht zurückkehrte, um sich in den Radha-Soami-Glauben in Dayalbagh einführen zu lassen, sondern seinen großen Guru in Ramana Maharshi in Tiruvannamalai fand.

Es war alles sehr eigenartig. Ich war nicht sicher, ob ich überhaupt an moderne Inkarnationen glaubte. Vielleicht gab es solche in alten Zeiten, wie die Schriften lehrten, Männer wie Rāma, Krishna, Christus und andere. Ich wußte, daß viele Leute in Indien verhältnismäßig moderne spirituelle Lehrer wie Paramahansa Ramakrishna als göttliche Inkarnationen oder Avatare betrachten, aber ich hatte nie gehofft oder erwartet, einen solchen in den sechziger Jahren zu treffen. So etwas war mir gar nicht in den Sinn gekommen. Ich war darauf gefaßt, mich mit einem großen Yogi zu begnügen, der zu den einsamen Höhen der Gotterkenntnis aufgestiegen war. Aber worin lag der Unterschied, falls es überhaupt einen gab? Dies alles überstieg mein Verstehen und Hoffen.

Dennoch beschlossen meine Frau und ich, wenn es unter den wimmelnden Millionen von Menschen in Indien heute eine göttliche Inkarnation geben sollte, dann müßten wir sie unbedingt finden. Also könnte Gebet nicht schaden. Es könnte am Ende sogar helfen, uns zu dem großen Meister zu führen, den wir suchten.

Ich glaube nicht, daß wir das Gebet seiner Heiligkeit Sahabji Maharaj's tatsächlich regelmäßig oder längere Zeit beteten, aber das starke Sehnen war tief in unseren Herzen, das Sehnen, die höchste Manifestation Gottes in Menschengestalt zu finden – und das ist an sich ja schon ein Gebet.

2. Sathya Sai Baba

Die Wahrheit ist immer seltsam;
seltsamer als die Dichtung.

– LORD BYRON –

Ich hörte den Namen Sathya Sai Baba zuerst von einem wandernden Yogi. Er habe den heiligen Mann nicht selbst getroffen, sagte er, auch sei er nicht in seinem Aschram in dem Dorf namens Puttaparthi gewesen. Dieses, so hatte er gehört, sei ein schwer zu erreichender Ort in der Wildnis im Inneren Indiens: Man müßte den letzten Teil der Reise über rauhe Pfade mit Ochsenkarren oder zu Fuß machen. Dennoch sei dieser Swami die Mühe wert, meinte der Yogi, wenn ich Zeit hätte und an Phänomenen interessiert sei. Er solle siddhis besitzen und ein großer Wunderwirkender sein.

„Welche Art von Wunder?" fragte ich.

„Nun, man sagt, daß er zum Beispiel Gegenstände aus dem Nichts hervorbringen kann. Natürlich gibt es auch andere Menschen, die einige dieser siddhis besitzen: Sie können ein paar übernatürliche Dinge tun, aber den Berichten zufolge sind Sai Babas Kräfte viel stärker. Und er macht diese Wunder häufig. Jeder kann sie sehen."

Solche Rede erregte natürlich mein Interesse und meine Neugier. Ich hatte gehört (wer nicht?), daß Indien der Schmelztiegel der Wundermacher sei. Ich hatte von den großen Adepten, Okkultisten und Heiligen der Vergangenheit gelesen, die die inneren Gesetze der Natur kannten. Aber ich bezweifelte immer ihre tatsächliche Existenz. Und selbst, wenn es sie einmal gegeben hätte, könnte das auch noch heute geschehen?

Diese Gelegenheit, dachte ich, könnte meine große Chance sein herauszufinden, ob die phantastischen Geschichten, die man aus Indien hörte, aus der Welt der Tatsachen oder der Phantasie stammten. Ich entschloß mich, Sathya Sai Baba, sobald die Umstände es zuließen, zu sehen. Später, als ich hörte, daß seine Anhänger ihn für eine Inkarnation des Sai Baba von Shirdi hielten, wurde mein Verlangen, ihn zu treffen, noch stärker.

Aber die Ochsenkarrensafari in das Innere Südindiens mußte noch eine Weile warten. Es hörte sich mehr als beschwerlich an, und wir hatten kürzlich auf unserer Nordroute festgestellt, daß das gewöhnliche Reisen in Indien an den Kräften zehrt. Wir waren froh, daß wir uns auf unserem Rückweg einige Zeit auf dem stillen, baumreichen Gelände der Theosophischen Gesellschaft erholen konnten.

Eines Tages, einige Monate nach unserer Rückkehr, besuchte eine junge hellhäutige Frau mit ockerfarbener Mönchskutte den Sitz der Theosophischen Gesellschaft. Sie wurde uns von einem gemeinsamen Freund als Nirmalananda vorgestellt, und wir nahmen sie mit auf unser Zimmer zum Morgenkaffee. Sie erzählte uns, daß sie Amerikanerin aus Hollywood sei; ein seltsamer Herkunftsort für eine Asketin, dachten wir. „Nirmalananda", sagte sie, sei der Hindiname, der ihr von Swami Sivananda gegeben wurde, als er sie in ihr mönchisches Leben einführte. Nachdem er gestorben war, hatte sie seinen Aschram in Rishikesh verlassen und wurde Anhängerin Sai Babas. In Puttaparthi hatte sie mit eigenen Augen viele erstaunliche Wunder gesehen. Nun weilte Sai Baba gerade zu Besuch in Madras, und sie war eine aus einer kleinen Gruppe von Schülern, die er mitgenommen hatte.

Dies schien unsere goldene Chance zu sein. Iris fühlte sich nicht wohl genug, mitzukommen, aber Nirmalananda führte mich zu dem Ort, wo Sai Baba wohnte. Es war ein hübsches Haus hinter Rasen und Blumengärten. Später erfuhr ich, daß es das Haus des Herrn G. Venkateshwara Rao war, des Glimmermagnaten, der ebenfalls Sai Baba Devotee war. Die Rasenflächen und Wege vor dem Haus waren voller Leute, die ruhig mit gekreuzten Beinen auf dem Boden saßen – weißgekleidete Männer auf der einen Seite und Frauen in Saris wie helle bunte Blumen auf der anderen. Es waren Hunderte, die anscheinend auf den Anblick des großen Mannes warteten.

Nirmalananda führte mich durch die Menge zur Frontveranda und stellte mich einem netten, rothaarigen Amerikaner namens Bob Raymer vor.

„Ich glaube, Sai Baba ist für heute fertig mit seinen Morgeninterviews, aber ich werde mich erkundigen", sagte er. Er nahm mich mit in einen kleinen Wohnraum und ließ mich dort allein. Nirmalananda war schon fortgegangen. Im Raum standen nur zwei Inder, die offensichtlich jemanden erwarteten. Auch ich stand und wartete.

Nach einigen Minuten öffnete sich die Tür aus dem Inneren des Hauses, und ein Mann trat ein, wie ich niemals vorher noch nachher einen gesehen habe. Er war klein und schlank. Er trug ein rotes Seidengewand, das schlicht von den Schultern bis zu den Füßen fiel. Sein Haar stand auf seinem Kopf wie ein dicker runder Mop, pechschwarz, kraus bis zur Wurzel wie Wolle und anscheinend vibrierend von Leben. Seine Haut war hellbraun, aber schien dunkler wegen seines starken Bartes, der, obgleich glatt rasiert, immer noch dunkel durch seine Haut schimmerte. Seine Augen waren dunkel, sanft und leuchtend, und sein Gesicht strahlte innere Freude aus.

Ich hatte nie ein Photo von Sai Baba gesehen. Konnte er es sein? Ich hatte jemand Großen und Stattlichen erwartet, mit einem langen schwarzen Bart und in weiße Gewänder gekleidet. Ich hatte ein vorgefaßtes Bild, wie ein großer Yogi oder Meister auszusehen hatte, wahrscheinlich von früheren theosophischen Beschreibungen der Meister.

Er kam flink und anmutig auf mich zu und lächelte mich mit weißen ebenmäßigen Zähnen an.

„Bist du der Mann aus Australien?" fragte er.

„Ja," antwortete ich. Dann ging er zu den Indern und begann, mit ihnen in Telugu zu sprechen. Sofort sah ich, wie er seine Hand in der Luft kreisen ließ, Handfläche nach unten, in kleinen Kreisbewegungen, genauso wie wir es als Kinder machten, wenn wir einen Abrakadabrazauber vorspielten.

Als er die Handfläche nach oben drehte, war sie voll von staubfeiner Asche, die er unter den zwei Männern verteilte. Einer von ihnen konnte seine Gefühle nicht verbergen und begann zu schluchzen. Sai Baba tätschelte ihn auf Schulter und Rücken und sprach beruhigend zu ihm wie eine Mutter. Ich verstand damals nicht, daß dies bhakti-Tränen waren – Tränen von überwältigender Freude, Dankbarkeit und Liebe. Später erfuhr ich, daß Baba den Sohn dieses Mannes von einer schrecklichen Krankheit geheilt hatte. Aber da ich diese Geschichte nicht überprüft habe, kann ich mich für sie auch nicht verbürgen.

Nach einer Weile wandte sich diese schlanke Figur wieder zu mir. Als er dicht vor mir stand, begann er wieder mit seiner Hand zu kreisen. Diesmal bemerkte ich, daß er seinen locker sitzenden Ärmel fast bis zum Ellenbogen hochzog. Viel später erfuhr ich den Grund dafür. In Gedanken hatte ich den Verdacht, daß er Zaubertricks wie ein Bühnenmagier vorführte und vielleicht so die Asche aus seinem Ärmel hervorbrachte. Für Baba ist es nicht schwer, Gedanken zu lesen, und er kannte meinen Verdacht. Um ihn zu entkräften, zog er den Ärmel hoch. Als das Häufchen pulveriger Asche plötzlich in seiner Handfläche erschien, schnippte er es in meine Hand. Einen Moment stand ich und überlegte, was ich damit anfangen sollte. Da sagte eine Stimme zu meiner Linken: „Essen Sie es, es ist gut für Ihre Gesundheit!“ Das war Bob Raymer, der gerade wieder den Raum betreten hatte.

Ich hatte nie erwartet, daß ich Asche essen und daran Geschmack finden könnte, aber diese duftete und schmeckte angenehm. Baba stand da und beobachtete mich. Nachdem ich diesen merkwürdigen Imbiß halb zu mir genommen hatte, sagte ich zu ihm: „Darf ich etwas meiner Frau mitnehmen? Ihr geht es nicht gut.“ „Bring sie morgen hierher, um 17 Uhr,“ sagte er, und dann verschwand er.

Am nächsten Nachmittag waren Iris und ich im selben Haus. Im Eingang trafen wir Gabriela Steyer aus der Schweiz, eine aus dem kleinen westlichen Kontingent in Babas Reisegruppe. Sie war so freundlich und liebenswürdig, uns in einen Raum nach oben zu führen, wo etwa ein Dutzend Frauen in Saris, meist Inderinnen, mit gekreuzten Beinen auf einem Teppich saßen.

Wir setzten uns neben sie, und Gabriela begann, uns von einigen der Wunder zu erzählen, die sie in Puttaparthi gesehen hatte. Ich nahm mein Notizbuch heraus und fragte sie nach der vollen Adresse des Aschrams und nach Hinweisen, wie man dorthin gelangen könnte. Aber in diesem Augenblick kam Bob Raymers Frau Markell und sagte, Baba sei unterwegs, und ich solle auf die andere Seite des Raumes zur Männerseite gehen. Die Männer setzten sich nun in ihre Ecke, und ich fand einen Platz an der Wand. Ich bemerkte, daß Bob Raymer und ich die einzigen weißen Gesichter in der Gruppe der Männer waren.

Plötzlich erschien Sai Baba in der Tür. Heute war die Farbe seines Kleides altgold, aber wie das rote fiel es in gerader Linie von der Schulter bis zum Boden, ohne Taschen, ohne etwas zusätzlich Aufgenähtes und ohne Falten. Alle seine Kleider sind in demselben Stil. Sie sind oben am Hals von zwei goldenen Knöpfen zusammengehalten – dem einzigen Schmuck, den er je trägt –, und die lockeren Ärmel reichen bis zum Handgelenk oder Ellenbogen, wahrscheinlich je nach Temperatur. Unter dem Kleid trägt er einen dhoti (ein Stück Tuch, das um die Hüften geschlungen ist und bis auf die Knöchel geht, wie eine Art Rock), und auch dieser hat keine Taschen. Ich weiß diese Dinge sicher, weil meine Frau später, als wir mit Sai Baba im Gästehaus lebten, manchmal seine Kleider und dhotis in unserem Raum bügelte. Obgleich Skeptiker, ohne die Sache gründlich untersucht zu haben, sagten (und wahrscheinlich wieder sagen werden), daß er die Dinge, die er auf so wunderbare Weise hervorbringt, irgendwo unter seinem Kleid versteckt, weiß ich ohne den geringsten Zweifel, daß diese Behauptung vollkommen falsch und unmöglich ist.

Von der Tür zeigte Baba mit dem Finger auf mich und sagte: „Hast du deine Frau mitgebracht?“ Ich war erfreut, daß er sich erinnerte.

Er nahm uns beide mit in einen anderen Raum und sprach zu Iris über ihre Gesundheit. Er schien genau zu wissen, was ihr fehlte und auch die Ursachen ihres Leidens zu kennen. Er gab ihr viele Ratschläge und produzierte dann mit seiner Handbewegung aus der Luft etwas von dieser Heilasche, die sie essen sollte. Ich stand nahe dabei und beobachtete äußerst aufmerksam diesen Vorgang, denn ich zweifelte noch, daß die Zauberei echt war. Nun drehte er sich zu mir, lächelte, zog seinen Ärmel hoch bis zum Ellbogen und bewegte seine Hand unter meiner Nase. Als er die Handfläche nach oben drehte, erwartete ich, die gleiche Asche zu sehen, aber ich hatte mich getäuscht. Mitten auf der Hand war ein kleines Photo von seinem Kopf und mit voller Adresse seines Aschrams. Das Photo glänzte, als ob es frisch aus dem Photolabor käme. Er reichte es mir und sagte: „Du hast nach meiner Adresse gefragt. Hier ist sie. Bewahre sie in deiner Brieftasche auf.“

„Darf ich – dürfen wir – auch einmal dorthin kommen?“ brachte ich hervor. „Na, natürlich. Wann immer du willst. Es ist dein Zuhause.“

Seit jenem Tag habe ich gesehen, wie das Kreisen dieser kleinen braunen Hand viele wundervolle und seltene Dinge hervorgebracht hat, aber in meiner Brieftasche trage ich noch immer das kleine Photo, das aus dem Nirgendwo kam, um mir eine Frage zu beantworten. Es gab keinen normalen Weg, wie er hatte wissen können, daß ich Gabriela nach der Adresse gefragt hatte.

Nach unserem Interview hielt Sai Baba eine Ansprache an die Leute, die sich in dem Raum versammelt hatten, und später, als wir heimgingen, sahen wir ihn zwischen den Leuten im Garten herumspazieren. Viele von ihnen versuchten, seine Kleider oder seine Füße zu berühren. Er sprach mit einigen und produzierte etwas für andere, gewöhnlich Asche, glaube ich.

Diese fortwährende Produktion von Asche, oder vibhūthi, wie sie genannt wird, scheint eine besondere Bedeutung zu haben. Ich mußte an Sai Baba aus Shirdi denken und das Feuer, das er immer brennen ließ, um udi zu produzieren, welches er seinen Anhängern gab, um ihre Leiden zu heilen und zu anderen Zwecken. Nun schien es so, als ob Sathya Sai, der vielleicht wirklich seine Reinkarnation war, diese Asche produzieren konnte von einem Feuer, das in einer Dimension jenseits der Reichweite unserer sterblichen Augen brannte.

Asche ist ein spirituelles Symbol und ist von vielen Religionen benutzt worden, einschließlich der christlichen. Wie alle Symbole hat es verschiedene Bedeutungsebenen. Eine offensichtliche Bedeutung ist, daß es uns erinnert an die vergängliche Natur aller irdischen Dinge und an die Sterblichkeit des menschlichen Körpers. Es soll unsere Gedanken zum Ewigen jenseits des Vergänglichen führen, zu unserem eigenen unsterblichen Selbst jenseits jenes kleinen Häufchens Asche oder Staub, das von unseren Körpern eines Tages übrigbleibt. Für die Hindus ist Asche ein besonders heiliges Symbol des Gottes Shiva oder jenes Aspektes der Gottheit, der für die Zerstörung der materiellen Formen zuständig ist. Zerstörung wird auch als göttliches Attribut angesehen, denn nur durch Zerstörung kann es Regeneration geben, Wiedergeburt neuer Formen, durch die das Leben freier, voller, vitaler fließen kann.

In den nächsten Tagen sprachen wir sehr häufig über unsere seltsame Erfahrung. Abgesehen von seinen Wunderkräften hatte Sai Baba eine starke Ausstrahlung. Er schien uns auf irgendeine höhere Ebene zu bringen, wo es keine Sorgen mehr gab. Das Leben wurde bedeutsamer, und die normalen Schwierigkeiten und Konflikte der Welt waren weit weg, unwirklich. Es schien eine Aura von Glück um uns zu sein. Iris sagte, sie könnte nicht aufhören, stundenlang zu lächeln, nachdem Baba mit ihr gesprochen hatte.

Was die Wunder selbst betrifft – nun, im Laufe der Zeit fragte ich mich, ob ich sie tatsächlich gesehen hatte. Es schien alles so unwahrscheinlich, so weit außerhalb der alltäglichen Ordnung der Dinge. Es ist für den Verstand, der in Logik und physikalischer Wissenschaft trainiert ist und von selbst immer nur an die rationale Ordnung des Universums glaubt, schwierig, die Realität solcher scheinbar irrationaler Phänomene zu akzeptieren. Selbst nachdem man solche Wunder gesehen hat, ist es schwer, an sie zu glauben.

So blieb in meinem Verstand ein Zweifel hängen wie Morgennebel. Wurde ich vielleicht letztlich doch zum Narren gehalten? War es vielleicht doch ein geschickter Taschenspielertrick? Wenn ich die Fakten und Umstände gründlich durchging, gelang es mir nicht zu erkennen, wie das wiederum möglich sein sollte. Asche ist ja nun etwas, das man nur schwerlich oder überhaupt nicht in einer weit geöffneten Hand halten kann, die Kreisbewegungen macht und mit der Handfläche nach unten zeigt. Und wie könnte er sie aus einem Ärmel oder aus einer Tasche herausbringen, selbst wenn er Taschen hätte, was nicht der Fall war, selbst, wenn er manschettenlose Ärmel bis zum Handgelenk hätte, statt sie bis fast zum Ellenbogen hochzuziehen, wie es oft der Fall war.

Aber wahrscheinlich gab es irgendeinen Weg, wie er die Dinge, die ich gesehen hatte, mittels einer brillianten Täuschung hatte machen können. Vielleicht war sein scheinbares Gedankenlesen und sein Wissen über die Probleme von Menschen nicht mehr als gescheites Raten.

Innerlich fühlte ich wegen der erhebenden Ausstrahlungskraft seiner Gegenwart, daß er kein Betrüger war. Aber ich konnte nicht absolut sicher sein: Ich konnte nicht sicher sein, daß ich einen Menschen von wirklich übernatürlichen Kräften getroffen hatte, daß ich wirkliche Wunder mit eigenen Augen gesehen hatte. Nein, ich konnte nicht sicher sein, bis ich weitere Untersuchungen angestellt hätte. Dazu müßte ich solche Phänomene viele Male beobachten, unter vielen verschiedenen Umständen und Bedingungen. Ich müßte den Wundermann selbst kennenlernen, seinen Charakter studieren, seinen Hintergrund, sein Leben und die Sorte von Menschen, die ihm folgten. Und ich müßte natürlich auch erst einmal den Aschram in Puttaparthi besuchen.

3. Stätte des Friedens und vieler Wunder

Nicht allein diese Erde ist unser Lehrer und Erzieher,
hier haben aller Welten Mächte Zutritt.

– SHRI AUROBINDO, Savitri –

Ich reiste im Bus von Madras nach Bangalore. Einige Freunde in dieser Stadt besorgten mir ein Auto, und ich startete nach Norden über die Landstraße, um den Schlupfwinkel des Zauberers von Puttaparthi zu finden. Ich reiste allein mit einem indischen Fahrer, da Iris sich nicht von ihren Verpflichtungen im Hauptsitz der Theosophischen Gesellschaft lösen konnte.

Der Weg führte aus dem Staat Mysore nach Andhra Pradesh hauptsächlich durch dürres, offenes Land, hier und da lagen versprengt runde Steinhügel. Ich sah nicht einmal einen Hinweis auf Puttaparthi auf den Schildern, bis wir den letzten Abschnitt der 100-Meilen-Reise erreicht hatten.

Dann waren wir auf einer Straße aus Geröll und losem Sand, die einem Pfad für Viehkarren glich. An einer Stelle wurde es eine enge Allee, die sich durch die verfallenen Gebäude eines einsamen Dorfes hindurchschlängelte. An anderen Stellen wand sich die Straße über fast trockene Flußbetten. Solche Übergänge sind durchfahrbar, außer in starken Regenzeiten. Aber ich hörte, daß die durchtriebenen Schurken aus der Umgebung, wenn sie Geld brauchen, einen tiefen Graben in das seichte Wasser der Furt graben. Dann warten sie auf Autos, die darin steckenbleiben, und handeln einen hohen Preis dafür aus, sie wieder herauszuziehen.

Allerdings sind die Zeiten vorbei, in denen die Besucher den letzten Teil ihrer Puttaparthi-Reise mit Ochsenkarren oder zu Fuß über die schlammigen Reisfelder bewältigen. Trotz der holperigen Straße im Jahr meiner ersten Reise 1966 konnten Autos und sogar große Busse sich über alle Hindernisse durchschlagen und die Aschrampforten erreichen.

Sai Babas Anwesen liegt neben dem Dorf Puttaparthi, das sich an ein enges ländliches Tal anschmiegt, zwischen zinnfarbigen Hügeln und nacktem Fels. Das Tal, zartgrün wenn alles sprießt, ist abgelegen und still, unberührt vom 20. Jahrhundert. Als ich durch das Tor hineinfuhr, ging gerade die Sonne unter und verbreitete einen goldenen Glanz über den Gebäuden. Die meisten Häuser standen im Umkreis um den Gebäudehauptkomplex, mit der Vorderfront zum großen weißen Hauptgebäude.

Es war die Zeit der Abend-bhajans, des Singens heiliger Lieder. Ich hörte, daß Sai Baba mit der Menge in der großen Halle war, die den Hauptteil des Erdgeschosses des Zentralgebäudes einnimmt, und da offensichtlich nur er sagen konnte, wo ich schlafen sollte, saß ich auf meiner Bettrolle außerhalb der Halle und wartete.

Der rhythmische Klang der Gesänge vertiefte den Frieden der Abendstunde. Die Dämmerung kam, und die Lichter gingen langsam an, während die eindringliche Musik anhielt. Sie schien durch mich hindurchzugehen, meinen müden Körper zu streicheln und meine Ungeduld zu beruhigen, sie spülte meine Sorgen und Angst hinfort.

Dann kam jemand und führte mich zu dem Raum, den Baba für mich bestimmt hatte. Er lag im kleinen Gästehaus, nett möbliert, mit einem eigenen privaten Waschraum und einer Spültoilette. Das war sehr viel besser, als ich erwartet und gehofft hatte.

Einer der ersten, die ich im Aschram traf, war Mr. N. Kasturi, ein pensionierter Professor für Geschichte und Präsident der Mysore Universität. Er war nun der Sekretär des Aschrams, Herausgeber seiner Monatszeitschrift Sanātana Sārathi und Autor eines Buches über Sai Babas Leben. Er hatte auch viele öffentliche Reden Sai Babas ins Englische übersetzt, die dieser in Telugu gehalten hatte. Sie sind in mehreren Bänden veröffentlicht, enthalten die spirituellen Lehren des Wundermannes und geben einen Eindruck von seiner Mission und Botschaft.

An meinem ersten Morgen kam Mr. Kasturi im Gästehaus mit Exemplaren aller Bücher an, die es über Sai Baba in Englisch gab. „Sie sind ein Geschenk für Sie von Baba", sagte er. Mr. Kasturi ist nicht nur ein Gelehrter, sondern auch ein tief religiöser Mann, dessen Gesicht Hingabe und Wohltätigkeit ausstrahlt. Danach erzählte er mir etwas vom Aschram. Sein Name ist Prashanti Nilayam, das heißt: Die Stätte des großen Friedens. Etwa 700 Leute leben hier ständig, und Hunderte kommen und gehen die ganze Zeit über. Die Dauerbewohner belegen die nach innen gewandten Terrassenhäuser im Umkreis. Die Besucher erhalten das, was an Platz jeweils gerade verfügbar ist – vielleicht einen Raum in einem großen Gebäude, vielleicht einen Fleck Boden in einem der offenen

Schuppen, vielleicht eine Ecke auf der Postamt-Veranda oder in Zeiten großer Mengen von Festtagsbesuchern die nackte, braune Erde unter einem Baum. Leute wie ich, die verweichlicht sind durch das Wohlleben der westlichen Zivilisation, schickt Baba gewöhnlich in das möblierte Gästehaus.

Am frühen Morgen hatte ich seltsame, angenehme Klänge von Sanskrit-Gesängen gehört. Nun erfuhr ich, daß sie von der Schule kamen, wo Jugendliche die Veden studieren. Sie lernen nicht nur, das Sanskrit dieser Werke zu lesen, sondern auch, es auswendig zu rezitieren. Sie lernen von Schriftgelehrten (pāndita), die Texte mit der richtigen Intonation und Betonung zu singen, so wie es im Indien der alten Tage war. Der Grund dafür ist, daß die erhebenden spirituellen Wirkungen der Veden vom mantrischen Effekt der Töne sowie von der Bedeutung der Worte kommen. Das überliefern uns jedenfalls die Verfasser alter Texte, und da ich einige Male mitgesungen habe, finde ich es nicht schwer, ihnen Glauben zu schenken. Es gibt heute in Indien sehr wenige Schulen wie diese; wahrscheinlich, weil man normalerweise etwa sieben Jahre braucht, um ein Veda zu lernen, wie Mr. Kasturi mir sagte, und es gibt derer vier. Über 20 Jahre also, um sie alle zu beherrschen, und keine kommerzielle Belohnung zum Schluß! Aber Baba scheint entschlossen zu sein, gegen die aufkommende Flut des Materialismus im modernen Indien die alte spirituelle Kultur neu zu beleben.

Der Aschram hat auch seine eigene Kantine, wo ich eingeladen war, meine Mahlzeiten einzunehmen; aber man sagte mir, daß ich als Babas Gast nicht zu zahlen brauchte. Die Unterbringung war ebenfalls frei, und ich hatte auch noch einen Stapel Bücher umsonst bekommen. Es schien, als ob ich für nichts zahlen durfte. Aber vielleicht könnte ich eine Schenkung am Ende meines Aufenthalts machen, wie man es in den meisten Aschrams Indiens tut. Zu diesem Punkt fragte ich Mr. Kasturi. „Nein", sagte er nachdrücklich, „Baba wird keine Schenkungen akzeptieren. Er nimmt nie Geld, von niemandem!"

„Er scheint einige reiche Anhänger zu haben", antwortete ich, „vielleicht helfen die dem Aschram finanziell."

„Nein", lächelte Mr. Kasturi, „aber verlassen Sie sich nicht auf mein Wort, fragen Sie selbst. Viele werden in den nächsten paar Tagen zum Shivarātrifest anreisen." „Was ist das?" fragte ich.

Er erklärte mir, daß es das große alljährliche Fest für Gott

Shiva sei, zu dem viele Tausend nach Prashanti Nilayam kämen, und daß während der Festlichkeiten Baba wie immer zwei große Wunder öffentlich tun würde.

Ich entschloß mich an Ort und Stelle, das Shivarātrifest (Die Nacht Shivas) abzuwarten und die Wunder zu sehen. In der Zwischenzeit würde ich Sai Babas Lebensgeschichte lesen, die N. Kasturi geschrieben hatte, mit seinen Anhängern sprechen und versuchen, dem großen Mann nahezukommen, wann immer es ging. Kasturi machte mir Hoffnung, daß ich vielleicht sehr bald zu einem Interview gerufen werden könnte, obgleich Baba sehr beschäftigt sei.

Während der nächsten Tage hatte ich tatsächlich das Glück, zu mehreren Gruppeninterviews geladen zu werden. Dabei versammeln sich etwa ein Dutzend Leute in einem der Interview-Räume an beiden Enden der bhajan-Halle oder Gebetshalle, wie sie manchmal genannt wird. Sai Baba sitzt entweder auf einem Stuhl oder auf dem Boden – anscheinend je nach Laune –, und die Leute sitzen mit überkreuzten Beinen um ihn herum auf dem Boden. Jedesmal konnte ich sehr nahe an ihn herankommen und saß kaum einige Meter entfernt zu seiner Rechten, bei der Hand, die die Wunder vollbringt.

Diese Gruppeninterviews beginnen gewöhnlich mit einigen Worten über spirituelle Themen. Baba bittet jemanden, eine Frage zu stellen; dann in der Antwort läßt er sich aus über Dinge wie den Sinn und Zweck des Lebens, die wahre Natur des Menschen und wie er sterben sollte, um das Ziel zu erreichen. Die Lehren sind immer klar, lebendig und äußerst praktisch.

Zum Ende eines jeden Treffens, wenn einige Leute persönliche Probleme haben, führt er sie manchmal einzeln oder als Familie in einen anderen Raum. Aber es verging kein Treffen, wo Baba nicht zumindest eine Sache materialisierte, neben dem vibhūti, das er immer mit jener schöpferischen Handbewegung macht. Ketten, Halsbänder, Anhänger und andere Objekte habe ich ihn auf diese Weise aus der Luft greifen und sie einem darüber höchst erfreuten Menschen geben sehen.

Er wußte anscheinend, daß mein Argwohn ihm gegenüber noch nicht zerstreut war, denn er zog immer noch seinen lockeren, manschettenlosen Ärmel hoch, bevor er ein Objekt aus dem Nichts griff. Aber bei einer Gelegenheit brauchte er den Ärmel nicht hochzustreifen. Es war ein sehr heißer Tag, und er trug ein Gewand mit kurzen Ärmeln, die nur bis zum Ellenbogen reichten. Nun, als ob er den skeptischen Geist in mir ein für allemal austreiben wollte, ließ er seine rechte Hand offen mit der Handfläche nach oben auf der Armlehne seines Stuhles liegen, einige Zentimeter von meinen Augen entfernt.

Wenn ich ein Handleser gewesen wäre, hätte ich die Linien und Wölbungen auf der kleinen Handfläche und seinen schlanken grazilen Fingern lesen können. Ich konnte tatsächlich ganz sicher sein, daß keine Gegenstände, wie klein auch immer, dort versteckt waren.

Dann hob er seine Hand von dort und begann, sie in der Luft Kreise machen zu lassen, etwa 45 Zentimeter von meinem Gesicht entfernt. Einen Augenblick lang war die Hand leer, im nächsten Moment hielt sie etwas Großes, das hell aus beiden Seiten seiner Faust herausguckte. Er schüttelte sie aus und brachte ein langes Halsband aus farbigen Steinen zum Vorschein. Es war, was die Inder eine japamālā nennen – ähnlich dem christlichen Rosenkranz –, die die Inder für Gebete benutzen. Ihre normale Größe umfaßt 108 Steine oder Perlen. Es gab keinen Ort im dreidimensionalen Raum, wo ein Zauberer so ein sperriges Objekt versteckt und unter diesen Umständen zu Tage gefördert haben könnte. Baba gab es einer grauhaarigen Dame gleich zu seiner Linken. Als er es um ihren Hals legte, war sie so überwältigt, daß sich ihre Augen mit Tränen füllten, und sie fiel auf die Knie, um seine Füße zu berühren.

An jenem Tag schwoll die Menschenmenge an. Die Gebäude waren alle voll, und die Leute fingen an, ihre Bettstatt unter den Bäumen auszubreiten. In dieser Flut von dunkelhäutigen, weißgekleideten Indern war ich der einzige Mann aus dem Westen, nachdem Bob Raymer nach Kalifornien zurückgeflogen war. Unter den Damen waren nur noch zwei Bleichgesichter – die in Ocker gekleidete Nirmalananda und Gabriela Steyer.

Dennoch fühlte ich mich nicht wie ein Ausländer: Ich fühlte, daß ich unter Brüdern lebte, und war vollkommen glücklich. Man konnte sich ja auch kaum anders fühlen, bei dieser brüderlichen Liebe, die aus jedem Gesicht strahlte und die jedes Wort und jede Handlung inspirierte. Jeder Fremde wurde in wenigen Minuten ein Bekannter und in einer Stunde ein enger Freund, der bestrebt war, einem in jeder Weise zu helfen und von den wundervollen Dingen zu erzählen, die Sai Baba für ihn oder ein Mitglied seiner Familie getan hatte.

Bald bemerkte ich, daß die Anhänger aus allen Teilen Indiens und aus allen Gesellschaftsschichten kamen: Prinzen, Geschäftsleute, Doktoren, Rechtsanwälte, Richter, Beamte, Wissenschaftler, Soldaten, Angestellte und Kaufleute. Im Gästehaus waren auf der Damenseite die Maharani von Sandur, ihre Tochter und Nanda, die Prinzessin von Kutch. Unter den Männern war der Kumaraja (Prinz) von Venkatagiri, der Kumaraja von Sandur, Mr. G. Venkateshwara Rao, der Glimmermagnat, und ich.

Diese Leute waren alle ziemlich reich, und so, eingedenk der Aufforderung von Herrn Kasturi, befragte ich sie wie auch andere reiche Devotees über Geldgeschenke an Sai Baba. Von allen und später auch noch von vielen anderen hörte ich dieselbe Antwort. Sie würden, so sagten sie, liebend gern Sai Babas Aschram mit Schenkungen unterstützen, aber er würde niemals Geld von ihnen annehmen. Auch hätte er nie irgendwelche Zuwendungen von irgendjemandem angenommen, den sie kannten. Ich dachte, was für ein fruchtbares Feld dies hier für all jene religiösen Führer und ihre Organisationen wäre, die immer auf Ausschau nach Geldgeschenken sind. Es gab nicht nur den reichen Kern, der begierig war zu schenken, sondern auch die große Zahl, die sich zu Babas Vorträgen versammelte, manchmal bis zu 200 000. Was für eine Kollekte könnte hier eingetrieben werden von einem guten, ergreifenden Prediger. Aber Sai Baba lehnte es ab, auch nur einen Pfennig zu nehmen. Wie bekommt er aber das Geld, das er braucht? Auf diese Frage hin lächeln sie, als ob sie sagen wollten: „Wie macht Baba denn alles? Es ist ein Rätsel, das wir nicht lösen können." Jedenfalls wurde es bald klar: Was immer das Motiv seiner Wunder ist, Geld ist es nicht.

Jeder, den ich sprach, konnte mir wenigstens ein, gewöhnlich aber mehrere Wunder aus eigener Erfahrung erzählen. Mein Notizbuch schwoll an mit phantastischen Geschichten, von denen ich viele niemals glaubte als wahr bestätigen zu können. Aber es gab andere, die man doppelt und auf mehreren Wegen nachprüfen konnte. Abgesehen von den Materialisationsphänomenen von der Art, wie ich sie schon gesehen hatte, gab es Erzählungen, die von fast allen Arten von Wundern handelten, die man in den historischen und spirituellen Aufzeichnungen über Phantastisches finden kann. Darunter waren die Heilwunder – die Heilung von vielen Arten von Krankheiten, einige tiefsitzend und chronisch, einige von Medizinern für unheilbar erklärt.

Im Aschram gibt es ein kleines Hospital mit zwei Doktoren und gelegentlichen Helfern von draußen. Die beiden Vollzeitarbeiter sind der Medizinische Superintendent Dr. B. Sitaramiah und seine Assistentin Dr. N. Jajalakshmi, eine Ärztin. Der Superintendent erzählte mir, daß er schon im Ruhestand war, als Sai Baba ihn vor einigen Jahren bat, das Hospital zu übernehmen. Deshalb war er abgeneigt, die Verantwortung wieder zu übernehmen. Aber Sai Baba versicherte, daß der Doktor nur eine Repräsentationsfigur sein solle und er selbst das Heilen besorgen würde. Da hatte Dr. Sitaramiah keine Angst mehr vor der Aufgabe, und so hatte es angefangen. „Abgesehen von der Routinebehandlung bekam ich auch immer noch zusätzliche Anweisungen von Sai Baba", sagte er mir, „und es hat viele andere Heilungen gegeben von Fällen, die durch andere gängige medizinische Behandlung vollkommen unheilbar waren. Vom wissenschaftlichen Standpunkt aus waren die Heilungen vollkommen unerklärlich."

Zu meinem Glück ging er sehr detailliert auf einige Krankengeschichten ein, zeigte mir Röntgenbilder, Aufzeichnungen medizinischer Diagnosen und viele andere Dokumente von Bedeutung. Im folgenden gebe ich einige Fallbeispiele, um einige jener Krankheiten zu zeigen, die Baba im Aschram behandelt hat. Sie zeigen auch, daß er, wie er sagte, „verschiedene Heilmittel für verschiedene Patienten" hat.

Eine Baba-Anhängerin aus Bangalore litt an Tuberkulose. Sie spuckte Blut, und die Röntgenaufnahme zeigte ein Loch in der rechten Lunge. Die medizinische Meinung war, daß die Krankheit wahrscheinlich heilbar sei, aber daß eine effektive Behandlung etwa zwei Jahre dauern würde. Anstatt die vorgeschriebene Behandlung durchzuführen, kam sie nach Prashanti Nilayam.

Sai Baba gab ihr vibhūti aus seiner Hand, und sie wurde ins Hospital gebracht. Über eine Woche später, als ich das Hospital selbst besuchte, war sie noch dort, aber schon auf dem Wege der Besserung; alle Symptome der Tuberkulose waren schon verschwunden, versicherten die Doktoren mir. Anstatt in zwei Jahren war sie schon in einer Woche geheilt.

Ein junger Mann, der in Bombay wohnte, aber jüngst aus der Schweiz zurückgekommen war, hatte ein inneres Leiden, das Doktoren sowohl in Europa als auch in Bombay als Krebs diagnostiziert hatten. Er war kein Anhänger Sai Babas, aber ein Freund hatte ihn gedrängt, nach Prashanti Nilayam zu gehen. Verzweifelt reiste er los, blieb jedoch nicht im Hospital, sondern in einem Gebäude nahe der Kantine. Da wartete er und betete zu Baba um Hilfe.

Eines Nachts hatte er einen Traum, in dem jemand ihn besuchte, der ein blitzendes Messer trug. Wie er Dr. Sitaramiah und anderen sagte, erinnerte er sich nur an dies, als er erwachte: ein undeutlicher Besucher und ein deutlich zu sehendes helles Messer. Vielleicht war es nicht wirklich ein Traum. Dem Kantinenleiter, der ihm morgens Frühstück brachte, zeigte er einen großen geheimnisvollen Blutfleck auf seinem Bettlaken. Hatte Baba eine Operation durchgeführt, während er schlief? Solche merkwürdigen Dinge waren bekannt. Wie auch immer, alle Zeichen und Symptome des Krebses waren verschwunden.

Etwa ein Jahr nach diesem Vorfall schrieb ich diesem jungen Mann, um nachzuforschen, ob die Krebsheilung vollständig sei. Seine Antwort kam aus der Schweiz, wohin er an seine Arbeit zurückgekehrt war. Er war bei bester Gesundheit, und es verging kein Tag, schrieb er, an dem er nicht an Sai Baba dachte und ein inniges Gebet des Dankes für seine wunderbare Heilung sprach.

Ein 58 Jahre alter Mann, der an Hyperpyrexie litt, wurde ins Hospital gebracht. Er war in einem anderen Hospital etwa 2 Monate lang ohne Linderung gegen Fieber und Ruhr behandelt worden. Im Aschram-Hospital wurden verschiedene Behandlungen von den Doktoren versucht – Chinin, Penicillin, Chloromycetin –, aber alle ohne Wirkung. Die Temperatur des Patienten blieb über 40 Grad; er war im Delirium und sein Allgemeinzustand verschlechterte sich. Er verlor das Bewußtsein, und es schien keine Hoffnung auf Genesung mehr zu geben.

Dann kam Sai Baba zum Hospital, um ihn zu sehen. Er nahm, wie üblich, vibhūti aus der Luft, strich es auf die Stirn und tat etwas in den Mund des Bewußtlosen. Nach kurzer Zeit begann die Temperatur zu fallen, der Patient erlangte das Bewußtsein, und sein Zustand besserte sich rapide. Bald war wieder alles normal, ohne jegliche Anzeichen von Ruhr. Als er kräftig genug war, wurde er aus dem Hospital entlassen.

Einmal wurde ein Krüppel, der weder gehen, stehen noch sitzen konnte, in den Aschram gebracht. Dieser Mann, ein reicher Kaffeepflanzer aus dem Staat Mysore, war etwa 50 Jahre alt und hatte die letzten 20 Jahre an schwerer rheumatischer Arthritis gelitten. Er hatte viele verschiedene medizinische Behandlungen hinter sich, jedoch ohne Erfolg. Nun hatte er zusätzlich zu seinen anderen Leiden noch eine Nierenerkrankung bekommen, so daß diese nicht mehr arbeiteten. Seine Temperatur blieb über 39 Grad.

Im Prashanti-Nilayam-Hospital verweigerte er jede orthodoxe medizinische Behandlung und sagte, er habe vollkommenes Vertrauen, daß Sai Babas Kräfte ihn heilen könnten. Als es soweit war, ließ Baba seine Hand kreisen und brachte eine kleine Flasche mit flüssiger Medizin hervor. Er verschrieb davon zwei Tropfen täglich mit etwas Wasser. 15 Tage nach Beginn dieser Behandlung konnte der Pflanzer am Stock gehen. Nun gab Baba ihm ein Mantra zum Wiederholen, wenn er täglich seine Runden um die Gebetshalle machte. Innerhalb eines Monats ging er ohne den Stock. Darüber hinaus verschwand das Nierenleiden, d.h. die Organe funktionierten wieder normal.

Bevor er zu seiner Plantage zurückkehrte, wollte er Baba noch seine tiefe Dankbarkeit ausdrücken. Dieser aber sagte: „Danke nicht mir. Es war Dein Glaube, der Dich gesund gemacht hat."

Ich befragte Dr. Sitaramiah, ob die Heilung von Dauer gewesen oder die Krankheit vielleicht erneut aufgetreten sei.

„Es schien dauerhaft zu sein. Lange Zeit später noch hörte ich, der Pflanzer sei immer noch gesund und munter."

In den folgenden Monaten sollte ich viele Menschen treffen, die selbst dramatische und wunderbare Heilungen von ernsten, manchmal tödlichen Krankheiten erfahren hatten; ebenso andere Leute, die solche phantastischen Heilungen ihrer Familienmitglieder oder Freunde bezeugen konnten. Ein Gutteil von ihnen waren bekannte, führende Bürger ihrer Gemeinden; sie haben mir gestattet, ihre Namen zu verwenden, und ihre Fälle werden in späteren Kapiteln beschrieben werden. Auch hier in Prashanti Nilayam informierte mich nun Dr. Sitaramiah, daß Sai Babas eigene Temperatur über 38 läge. Der Arzt hätte sie, wie immer zu dieser Jahreszeit, mit Babas Erlaubnis jeden Tag überprüft. Die hohe Temperatur sei ein Zeichen des nahenden Wunders, das alljährlich am Shivarātrifest stattfand, erklärte der Doktor. Ich erwartete dieses Ereignis mit großer Neugier, da ich von seinen Anhängern Beschreibungen von Wundern bei früheren Shivarātrifesten gehört hatte. Dennoch war ich etwas skeptisch, denn meines Wissens gab es in den schriftlichen Aufzeichnungen über Phänomene und Wunder nichts Vergleichbares.

4. Oh, unsichtbare Welt

Oh unsichtbare Welt, wir sehen Dich,
Oh unfaßbare Welt, wir berühren Dich.
– FRANCIS THOMPSON –

Im Jahre 1966 fand das Mahāshivarātrifest am 18. Februar statt, gemeinhin bekannt als Shivarātri. Als ich an jenem Morgen vom Frühstück in der Kantine zurückkehrte, mußte ich vorsichtig zwischen Gruppen von Besuchern hindurchsteigen, die auf dem Boden ihr Lager aufgeschlagen hatten. Alle Gebäude waren voll, alle Plätze unter den Bäumen waren besetzt, und nun schlugen die Leute ihre Lager überall auf dem nackten Boden auf: Komfort ist für Inder bei solchen Gelegenheiten ohne Bedeutung.

Ich gesellte mich zu der Menge, die vor dem Mandir, dem großen Zentralgebäude, stand. Tausende warteten darauf, daß sich Sai Baba auf dem Balkon zeigen und seinen Morgensegen geben würde. Bald erschien die schmale, rote Gestalt mit der schwarzen Haarkrone. Er erhob seinen Arm zum Segen, wie ich fand ziemlich achtlos gegenüber sonst, und kehrte schnell in seinen Raum zurück. Ich hatte den Eindruck, daß es ihm nicht gut ging. Dann teilte mir Dr. Sitaramiah, der gerade von einer Visite bei ihm heruntergekommen war, mit, daß Babas Temperatur 40 Grad betrug.

Ich vermute, daß es etwas mit dem Shiva-linga zu tun hatte, das sich in ihm bildete. Es ist ein großes Mysterium, erklärte der Doktor. Baba fuhr jedoch in seinem Tagesablauf unverändert fort, als ob mit ihm nichts Besonderes sei. Ich sah ihn herumwandern und Päckchen mit heiliger Asche an die wartende Menge verteilen, die auf dem Boden saß und auf die Gelegenheit hoffte, den Saum seines Kleides zu berühren. Dann wurde im Laufe des Vormittags das erste der zwei öffentlichen Wunder des Tages vollbracht. Es fand in der großen, seitlich offenen Halle statt, wo Tausende auf dem Boden sitzen konnten, dicht zusammengedrängt, wie es nur Sardinen in der Dose oder indischen Menschenmassen möglich ist. Glücklicherweise saß ich nahe der Bühne in einer Gruppe von Photographen, wo ein bißchen mehr Ellbogenfreiheit herrschte. Hier ist meine Tagebucheintragung über das, was sich an jenem Morgen abspielte:

„Auf der Bühne steht eine große Silberstatue von Sai Baba von Shirdi in seiner charakteristischen Sitzhaltung. Mr. Kasturi hebt eine kleine hölzerne Urne auf, die etwa 30 cm hoch und mit vibhūti gefüllt ist. Diese hält er über den Kopf der Silberstatue und schüttet die Asche über die Figur, bis die Urne leer ist. Er schüttelt sie gut, um zu demonstrieren, daß die letzten Reste herausgefallen sind; dann hält er sie weiter über die Statue, mit der Öffnung nach unten. Nun steckt Sai Baba seinen Arm bis zum Ellenbogen in das Gefäß und macht mit ihm eine Rührbewegung, wie die Frauen es früher beim Buttern machten. Sofort beginnt die Asche wieder in reichem Strom aus dem Gefäß herauszufließen, und das so lange, bis er seinen Arm herausnimmt. Dann hört der Aschefluß auf. Daraufhin steckt er seinen anderen Arm hinein und rührt mit ihm herum. Die Asche ergießt sich wieder über die Statue. Diese Prozedur geht weiter, Baba gebraucht die Arme abwechselnd, Asche fließt aus dem leeren Gefäß, während seine Hand darin ist, und versiegt sofort, wenn er sie herausnimmt. Zum Schluß ist Shirdi Sai unter einem großen Haufen Asche begraben – um vieles mehr, als das Gefäß überhaupt je hätte aufnehmen können. Nun wird die Urne auf den Boden gestellt: Das wunderbare zeremonielle Aschebad ist vorbei.

Überall herrscht eine fröhliche, erhabene Stimmung; Mr. Kasturis Gesicht leuchtet mehr denn je, Babas Bewegungen und Gebärden sind von vollendeter, unbewußter Grazie. Es ist alles wunderbar, und da ich gesehen habe, wie er händevoll Asche aus der freien Luft holte, bin ich nicht einmal sehr überrascht, als ich sehe, wie er sie in großen Mengen aus einem leeren Topf herausrührt." Aber der Höhepunkt des Tages sollte noch kommen, und viele Leute sprachen mit mir darüber. Sie sagten mir, daß jedes Jahr ein oder mehrere Shiva-lingas während dieser heiligen Zeit in Babas Körper materialisiert würden. Er bringt diese lingas aus seinem Mund hervor, wobei alle zusehen können. Sie sind immer hart, aus kristallklarem oder farbigem Stein oder manchmal aus Metall wie Gold oder Silber.

„Bist Du sicher, daß er sie sich nicht in seinen Mund steckt, bevor er auf die Bühne geht, und sie dann zum richtigen Moment ausspuckt?" fragte ich. Meine Zuhörer sahen mich amüsiert und mitleidig an. Einer von ihnen sagte: „Er spricht und singt lange Zeit, bevor das Shiva-linga herauskommt, und es ist immer viel zu groß, als daß man es beim Sprechen im Mund behalten könnte. Im letzten Jahr war es so groß, daß er seine Finger benutzen mußte, um es zwischen seinen Lippen herauszubekommen, und es dehnte sie derartig, daß die Seiten seines Mundes bluteten." Ein anderer fügte hinzu: „In einem Jahr waren es einmal neun Stück. Jedes ungefähr 5 cm hoch. Stell Dir vor, sie alle in Deinem Mund zu halten, während Du fast eine Stunde sprichst!"

Gut, dachte ich, wenn er diese Dinge auch von irgendwo aus seinem Inneren hervorbringt, was soll das für einen Sinn haben? Sicherlich ist es ein ziemlich mysteriöses Phänomen, aber hat es irgendeine tiefere Bedeutung? Was ist überhaupt ein Shiva-linga?

Für diese Frage bekam ich eine Reihe von Antworten von den Leuten im Aschram, aber es schien mir, daß die zufriedenstellendste Erklärung des Shiva-lingas, die ich bis heute gehört habe, die war, die Dr. J.K. Taimni in der Schule der Weisheit bei der Theosophischen Gesellschaft in Adyar gegeben hat. Ich konnte mich nur noch vage daran erinnern, aber später, als ich nach Adyar zurückkehrte, schlug ich in meinen Aufzeichnungen nach. Kurzgefaßt lehrte er folgendes:

Das Shiva-linga gehört zu der Klasse der „natürlichen" Hindusymbole, die gewöhnlich mathematische Form haben. Solche Symbole werden „natürliche" genannt, weil sie nicht nur eine Realität präsentieren, sondern in gewissem Ausmaß auch das tatsächliche Vehikel der Kraft innerhalb jener Realität darstellen. Das linga ist ein Ellipsoid. Es symbolisiert Shiva-Shakti, das primäre Polaritätsprinzip der positiven und negativen Kräfte. Auf diesem Prinzip der Gegensätze ist das ganze Universum gegründet. Warum wird das Ellipsoid gebraucht, um das Polaritätsprinzip zu symbolisieren? Dr. Taimni erklärt es so: Die letzte Realität, das Absolute oder Brahman oder Gott, oder wie immer wir es nennen, hat keine Polarität, keine Gegensatzpaare. Alle Prinzipien sind ausbalanciert und harmonisch in ihm. Deshalb wird die letzte Realität von der perfektesten mathematischen Figur repräsentiert: der Kugel. Wenn das Zentrum oder der eine Brennpunkt der Kugel sich in zwei teilt, bekommen wir das Ellipsoid. So ist diese Figur eine symbolische Repräsentation des primären Gegensatzes aus dem ursprünglich harmonischen Einen. Und von dieser ersten Dualität kommen alle Manifestationen, alle Schöpfung, alle Vielfalt der Dinge in dem Universum. Das linga ist daher die Grundform, die Wurzel aller Schöpfung, wie das OM der Grundton ist.

In der Hindu-Terminologie ausgedrückt: Aus dem einen Brahman entsteigt Shiva-Shakti, der Vater und die Mutter all dessen, was ist. Wir müssen in diesem Zusammenhang feststellen, daß Shiva nicht nur ein Aspekt der Dreiergottheit ist – der Aspekt: Zerstörung/Erschaffung –, er ist auch der höchste Gott, der Vater aller Götter, der kosmische Logos.

Wie alle Götter der hinduistischen Gedankenwelt hat Shiva seine Gefährtin, das ist Shakti, der weibliche Aspekt. Und wo der männliche oder positive Aspekt das Bewußtsein repräsentiert, symbolisiert der weibliche oder negative Aspekt die Macht. Beide sind nötig für die Schöpfung und Manifestation im Bereich des Materiellen.

Es ist auch bezeichnend, daß die elliptische Form oder das linga, welches das Shiva-Shakti-Prinzip symbolisiert, eine fundamentale Rolle in der Struktur und Wirkungsweise des Universums spielt. Es liegt zum Beispiel aller Materie im Atom zugrunde, wo sich die Elektronen offenbar in elliptischen Bahnen um den zentralen Kern bewegen. Auf der Ebene des Sonnensystems wiederum finden wir die Planeten, die nicht kreisförmige, sondern elliptische Bahnen um die Sonne laufen. Einige Leute haben das linga für ein bloßes Sexsymbol gehalten. Aber Sex ist nur eine der vielen Manifestationen des Shiva-Shakti-Prinzips, das dem linga eigen ist. Das Prinzip wird demonstriert in allen Oppositionspaaren, und nichts kann existieren in diesem phänomenalen Universum ohne seinen Gegensatz oder Kontrast. Tatsächlich ist das Konzept der Gegensätze grundlegend für unser Denken selbst auf dieser Bewußtseinsebene; wir können Licht ohne Dunkelheit nicht erkennen usw. Zu behaupten, die Verehrung dieses Symbols seitens der Menschen leite sich völlig vom primitiven phallischen Kult ab, wäre eine falsche abwegige Betrachtungsweise. Das linga hat eine viel tiefere und bezeichnende Bedeutung. Das Wort selbst bedeutet im Sanskrit bloß Symbol oder Emblem, was an sich schon darauf hinweist, daß es sich um ein grundlegendes, primäres Symbol handelt. Da es in konkreter Gestalt das fundamentale Prinzip und die Schöpfungskraft repräsentiert, wird es als das höchste Verehrungsobjekt auf der physischen Ebene angesehen, und da es eine wirkliche mathematische Relation zu der Realität besitzt, die es symbolisiert, kann es die Anbetenden in Beziehung zu dieser Realität bringen. Wie es das tut, sagt Dr. Taimni, ist ein Mysterium, das nur gelöst und verstanden werden kann durch das eigene innere Erleben.

Wie dem auch sei, es wird behauptet, daß dieses heilige

Ellipsoid aus Stein und Metall die okkulte Kraft hat, einen Kanal auf der inneren Ebene zu schaffen, zwischen dem Menschen und der göttlichen Kraft, die es repräsentiert. Durch so einen Kanal fließen dem Anbetenden viele Wohltaten, Segnungen und günstige Bedingungen zu. Aber das mystische Bindeglied muß von jemandem hergestellt werden, der das notwendige Verständnis von den Prinzipien hat und die Kenntnisse von den Formen des erforderlichen Rituals besitzt.

Würden 30 000 Leute viele beschwerliche Meilen reisen, um Sai Baba einen normalen Stein aus seinem Inneren produzieren zu sehen – so wundersam er auch immer sein mag? Ich bezweifle das. Aber der Stein, der an dem Abend erwartet wurde, das linga, ist kein gewöhnlicher Stein. Er befindet sich mitten im Herzen der alten spirituellen Kultur Indiens.

Die Schatten wurden länger, aber der Nachmittag war noch immer ziemlich heiß, als ich mich vom Gästehaus zum kleinen Rundbau, dem Shanti Vedika, aufmachte, wo das Ereignis stattfinden sollte.

Das Gebäude steht in einiger Entfernung vom Mandir und sieht fast wie die offenen Konzertbühnen in den Parks der westlichen Städte aus. Es ist rund und hat einen erhöhten Boden sowie einen flachen Zaun, schmale Säulen stützen das Dach.

Übervoll von Zuschauern waren die großen, wandlosen Unterstände auf der einen Seite, aber auch der gesamte Boden, der sich von dem Rundbau in der Mitte bis zu den Ecken des Aschrams hin erstreckte, war eine festgefügte Masse sitzender Gestalten.

Ein Führer bahnte mir durch die schweigende Menschenmenge einen Weg, zwischen den Frauen zu meiner Rechten und den Männern zu meiner Linken. Ich fragte mich, ob es wohl irgendwo ein kleines Fleckchen gäbe, wo ich mich hinsetzen könnte. Nahe der Shanti Vedika war ein Platz reserviert worden für offizielle Gäste, engste Schüler, Photographen und einige Leute mit Tonbandgeräten. Als blaßgesichtiger Ausländer wurde ich höflich dorthin gesetzt. Aber sogar dieses privilegierte Eckchen wurde so voll, daß ich mich fragte, ob ich je meine verkrampfte Schneidersitzhaltung verändern könnte.

Wenn ich, wie angekündigt, länger als drei Stunden so sitzen bleiben sollte, würden meine Beine wahrscheinlich in dieser Position steif werden, und man müßte mich hinaustragen.

Um 18 Uhr kam Sai Baba, begleitet von einer kleinen Gruppe

von Schülern, zur Shanti Vedika, und bald darauf begannen die Reden.

Mehrere Männer sprachen, aber ich erinnerte mich am deutlichsten an einen Sprecher, einen führenden Sanskritgelehrten aus Südindien, Surya Prakasa Sastri. Nicht, daß ich verstand, was er sagte, denn er sprach vollständig in der alten Sprache der Veden, aber es war etwas Anziehendes in seinem faltigen, ehrwürdigen Gelehrtengesicht und seinem himmelblauen Gewand.

Es war etwa halb neun Uhr abends, starkes Lampenlicht erhellte die Gruppe auf der Bühne, als Sai Baba sich erhob. Zuerst sang er ein heiliges Lied mit seiner lieblichen, himmlischen Stimme, die das Herz zu rühren vermag. Dann begann er seine Rede, die er – wie immer bei solchen Anlässen – in Telugu hielt. Die etwa 80 000 Menschen waren wie eine Einheit, aufmerksam und äußerst ruhig, außer wenn Baba eine lustige Geschichte erzählte oder einen Witz machte. Dann ging ein Lachen über die von den Sternen beleuchteten Gesichter. Auf der Bühne war Herr Kasturi eifrig damit beschäftigt, von der Ansprache Aufzeichnungen zu machen, die später in Telugu und Englisch veröffentlicht werden sollten.

Sai Babas Redefluß hatte etwa eine halbe Stunde angehalten, als seine Stimme plötzlich abbrach. Er versuchte es noch einmal, aber es kam nur noch ein heiseres Quieken. Die bhajan-Vorsänger unter den Devotees, die wußten, was nun bevorstand, stimmten ein bekanntes heiliges Lied an, und dann fiel die große Menge ein. Baba setzte sich und trank aus einer Wasserflasche. Mehrere Male versuchte er zu singen, aber es war unmöglich. Nun ließ er Anzeichen richtiger Schmerzen erkennen. Er wand und drehte sich, legte die Hand auf die Brust, verbarg seinen Kopf in den Händen und zog an seinem Haar. Dann schlürfte er noch etwas Wasser und versuchte, der Menge aufmunternd zuzulächeln.

Das Singen ging inbrünstig weiter, als ob es Baba in dieser Phase der Schmerzen helfen wollte. Einige Männer um mich weinten ohne Scham, und ich selbst spürte ein Gefühl von Zärtlichkeit zu diesem leidenden Mann dort vor uns. Ich konnte die ganze Bedeutung des Geschehens, welches die Schmerzen verursachte, nicht verstehen, wahrscheinlich ebensowenig wie die große Menge, die dort zuschaute. Aber eine Sache mit dem Verstand verstehen ist eines, und seine Bedeutung in den Knochen und im Blut fühlen, das ist ein anderes. In meinem Inneren fühlte ich, daß ich mich mitten im Zentrum von etwas befand, das für die Menschheit von tiefster Bedeutung war.

Aber ein anderer, vorsichtiger, rationaler Teil von mir war noch nicht überzeugt, daß tatsächlich ein wirkliches Wunder stattfinden sollte, geschweige denn ein spirituell bedeutsames. So hielt ich meine Augen auf Babas Mund gerichtet, um sie nicht von Tränen der Sympathie trüben zu lassen; meine ganze Aufmerksamkeit richtete sich auf diesen Punkt, damit ich den Austritt des lingas, wenn es dort tatsächlich herauskommen sollte, nicht verpaßte.

Nach etwa 20 Minuten, in denen ich Babas Mund beobachtete, während er sich krümmte und dabei lächelte und Versuche machte zu singen, wurde ich belohnt.

Ich sah einen grünen Lichtstrahl aus seinem Mund herausschießen und mit ihm ein Objekt, das er mit seiner Hand auffing. Sofort hielt er das Objekt zwischen Daumen und Zeigefinger hoch, so daß es alle sehen konnten. Ein Raunen tiefster Freude ging durch die Menge. Es war ein schönes grünes linga, das gewiß sehr viel größer war, als es ein normaler Mensch je durch seinen Hals hindurchbekäme. Sai Baba legte es auf die Spitze einer großen Lampe, so daß das Licht durch seinen feurigen, smaragd ähnlich durchsichtigen Körper hindurchschien. Dann ließ er es dort liegen und zog sich zurück.

Sunderlal Ghandi, ein junger freiwilliger Festhelfer, der mein Freund geworden war, holte mich aus der Menge heraus. Meine Beine fühlten sich wie verknotete Spaghetti an, aber sie trugen mich noch bis zum Gästehaus. Jedesmal, wenn ich in der Nacht erwachte, konnte ich die Menge noch singen hören, rund um das erleuchtete Shiva-linga herum, und als ich bei Tagesanbruch hinunterging, zerstreuten sich die Leute gerade. Unter ihnen traf ich Gabriela Steyer, die mir erzählte, daß die meisten Leute die ganze Nacht zur Anbetung dieses Symbols höchster Göttlichkeit, das sich geheimnisvoll im Leib ihres Führers gebildet hatte, geblieben waren.

Shiva ist der Gott der Yogis, derjenige, der dem Menschen hilft, seine niedere Natur zu bezwingen und sie zu seiner wahren göttlichen Natur zu erheben. Um diesen Übergang zu erreichen, muß zuerst der Geist unter Kontrolle gebracht werden. Der Geist, sagt man, steht irgendwie mit dem Mond in Verbindung, und man glaubt, daß es eine astronomisch günstige Mondzeit für die Transzendierung des Geistes gibt. Zu dieser besonders günstigen

Zeit im Februar wird gerade das große Shivarātri abgehalten. Aber in Prashanti Nilayam ist dieses Mondfest doppelt günstig, nicht nur, weil die kosmischen Voraussetzungen stimmen, sondern das auf wunderbare Weise produzierte physische Symbol Shivas ist auch vor aller Augen ein leuchtender Mittelpunkt für höchste meditative Anstrengungen.

Es ist interessant und aufschlußreich, hier anzumerken, daß Krishna in der uttara gīta sagt, daß linga vom Wort lina abstammt, was *vereinen* bedeutet. Dies deshalb, weil das linga die Vereinigung des niederen Selbst mit dem höheren Selbst und mit Gott – mit shivātman und paramātman – möglich macht.

Später erzählte mir der Raja von Venkatagiri, ein frommer Baba-Devotee mit einer guten Kenntnis des orthodoxen Hinduismus, daß es für regelmäßige und korrekte pūjās (rituelle Handlungen) wichtig sei, daß diese für so ein heiliges Symbol abgehalten werden. Und da nur wenige Leute diese ausführen könnten, würden sich die meisten dieser Sai Baba-lingas wieder dematerialisieren, das heißt, sie gingen zurück in das Reich des Unmanifestierten, woher sie gekommen seien. Einige andere Devotees unterstützten seine Auffassung. Mehrere meiner neugefundenen Freunde sahen das linga am Morgen nach seiner Hervorbringung ganz aus der Nähe. Es gab eine Menge Gespräche darüber, und Vergleiche wurden angestellt mit anderen Exemplaren, die in vorangegangenen Jahren produziert worden waren. Ich fragte, was mit ihnen allen geschehen war, und mir wurde erzählt, daß einige an sehr ergebene Devotees gegeben worden waren, aber andere – nun, keiner wußte es. Dennoch weiß ich mit Bestimmtheit, daß einige den Devotees gegeben werden. Über ein Jahr später zeigte mir eine sehr aufrichtige Anhängerin Sai Babas ein schönes Shiva-linga, das aus Babas Körper gekommen war, und das er ihr überreicht hatte. Sie trug es immer, sorgfältig in ein Tuch eingehüllt, bei sich, und würde es nie jemanden berühren lassen.

„Müssen Sie nicht regelmäßig pūjās vor ihm abhalten?“ fragte ich sie. „Ja“, sagte sie, „Baba hat mir gesagt, was ich tun soll, und das tue ich auch. Aber ich weiß nicht, warum er es mir gab: Ich bin es nicht wert.“ Doch sie war es, das konnte ich fühlen. Und Baba, der in die Herzen aller seiner Devotees schauen kann, weiß, wer würdig ist.

Ich konnte das Shiva-linga des Jahres 1966 einige Tage nach seiner Hervorbringung untersuchen. Ich war in Prashanti Nilayam mit einer kleinen Gruppe von Leuten in das Mandir gegangen, zu einem der vielbegehrten privaten Interviews mit Sai Baba. Wir wurden in einen Raum im Parterre geführt. Nach ein paar Minuten trat Baba herein und legte das linga auf den Fenstersims, so daß es jeder betrachten konnte. Es war von smaragdgrüner Farbe, wie es in dem künstlichen Licht in der Nacht seiner Hervorbringung erschienen war. Herr Kasturi, der auf der Bühne des Shanti Vedika gewesen war, als es entstand, beschrieb es später so: „Ein smaragdenes linga, 7,5 Zentimeter hoch und auf einem 12,5 Zentimeter breiten Podest befestigt, das sich in ihm (Baba) geformt hatte, trat zur unbeschreiblichen Freude und Erleichterung der riesigen Menge aus seinem Mund hervor..." Als ich es auf der Fensterbank stehen sah, war mir nicht bewußt, daß sein großes Podest auch aus Babas Mund gekommen war, aber ich schätze die Größe so, wie Kasturi sie später beschrieb.

Nachdem wir uns alle das linga genau angeschaut hatten, ohne es jedoch zu berühren, nahm Baba auf einem Stuhl Platz, und wir setzten uns an den Wänden entlang auf den Boden. Ich saß am Boden zu seiner Rechten, ganz nahe bei ihm.

Eine Weile plauderte er, anscheinend leicht und ausgelassen. Er fragte Leute einzeln, was sie von ihm wollten, und lachte über einige der Antworten. Er war wie eine Mutter mit ihren Kindern, glücklich, ihnen das zu geben, was sie wollten, bemüht, sie zu erfreuen, aber in der Hoffnung, daß sie lernen würden, sich die wichtigeren Dinge des Lebens, die Schätze des Geistes, zu wünschen.

Plötzlich wandte er sich an mich und sagte scherzhaft: „Wenn ich dir etwas gebe, wirst du es wahrscheinlich verlieren?" „Nein, Baba – nein, bestimmt nicht", protestierte ich. Er zog seinen Ärmel hoch und ließ seine Hand etwa in Höhe meiner Augen kreisen; ich konnte sowohl unter sie, als auch über sie hinweg sehen – dennoch sah ich dort nichts, bis er die Hand nach oben drehte und ein großer funkelnder Ring auf seiner Handfläche erschien. Er schien aus Silber und Gold zu sein, aber er sagte mir später, daß das silbrige Metall pancaloha sei, die heilige Legierung, aus der viele Tempelstatuen gemacht werden.

Fasziniert streckte ich meine Hand nach dem Geschenk aus, aber er lachte und reichte den Ring in die andere Richtung. Dieser wurde im Kreis herumgegeben, jeder untersuchte ihn, die meisten hielten ihn ehrfürchtig an ihre Stirn, bevor sie ihn weiterreichten.

Als er zu Baba zurückkam, steckte er ihn mir auf den Mittelfinger. Er paßte genau.

Ich war ganz überwältigt, um so mehr, als ich sah, daß die in Gold auf dem pancaloha eingestanzte Figur Sai Baba von Shirdi war. Ich hatte Sathya Sai oder irgendeinem seiner Anhänger niemals von meiner tiefen Zuneigung zu diesem alten Heiligen erzählt. Hatte er es etwa in meinen Gedanken lesen können?

Bald danach holte er uns dann einzeln in einen anderen Raum, so daß wir ihm private Fragen stellen konnten. Als ich an die Reihe kam, sprach er mit mir über mein Privatleben und meine Gesundheit. Er schien nicht nur Vater und Mutter zu sein, sondern die Essenz der Elternschaft selbst, der Archetyp aller Väter und Mütter. Es war, als ob ein warmer Liebesstrahl von ihm kam und in die Tiefen meines Wesens eindrang, um alles zu schmelzen. Dieses, fühlte ich, mußte die reine, hohe Liebe sein, die in Sanskrit prema genannt wird, die Liebe, die kein verstecktes, eigennütziges Motiv hat, die Liebe, die lediglich ein spontaner Ausdruck des Höchsten, des Göttlichen im Menschen ist.

Meine wundervolle innere Erfahrung bestätigte, was viele Devotees mir schon erzählt hatten über ihre eigenen persönlichen Kontakte mit dem universalen und doch individuellen Baba-prema. Auf die eine oder andere Weise begann ich also am Ende meines ersten Besuches in der „Stätte des großen Friedens“ zu verstehen, daß, was immer dieser Wundermann sein mochte, er jedenfalls nicht nur kein geschickter Betrüger war. Noch war er ein Straßenmagier mit begrenztem Repertoire psychologischer Tricks, um Passanten um ein paar Rupien zu erleichtern.

Sai Baba gehörte keiner dieser wohlbekannten Kategorien an. Was war er dann? Das blieb ein tiefes Geheimnis, vielleicht unergründlich – aber zumindest eine Herausforderung.

5. Geburt und Kindheit

Aber als ziehende Wolken der Herrlichkeit
kommen wir von Gott, der unsre Heimat ist.
– MW. WORDSWORTH –

Während meiner Besuche in Prashanti Nilayam konnte ich mir Sathya Sai Babas Geburtsdorf genauer ansehen und mit seinen Familienangehörigen sprechen, die dort lebten. Das Dorf Puttaparthi liegt etwa 400 Meter vom Aschram entfernt. Es ist ein kleiner, sonnengebleichter Ort mit weißgetünchten Häusern und schmalen, sandigen Straßen.

Das eigentliche Haus, in dem Baba das Licht der Welt erblickte, besteht jetzt nur noch aus einigen zerfallenen Resten einer Ziegelsteinmauer, aber seine beiden älteren Schwestern und ein jüngerer Bruder leben noch in eigenen Häusern in diesem Dorf. Sein älterer Bruder wohnt in einer anderen Stadt, seine Mutter lebt im Aschram, und sein Vater ist bereits gestorben. Obgleich ich Familienangehörige traf und mit ihnen sprach, bekam ich doch die wichtigsten Informationen über Sai Babas Herkunft, Geburt und Kindheit von dem Historiker Kasturi.

Die herausragendste Gestalt innerhalb seiner Familie war der Großvater väterlicherseits, Kondama Raju. Dieser Herr schien ein kleiner Gutsbesitzer zu sein, der sogar in einiger Entfernung von Puttaparthi Ackerland besaß. Er war nicht reich, aber wohlhabend genug, um der Göttin Sathyabhama, der Gefährtin Lord Krishnas, einen Tempel zu errichten. Man erinnert sich seiner hauptsächlich wegen des frommen religiösen Lebens, das er führte. Auch war er ein ausgezeichneter Musiker und Schauspieler und übernahm Hauptrollen in den religiösen Dorfdramen und Opern, die in Puttaparthi und anderen nahegelegenen Orten aufgeführt wurden. In jenen Tagen war dies die Hauptform der dörflichen Unterhaltung. Viele dieser dramatischen Aufführungen wurden den großen indischen spirituellen Epen – wie der „Rāmāyana“ – entnommen. Es gibt eine Version dieses sehr umfangreichen Werkes in Form einer Liederreihe; Kondama Raju konnte sie komplett auswendig.

In seinem hohen Alter pflegten sich seine zahlreichen Enkel in seinem Landhäuschen, in dem er allein lebte, um ihn zu versammeln, während er die Welt der Götter und Gottmenschen aus den wunderbaren Rāmāyana-Sagen zum Leben erweckte. Ein treues Mitglied seiner jungen faszinierten Zuhörerschaft war der kleine Sathyanarayana, der heute unter dem Namen Sathya Sai Baba bekannt ist. Diese Erziehung der Enkel in der Mythologie und den spirituellen Gesängen der großen Epen und „Purānas" (Name alter heiliger Schriften und Erzählungen) erstreckte sich über viele Jahre. Dieser große alte Mann wurde 110 Jahre alt und starb 1950 in Puttaparthi mit einem Lied über den mächtigen Rāma auf seinen Lippen.

Vierundzwanzig Jahre vorher, im Jahre 1926, kündigte sich im Hause von Kondamas ältestem Sohn Pedda Raju durch einige seltsame Zeichen ein besonderes Ereignis an. Peddas Nachkommenschaft bestand zu jener Zeit aus einem Sohn und zwei Töchtern, und nun, nach einer langen Phase von Hoffen, Beten und pūjās vor den Hausgöttern, wurde seine Frau Easwaramma wiederum schwanger. Sie hatte um einen weiteren Sohn gebetet, und als die Zeit kam, war sie voller Zuversicht. Aber sie war auch irritiert, da sich viele unerklärliche Dinge im Hause ereigneten.

Zum Beispiel begann manchmal mitten in der Nacht die große tamboura, die an der Wohnzimmerwand lehnte, zu spielen, obgleich niemand in der Nähe war, der sie hätte spielen können; und die maddala (Trommel) auf dem Fußboden begann in der Dunkelheit wie von Meisterhand gerührt zu schlagen. Aber es war niemand zu sehen. Was konnten diese Dinge bedeuten?

Ein Priester, der auf dem Gebiet der unsichtbaren Phänomene bewandert war, sagte ihnen, daß diese Ereignisse die Gegenwart einer wohltätigen Kraft anzeigten und eine glückverheißende Geburt voraussagten.

Das Jahr 1926 galt als akashaya, das bedeutet „das immer volle, niemals endende Jahr", und entsprechend dem alten Kalender war der 23. November immer der Verehrung Shivas, des großen Segenbringers, gewidmet. Zudem machte in jenem Jahr eine gewisse Sternenkonstellation diesen Tag noch verheißungsvoller für die Shiva-Verehrung. So waren auch die Dorfbewohner schon draußen und sangen die Namen Shivas, als hinter dem gelben Sand des Chitravathiflusses die aufgehende Sonne die purpurnen steinigen Hügel zeichnete. Und es war genau in diesem Augenblick, als die Sonne ihr Gesicht über dem Horizont zeigte, daß unter dem Dach von Pedda Rajus Landhäuschen das Kind Sathyanarayana geboren wurde. Dieser Name wurde ihm gegeben, weil die pūjās und Gebete der Mutter gerade an diese besondere Form und diesen Namen gerichtet gewesen waren. Eigentlich ist Nārāyana ein weiterer Name Vishnus, des zweiten Gottes der Hindu-Trinität, während satya das Sanskritwort für Wahrheit oder Wirklichkeit ist; so bedeutet Sathyanarayana etwa: der wahre alles durchdringende Gott. Nach indischer Sitte ist nichts Merkwürdiges oder Profanisierendes daran, einem Kind einen solchen Namen zu geben; die meisten Inder, Männer und Frauen, tragen einen oder mehrere der Tausend Namen Gottes.

Bald nach der Geburt wurde das Baby auf Bettücher auf den Fußboden gelegt. Da sahen die Frauen, die in dem Raum waren, wie die Tücher sich in eigenartiger Weise auf- und niederbewegten, als ob etwas Lebendiges darunter wäre. Das war auch der Fall. Und zwar war es eine Kobra. Aber die Schlange tat dem Kind nichts.

Was immer die Anwesenden damals gedacht haben mochten, dieses Erscheinen einer Kobra im Geburtszimmer wird heute von vielen Baba-Devotees als sehr bedeutsam angesehen, da die Kobra eines der Symbole Shivas ist. Es wird gesagt, daß auch Sai Baba von Shirdi seinen Anhängern bei mehreren Gelegenheiten in Gestalt einer Kobra erschienen ist.

Von Anfang an war das Baby der Liebling des Dorfes, geliebt wegen seiner Schönheit, seines spontanen Lächelns und seines lieblichen Wesens. Als Sathya anfing, auf den staubigen Straßen und durch den Sumpf der Reisfelder und die kargen Hügel dahinter herumzustreifen, da hatte er schon einige charakteristische Eigenschaften, die ihn von seinen jungen Kameraden unterschieden. Anders als die meisten Jungen hatte er ein mitfühlendes Herz für alle Wesen, ob sie menschlich waren oder nicht. Er konnte es nicht ertragen, Leid zuzufügen, noch es mitanzusehen. Dies machte ihn schon in jungen Jahren zu einem natürlichen Vegetarier unter Fleischessern.

Dazu sagte Herr Kasturi: „Er hielt sich von Orten fern, wo Schweine oder Schafe, Rinder oder Geflügel getötet oder gequält wurden oder wo Fische geangelt oder gefangen wurden; er mied Küchen und Gefäße, in denen man Fleisch und Geflügel kochte. Wenn ein Vogel ausgewählt und gesprächsweise mit Essen in Verbindung gebracht wurde, dann rannte der kleine Junge Sathyanarayana zu dem Vogel hin und drückte ihn schützend an seine Brust und liebkoste ihn, so als ob die zusätzliche Liebe, die er über das Tier ausströmte, die Älteren veranlassen sollte, Mitleid zu haben und den Vogel zu schonen. Von den Nachbarn wurde er Brahmajnani genannt, wegen seiner überaus großen Liebe zu den Geschöpfen und seinem Eintreten für sie."

Er war geschwind und behend, trieb gern im Freien Sport und führte Pfadfinder an; aber niemals wollte er mit denjenigen Sportarten etwas zu tun haben, bei denen die Tiere schlecht behandelt wurden, wie z.B. Hahnenkampf, Bärenhatz oder die grausamen Ochsenkarrenrennen, die manchmal im weichen Sand des trockenen Flußbettes stattfanden.

Viele Bettler kamen zur Landhaustür, und wenn der kleine Sathya da war, wurde keiner ohne Essen fortgeschickt. Ja mehr noch: Wenn er Blinde und Krüppel in den Straßen traf, brachte er sie nach Hause und bestand darauf, daß seine Mutter und älteren Schwestern ihnen zu essen gaben. Manchmal ärgerte sich die Familie über die fortwährenden teuren Anforderungen. Einmal sagte seine Mutter zu ihm: „Schau, wenn wir den Bettlern zu essen geben, wirst du selbst hungern müssen." Diese Drohung konnte das Kind überhaupt nicht einschüchtern. Er erklärte sich sofort einverstanden, an jenem Tage der Mahlzeit fernzubleiben und tat es auch. Nichts konnte ihn dazu verleiten, sich seinem Teller zu nähern.

Dieserlei Dinge passierten öfter, und durch sie bekam die Familie erstmals eine Ahnung von den seltsamen Dingen, die sich mit diesem Kinde ereignen sollten. Als er wieder einmal mit einer Bettlerspeisung aus der Familienspeisekammer sich selbst übertroffen hatte, blieb er darauf mehrere Tage den Mahlzeiten fern. Dabei ließ er keine Anzeichen von Hunger oder Schwäche erkennen, sondern setzte seine Aktivitäten unvermindert fort. Als seine besorgte Mutter ihn bat, doch zu essen, sagte er, daß er seinen Bauch schon mit köstlichen Milchreisbällchen gefüllt habe. Wo er sie bekommen habe, fragte sie. Ein alter Mann namens Tata hätte sie ihm gegeben. Niemand hatte je von dieser Person gehört oder sie gesehen, und die Mutter glaubte der Geschichte des kleinen Sathya nicht. Aber er hielt ihr seine rechte Hand entgegen, denn wie die meisten Inder so aß auch die Familie Raju mit den Fingern, nicht mit Besteck. Aus der Handfläche des Jungen roch die Mutter einen feinen Duft von Butter, Milch und Joghurt, von einer Qualität, wie die Mutter sie noch nicht erlebt hatte. So wurde also das Kind, dessen Mitleid für hungrige Fremde es von seinem eigenen Teller fernhielt, von irgendeinem mysteriösen unsichtbaren Besucher gespeist. Was konnte das bedeuten?

Sathya begann seine allgemeine Ausbildung in der Dorfschule, wo er sich klug und schnell im Lernen zeigte. Seine besonderen Talente glichen denen seines Großvaters und galten Theaterstücken, Musik, Gedichten und der Schauspielerei. Er schrieb sogar schon im Alter von 8 Jahren Lieder für die Dorfoper.

Etwa in diesem Alter wechselte er zur Höheren Grundschule nach Bukkapatnam über, die etwa 4 km entfernt war. Einer der Lehrer, die ihn dort kannten, hatte ihn als einen zurückhaltenden, ehrlichen und wohlerzogenen Jungen in Erinnerung. Ein anderer schrieb in einem 1944 veröffentlichten Buch, daß Sathya öfter etwas früher in die Schule kam, die Kinder um sich versammelte und eine Andacht (pūjā) vor einem heiligen Bild oder einer Statue abhielt, die er mit einigen extra dafür gesammelten Blumen geschmückt hatte. Wenn auch die Jungen sich von der religiösen Zeremonie selbst nicht besonders angezogen fühlten, hatte er doch keine Mühe, sie um sich zu versammeln, und zwar wegen der Dinge, die er manchmal zu ihrem Vergnügen oder zu ihrer Hilfe „produzierte". Aus einer leeren Tasche nahm er dann Süßigkeiten und Früchte, und wenn ein Kamerad einen Bleistift oder einen Radiergummi verloren hatte, dann „produzierte" er diese aus seiner Tasche heraus. Wenn jemand krank war, holte er „Kräuter aus dem Himalaja" als Heilmittel hervor.

Wenn die Kinder ihn fragten, wie er solche wundervollen magischen Tricks vollbringe, dann gab er gewöhnlich zur Antwort, daß eine gewisse „grama Shakti" seinem Willen gehorche und ihm alle seine Wünsche erfülle. Den Kindern fiel es nicht schwer, an unsichtbare Wesen zu glauben oder zu akzeptieren, daß Sathya einen treuen unsichtbaren Helfer hatte. War er doch in den meisten ihrer Aktivitäten ihr Führer, z.B. beim Theaterspielen, bei der Leichtathletik und der Pfadfinderei, und einige Jungen begannen, ihn ihren „Guru" (Lehrer geistiger Disziplin) zu nennen.

Als Sathya dann zur Höheren Schule nach Uravakonda ging, war ihm seine Berühmtheit schon vorausgeeilt. Herr Kasturi schreibt in seinem Buch[1] über Sai Baba: „Jungen erzählten sich, daß er ein guter Dichter in der Telugu-Sprache sei, ein guter Musiker und

[1] „Satyam-Shivam-Sundaram"

ein Genie im Tanz, weiser als seine Lehrer und in der Lage, in Vergangenheit und Zukunft zu schauen. Authentische Geschichten über seine Fähigkeiten und göttlichen Kräfte waren in jedermanns Munde.

Jeder Lehrer war eifrig darum bemüht, in der Abteilung eingesetzt zu werden wo Sathya war; einige aus Neugier, einige aus Verehrung und andere aus dem unheilvollen Wunsch heraus, alles als absurd entlarven zu können. Sathya wurde bald der Liebling der ganzen Schule. ... Er war der Leiter der Schulgebetsgruppe. Jeden Tag bestieg er das Podium, wenn sich die ganze Schule vor Unterrichtsbeginn zum Gebet versammelt hatte, und es war seine Stimme, die die Luft heiligte und Lehrer wie Schüler gleichermaßen inspirierte, sich den ihnen gestellten Aufgaben hingebungsvoll zu widmen.

Sathyas Bruder Seshama war Lehrer an dieser höheren Schule, und er tat sein Bestes, das Familienanliegen zu unterstützen, den jungen Sathya für eine höhere Position als Regierungsbeamten auszubilden. Aber die Dinge bewegten sich schnell auf ein Ereignis zu, das all diese weltlichen Bestrebungen verändern sollte. Es war eine jener tiefen und erschütternden Erfahrungen, die anscheinend oft, wenn nicht immer, in der einen oder anderen Form den Missionen der großen Lehrer und Erneuerer der Menschheit vorausgehen.

Am 8. März 1940, um sieben Uhr abends, ging Sathya barfuß im Freien spazieren, als er plötzlich mit einem lauten Schrei in die Luft sprang und sich einen Zeh seines rechten Fußes hielt. In dieser Gegend nun gab es eine Menge großer schwarzer Skorpione, und seine Freunde dachten sofort, daß er von einem gestochen worden sei. Aber in der Dunkelheit konnten sie den schwarzen Übeltäter nicht entdecken. Alle waren sehr besorgt, weil man in Uravakonda glaubte, daß niemand einen Schlangen- oder Skorpionbiß überleben könnte. Dieser Aberglaube scheint damit zusammenzuhängen, daß Uravakonda von einem Hügel überragt wird, den ein ca. 30 Meter hoher Felsbrocken in Form einer verhüllten Schlange krönt. Tatsächlich bedeutet auch der Name dieses Ortes „Schlangenhügel“.

Jedenfalls schlief Sathya in jener Nacht ohne Anzeichen von Schmerz oder Krankheit und schien am nächsten Tag ganz normal. Alle waren sehr erleichtert. Dann aber, um sieben Uhr abends, 24 Stunden nach dem vermutlichen Skorpionstich, fiel der 13jährige Junge bewußtlos um; sein Körper wurde steif und seine Atmung schwach. Sein Bruder Seshama holte einen Arzt; dieser gab eine Spritze und eine Mixtur zum Einnehmen, sobald der Junge wieder bei Bewußtsein sei. Aber Sathya blieb die ganze Nacht bewußtlos.

Am nächsten Tag kehrte das Bewußtsein wieder, aber der Junge verhielt sich keineswegs normal. Zeitweilig schien er eine andere Person zu sein. Er antwortete selten, wenn er angesprochen wurde. Er hatte kein Interesse, etwas zu essen; er fing urplötzlich an zu singen oder Gedichte zu rezitieren, manchmal lange Sanskritpassagen, die er niemals im Rahmen seiner offiziellen Ausbildung gelernt hatte. Hin und wieder wurde er steif, er schien seinen Körper zu verlassen und irgendwo anders hinzugehen. Zeitweilig hatte er Kräfte für zehn, dann wieder war er „schwach wie ein Lotosstengel". Oft wechselten Lachen und Weinen, aber dann wurde er wieder sehr ernst und hielt eine Rede über die höchste Vedanta-Philosophie. Manchmal sprach er über Gott, manchmal beschrieb er ferne Pilgerorte, an denen er zumindest während seines Lebens als Sathyanarayana Raju niemals gewesen war.

Die Eltern kamen aus Puttaparthi herbei. Mehrere Ärzte wurden aufgesucht, die verschiedene Behandlungen ansetzten, aber der Zustand des Patienten änderte sich nicht. Viele Leute dachten, daß ein böser Geist von dem Jungen Besitz ergriffen, oder vielleicht jemand schwarze Magie an ihm ausgeübt habe. So mußten also eine Reihe von Exorzisten ihre Kunst versuchen, den bösen Geist zu beschwören und ihn in ein Lamm oder einen Vogel bannen. Aber es war alles vergebens.

Schließlich brachten die Eltern Sathya an einen Ort in der Nähe von Kadiri, wo es einen Exorzisten von hohem Ansehen gab. Dieser Experte in Sachen Teufelskünste war ein Shakti-Verehrer, von dem man sagte, daß vor ihm „kein böser Geist mit seinem giftigen Schwanz zu wedeln wage". Schon allein sein Aussehen genügte, kleinere Bösewichter in die Flucht zu jagen. Er war von gigantischer Statur, mit blutunterlaufenen Augen, wildem Gesichtsausdruck und zügellosem Benehmen. Er schien nach dem allgemeinen Prinzip zu arbeiten, daß, wenn er den Körper eines Menschen nur genügend peinigen würde, der ihn besitzende Dämon, des Unbehagens überdrüssig, ihn von selbst verlassen würde.

Zuerst führte dieser wilde Exorzist das Opferritual an einem Vogel und einem Lamm durch, wobei der Junge in der Mitte des

Kreises aus Blut sitzen mußte, während er seine Beschwörungslieder sang. Dann schor er Sathyas Kopf und ritzte mit einem scharfen Instrument drei Kreuze in seine Kopfhaut, so daß das Blut floß. In diese offenen Wunden goß er den Saft von Limonen, Knoblauch und anderen Citrusfrüchten.

Die Eltern, die diese Behandlung mit ansahen, waren über ihre Härte entsetzt; sie waren aber auch überrascht, daß Sathya nicht das geringste Murren und kein Leidenszeichen von sich gab. Wenn er von einem Geist besessen war, so schien auch dieser immun, denn er machte keine Anstalten zu weichen.

Dieser unerbittliche Exorzist ließ jeden Tag frühmorgens 108 Töpfe kalten Wassers über die Kopfhautzeichen gießen. Dieses wurde mehrere Tage zusammen mit anderen rauhen Behandlungsmethoden durchgeführt, wie zum Beispiel: Schläge mit einem schweren Stock auf die Gelenke.

Plötzlich entschied der Shakti-Verehrer, seine stärkste Waffe einzusetzen, die den hartnäckigsten Dämonen vorbehalten war. Diese heißt „Kalikam“ und wird beschrieben als eine Mixtur aus den schmerzhaftesten Säuren, die es im Repertoire der Folterkünste gibt. Dies „Kalikam“ tat er in Sathyas Augen. Der Körper des Jungen schüttelte sich unter dem Ansturm des Schmerzes, Gesicht und Kopf wurden rot und schwollen bis zur Unkenntlichkeit an, seine Augen zogen sich zu dünnen, tränenauspressenden Schlitzen zusammen.

Die Eltern und die ältere Schwester, die auch anwesend waren, weinten vor Angst bei diesem Anblick. Sathya sprach nicht, aber gab ihnen Zeichen, daß sie draußen auf ihn warten sollten. Als er herauskam, bat er sie, ein Heilmittel zu holen, das er kannte. Dies wurde gebracht und dem Jungen auf die Augen getan: Die Schwellung wich, und die Augen öffneten sich wieder zu ihrer normalen Größe.

Als der Hexendoktor entdeckte, was geschehen war, war er sehr erbost über diese „Einmischung in seine Behandlung“, wie er es nannte. Um Haaresbreite hätte er aus dem Jungen den Dämon ausgetrieben, schäumte er. Aber die Eltern hatten genug miterleben müssen. Sie zahlten seine Forderungen und besänftigten ihn mit der Versicherung, daß sie erst einmal die Widerstandsfähigkeit des Jungen stärken wollten und ihn später zu einer weiteren Behandlungsrunde wiederbringen würden, um ihn erneut dem kundigen Exorzismus dieses großen Mannes zu unterziehen. Dann nahmen sie Sathya mit sich fort, der augenscheinlich immer noch von jenem Dämon besessen war, der lange Sanskritverse zitierte, weise Vorträge über Vedanta-Philosophie hielt und geheimnisvoll über Ethik sprach, der lieblich heilige Lieder singen konnte und der zum Ārati rief (einem heiligen Ritual und Lied), weil „gerade die Götter über den Himmel ziehen".

Die Eltern brachten Sathya weiterhin zu Ärzten und verschiedenen Heilern, aber keine Behandlung schien irgendetwas zu bewirken. Zwei Monate vergingen mit vergeblichen Bemühungen, den Jungen wieder in einen „normalen Zustand" zu bringen. Er war noch nicht wieder zur Schule gegangen, sondern blieb zu Hause in Puttaparthi.

Am Morgen des 23. Mai rief Sathya alle Familienangehörigen zusammen, außer seinem Vater, der in seinem Laden beschäftigt war. Mit einer schnellen Handbewegung nahm der Junge Bonbons und Blumen aus der Luft und verteilte sie unter den Anwesenden. Bald strömten auch die Nachbarn herbei. Sathya war in heiterer Stimmung und „produzierte" weiterhin für jede Person Bonbons und Blumen sowie eine Kugel Reis, in Milch gekocht. Da erreichte Pedda die Nachricht, daß sein Sohn anscheinend vor einer Menschenmenge siddhis vorführte.

Den Vater packte jetzt die Wut. War es nicht genug, was der Junge ihnen allen in diesen letzten zwei Monaten an Sorgen und Aufregung gebracht hatte? Nun mußte er sich mit dummen Tricks auch noch öffentlich zur Schau stellen; Sachen verschwinden lassen, um sie dann wieder mit Taschenspielertricks hervorzuzaubern – und doch hatte er keine Ahnung, wo der Junge diese Fingerfertigkeiten gelernt haben konnte. Da Sathya aber seit langer Zeit schon unerklärliche Dinge geschehen lassen konnte, war es vielleicht am Ende nicht nur Gaukelei, sondern Schlimmeres: schwarze Magie, Hexerei!

In diesem Zustand, von bösen Gedanken geplagt, suchte sich Pedda einen kräftigen Stock und ging ins Haus. Als er sich seinen Weg durch die Menge bahnte, befahl ihm jemand, sich zuerst zu waschen, bevor er sich dem Wohltäter nähere. Dies versetzte ihn noch mehr in Wut. Vor seinem 13jährigen Sohn stehend und mit dem Stock fuchtelnd, rief er drohend: „Das geht zu weit! Das muß aufhören! Sag mir, was du bist: ein Geist, oder ein Gott, oder ein Verrückter?"

Sathya betrachtete seinen zornigen und verwirrten Vater und den erhobenen Stock. Dann sagte er ruhig und bestimmt: „Ich bin Sai Baba."

Pedda stand da und starrte schweigend auf seinen Sohn, während der Stock ihm aus den Händen glitt. Sathya fuhr fort und wandte sich an alle Anwesenden: „Ich bin gekommen, euch von eurem Kummer zu befreien. Haltet euer Haus sauber und rein."

Ein Familienangehöriger näherte sich ihm und fragte:: „Was meinst du mit ‚Sai Baba'?"

Er antwortete geheimnisvoll: „Euer Venkavadhuth betete dafür, daß ich in eurer Familie geboren wurde, daraufhin bin ich gekommen."

In der Raju-Familie gab es die Tradition eines großen Heiligen namens Venkavadhuth, ein Vorfahre, den die Leute von mehreren hundert Dörfern in dieser Gegend als Guru verehrten. Aber nur ein paar von den Alten, die an diesem Morgen um das Raju-Haus versammelt waren, hatten je von einem „Sai Baba" gehört. Diejenigen, die den Namen gehört hatten, hatten keine Ahnung, wer er war. „Baba", das wußten sie alle, war ein Moslem-Wort, und Pedda dachte, daß sein Sohn vielleicht vom Geist eines Moslem-Fakirs besessen sei.

Die Dorfbewohner, die davon hörten, fühlten sich ein wenig ängstlich und sehr verwundert. Daß es mit dem kleinen Sathya eine besondere Bewandtnis hatte, das wußten sie schon lange. Wie hätte er sonst diese seltsamen mysteriösen Dinge vollbringen können? Und nun nach seiner Krankheit sprach er oft wie ein alter Weiser oder Seher. Aber wer war dieser Moslem „Sai Baba"? Und was konnte er überhaupt mit diesem kleinen Jungen, den sie alle seit fast 14 Jahren kannten, bewunderten und liebten, zu tun haben?

6. Die zwei Sai

Wahrheit ist nicht das, was beweisbar ist –
es ist das, was unentrinnbar ist.
– ST. EXUPERY –

Es gab ein paar Leute in der Gegend, die von einem großen wunderwirkenden Fakir namens Sai Baba gehört hatten. Einige glaubten, er lebe noch, während andere erklärten, daß er schon seit Jahren tot sei. Einige sagten, er sei Moslem; andere, er sei ein Hindu-Heiliger mit einer großen Gefolgschaft gewesen. Auf jeden Fall schien er von der Raju-Familie und dem Dorf Puttaparthi sehr weit entfernt zu sein.

Dann erzählten einige Freunde der Familie, daß sich in Penukonda, einer etwa 30 km entfernt liegenden Stadt, ein Regierungsbeamter aufhielt, der ein ergebener Anhänger des Fakirs Sai Baba gewesen sein soll. Man beschloß, Sathya Raju zu ihm zu führen: Vielleicht würde dies das Rätsel lösen oder zumindest die seltsamen Aussprüche und Verhaltensweisen des Jungen etwas erklären.

Sathya war bereit zu gehen, und der Regierungsbeamte ließ sich herbei, ihn zu empfangen. Als sie sich aber getroffen hatten, konnte der Beamte den Gedanken nicht akzeptieren, daß sein großer Guru, der 1918 in Shirdi gestorben war, in Gestalt dieses wild-redenden Jungen wiedergeboren sei.

„Es handelt sich um eine geistige Verwirrung“, sagte er zu den Erwachsenen, „das Kind sollte zur Behandlung in eine psychiatrische Anstalt gebracht werden.“

Darauf wandte der junge Sathya ein: „Ja, es ist geistige Verwirrung, aber wessen? Du bist nur ein pūjāri (Tempelpriester), du kannst nicht einmal denselben Sai wiedererkennen, den du verehrst.“ Als er dies sagte, griff er Händevoll Asche aus dem Nichts, verstreute sie in alle Richtungen und verließ das Zimmer.

Die Reinkarnation ist Bestandteil der Hindureligion, und Sathyas Verwandte hatten an sich keine Schwierigkeiten mit dieser Vorstellung. Aber wie konnten sie nun die Behauptung des Jungen akzeptieren, daß er tatsächlich der wiedergeborene Sai Baba von Shirdi sei? Der Regierungsbeamte hatte ihnen nicht dabei geholfen, diese große Unwahrscheinlichkeit hinzunehmen.

Natürlich könnte es, zieht man Sai Babas übernatürliche Kräfte in Betracht, wahr sein. Möglicherweise traf es zu. Aber sie brauchten einen Beweis, ein starkes überzeugendes Zeichen.

Der Donnerstag wird in Indien als Tag des Guru begangen, und an jedem Donnerstag versammelten sich einige Leute um ihren neuen Guru, den jungen Sathyanarayana Raju. Einmal, kurz nach dem Besuch in Penukonda, sprach jemand bei einem Donnerstagtreffen den Wunsch aus, den viele insgeheim hegten.

„Wenn du wirklich Sai Baba bist, gib uns ein Zeichen." Sathya sah, daß es notwendig war. „Bringt mir die Jasminblüten dort", sagte er und zeigte auf einen großen Blumenstrauß im Raum.

Die Blüten wurden in seine Hände gelegt, und mit einer schnellen Geste warf er sie auf den Boden. Alle Anwesenden schauten in Ehrfurcht: Die Blüten waren so gefallen, daß sie den Namen „Sai Baba" in der Telugu-Sprache formten, die im Dorf gesprochen wurde. Diese Blumenschrift war nicht so, daß man seine Phantasie zur Hilfe nehmen mußte; die Wörter waren bestechend klar, wie mit äußerster Sorgfalt angeordnet, alle Kurven und Schnörkel der Telugu-Buchstaben waren perfekt wiedergegeben.

Als die Tage und Wochen vergingen, gab es weitere äußere Zeichen, daß der Anspruch des Jungen mehr als ein kindliches Phantasieprodukt war, mehr als etwas, das einfach mit „geistiger Verwirrung" abgetan werden konnte.

Trotz alledem unterwarf sich Sathya dem Wunsch der Familie, zurück zur höheren Schule nach Uravakonda zu gehen. Er ging im Juni zurück, sechs Monate nach diesem mysteriösen Skorpionstich in den Zeh – oder was immer die psychische Krise ausgelöst hatte, die dann zu dem Hervortreten neuer Persönlichkeitsmerkmale und der umwerfenden Verkündigung geführt hatte.

Der Donnerstag wurde von nun an in Uravakonda zu einem großen Ereignis. Die Leute versammelten sich um Sathya Sai, und er produzierte mit einer Bewegung seiner kleinen Hand Gegenstände, die seine Verbindung mit dem verstorbenen Heiligen aus Shirdi zeigten: Photographien des damaligen Körpers, Gerua-Stoffstücke, die, wie er sagte, von dem kafni stammten, den Shirdi Baba trug; Datteln und Blumen, die, wie er erklärte, direkt vom Schrein des Shirdi-Grabes kämen, wo Verehrer sie als Anbetungsgaben niedergelegt hätten.

Das vielleicht interessanteste Phänomen war seine regelmäßige Hervorbringung von Asche. Shirdi Sai hatte ständig ein Feuer brennen, um immer heilige Asche vorrätig zu haben, die er udi nannte. Der junge Sathya Sai nun holte sie, wie von einem unsichtbaren Feuer, aus einer verborgenen Dimension. Dies war ein Wunder, das er vor der Verkündung seiner Identität mit Sai Baba nicht gewirkt hatte. Die Verkündung markierte auch den Beginn des wunderbaren Stromes von Photos, Zeichnungen, Gemälden und Figuren von Shirdi Baba, der immer noch anhält – wie ich persönlich bei mehreren Gelegenheiten erfuhr.

Über die Hervorbringung eines Farbdrucks von Shirdi Sai in diesen frühen Tagen erzählt man sich eine seltsame Geschichte. Es scheint, daß seine ältere Schwester Venkamma Sai Baba vor seiner Rückkehr von Puttaparthi nach Uravakonda um ein Bild von diesem Shirdi Baba gebeten hatte, über den er damals sprach und bhajan-(Lobgesang) Lieder komponierte. Er versprach, ihr an einem dieser Donnerstage eines zu schenken.

Jedoch am Tage vor diesem festgesetzten Donnerstag kehrte Sathya zu seiner höheren Schule zurück. „Nun", dachte Venkamma, „er hat es vergessen; es läßt sich nicht ändern; bestimmt wird er es mir eines Tages geben."

Aber in der Nacht des verabredeten Donnerstag wurde sie von einem seltsamen Ton geweckt; es war als ob jemand draußen vor der Tür rief. Sie setzte sich auf, aber alles schien ruhig, und so legte sie sich wieder hin. Dann war ein Geräusch hinter einer Tüte mit jowar im Raum zu hören. Vielleicht ist es eine Ratte oder Schlange, dachte sie, und zündete eine Lampe an und suchte. Sie fand etwas Weißes, das hinter dem Korb hervorschaute: Es war eine Rolle aus dickem Papier. Sie entrollte sie im Schein der Lampe und fand das Bild eines alten Mannes, der da saß, sein rechtes Bein über das linke Knie gelegt. Sanfte aber durchdringende Augen sahen sie an, um die Stirn trug er ein geknotetes Kopftuch. „Es muß das versprochene Bild sein", dachte sie, „ein unsichtbarer Bote hat es für mich hier abgegeben." Venkamma besitzt dieses farbige Bild von Shirdi Sai immer noch und zeigte es mir, als ich sie einmal in Puttaparthi besuchte.

Aber die höhere Schule war eigentlich nicht der geeignete Ort für einen Jungen, der wie Jesus im Tempel die Lehrer lehren konnte. Tatsächlich pflegten sich einige von ihnen, einschließlich des Direktors, vor ihm zu verneigen, da sie die Illusion seines jugendlichen Körpers durchschauten, und sie lauschten seinen inspirierenden Worten.

Der endgültige Abschluß seiner Schulzeit kam am 20. Oktober

1940. An jenem Morgen warf Sathya im Hause seines Bruders, bei dem er wohnte, seine Bücher beiseite und verkündete, daß er nun fortginge. „Meine Devotees rufen mich. Ich habe meine Arbeit zu tun“, sagte er. Seine Schwägerin erzählte, sie habe bei seinen Worten um den Kopf des Jungen einen Lichtkranz gesehen, der sie fast blendete, so daß sie ihre Augen bedeckte und laut um Hilfe schrie.

Trotzdem versuchten sie und sein Bruder, Sathya zu überreden, zu bleiben und seine Schulausbildung fortzuführen. Aber er marschierte davon, zum Haus eines Steuerinspektors, der dem „kleinen Baba“ sehr zugetan war. Dort verbrachte der Junge drei Tage, meist unter einem Baum im Garten, während sich um ihn Menschen sammelten. Einige brachten Weihrauch und Kampfer zur rituellen Verehrung, einige kamen, um zu lernen, andere aus purer Neugierde und wieder andere, um etwas zu lachen zu haben.

Mehrere Stunden sang er mit der Gruppe bhajan-Lieder. Hier im Garten geschah ein anderes Phänomen, das ihn weiter mit Sai Baba von Shirdi verband. Ein Photograph erschien, um ein Photo von dem kleinen aufsehenerregenden Propheten zu machen. Ein großer, unbehauener Stein schien die Komposition des Bildes zu verderben, so daß der Photograph Sathya Sai bat, seine Position zu verändern. Aber Sathya weigerte sich, und so drückte der Photograph ab und hoffte das Beste.

Er bekam mehr als das Beste. Als der Film entwickelt und abgezogen war, konnte man entdecken, daß der blockierende Stein zu einem Bild von Sai Baba von Shirdi geworden war. Beide Formen von Sai waren auf dem Bild, obgleich die versammelten Menschen nur eine gesehen hatten. Während der drei Tage, die Sathya in diesem Garten verbrachte, trafen seine Eltern noch einmal in Uravakonda ein. Da sie schließlich einsahen, daß Schule für Sathya nicht mehr in Frage kam, baten sie ihn, wieder nach Hause zu kommen. Er aber lehnte ab. Sie flehten ihn an. Schließlich, als sie ihm versichert hatten, daß sie in Zukunft seine Mission weder behindern noch stören würden, willigte er ein, nach Puttaparthi zurückzukehren. Dort begann er, noch mehr Anhänger um sich zu sammeln; zunächst im Hause seines Vaters und dann in dem geräumigeren Haus eines Schülers.

In den Jahren, nachdem der 14jährige Junge in dem entlegenen Dorf Puttaparthi seinen verblüffenden Anspruch verkündet hatte, die Reinkarnation des geheimnisvollsten und mächtigsten modernen Heiligen Indiens zu sein, hat es viele interessante äußere Beweise gegeben, die diesen Anspruch unterstützen. Herr Kasturi erzählt in seinem Buch über Sai Babas Leben in aller Ausführlichkeit die Geschichte, wie ihn die Rani von Chincholi besuchte, etwa ein Jahr nach dieser Verkündigung, als Sathya 15 Jahre alt war. Der Raja, ihr verstorbener Ehemann, war ein sehr ergebener Anhänger von Shirdi Baba gewesen und verbrachte jedes Jahr einige Monate in Shirdi. Die Rani und einige ihrer alten Bediensteten gaben an, daß Shirdi Baba zu mehreren Gelegenheiten nach Chincholi gekommen war und dort verweilt hatte. Er fuhr dann immer mit dem Raja, sagten sie, in einem von zwei Ochsen gezogenen Karren (tonga) weit aus der Stadt hinaus. Zufällig wurde diese tonga später von Chincholi nach Puttaparthi gebracht und dort zurückgelassen.

Während ihres Besuches in Puttaparthi mit dem Ziel, diese Reinkarnation des alten Heiligen zu sehen, überredete ihn die Rani, sie nach Chincholi zu begleiten. Vielleicht wollte sie ihn auf die Probe stellen. Es hatte eine Menge Veränderungen am Palast gegeben, seit jenen Tagen von Shirdi Babas Besuchen. Obgleich die Rani den Jungen verstandesmäßig als Wiedergeburt des Shirdi-Heiligen akzeptierte, war sie doch bestürzt, als er sofort die Veränderungen kommentierte. Er fragte, was mit dem Margossa-Baum geschehen sei, der einmal dort gestanden hätte; er erwähnte die frühere Existenz eines Brunnens, der nun zugeschüttet und nicht mehr zu sehen war; dann zeigte er auf eine Gebäudereihe und sagte: „Die waren noch nicht vorhanden, als ich hier in meinem vorigen Körper war.“ Dies war alles wahr.

Später sagte er ihr, daß es im Palast eine kleine Steinstatue von besonderer Art geben müsse, die er als Shirdi Baba vor vielen Jahren dem Raja gegeben habe. Die Rani wußte nichts von deren Existenz, aber nach einer gründlichen Durchsuchung wurde das Bildnis gefunden. Dies waren einige der Erinnerungen, die nicht aus dem heute lebenden Hirne stammen konnten und die dazu beitrugen, die Wahrheit dieser Reinkarnation zu bestätigen.

Von besonderer Bedeutung ist auch die Erfahrung Seiner Heiligkeit Gayatri Swami, eines Jüngers des Shankaracharya von Sringeri Peetam. Es geschah, als er zu Besuch im Aschram von Prashanti Nilayam war, nachdem Sathya Sai von seinem Heimatdorf dort hingezogen war. Im Jahre 1906 hatte der Swami ein ganzes Jahr mit Baba in Shirdi verbracht und ihn in späteren Jahren oft besucht. Er war wahrscheinlich nur zum Teil davon überzeugt, daß Sathya

Sai sein alter wiedergeborener Guru war. Doch in der Nacht, bevor er Prashanti Nilayam verließ, hatte er eine Vision. Darin kam Shirdi zu ihm und sagte, daß er nach 8 Jahren aus seinem mahāsamādhi zurückgekehrt sei (dieses Wort wird für den Tod eines großen Yogi gebraucht), und daß er 15 Jahre später alle seine „Besitztümer" mitgebracht habe. „Was konnte diese Vision bedeuten?" rätselte der Swami.

Am nächsten Morgen verstand er ihre Bedeutung. Als er seine Vision mit Anhängern von Sathya Sai besprach, wurde ihm gesagt, daß Sai Baba acht Jahre nach dem Tode von Shirdi Baba geboren wurde, daß er den Namen Sai Baba mit 14 Jahren annahm und mit 15 Jahren alle die Kräfte voll entfaltete, die ihn mit Shirdi Baba verbanden. Der Swami nahm an, daß diese Kräfte dasjenige sein müßten, was sein Guru mit „Besitztümer" bezeichnet hatte, und die Vision habe er bekommen, um ihn zu überzeugen, daß sein Herr wieder auf Erden wandelte.

Sai Baba von Puttaparthi hat vielen Leuten Visionen seiner alten Shirdi-Gestalt gegeben, wenn sie darum gebeten hatten – manchmal auch ohne Bitte. Eine Art dies zu tun ist die, beide Handflächen offen darzubieten, um darauf helle leuchtende Bilder des Shirdi- und Puttaparthi-Körpers zu zeigen, eins auf jeder Hand. Eine andere Art ist, die Person, die er mit einer Vision segnen will, in einen stillen, abgeschiedenen Raum zu führen, in welchem Haus er sich auch immer befinden mochte. Dort in der Ecke des Raumes wird dann die leuchtende dreidimensionale Gestalt Shirdi Babas sichtbar.

Eine Frau beschrieb eine derartige Vision mit folgenden Worten: „Dort saß Shirdi Baba mit seiner charakteristischen Pose auf dem Boden, aber mit geschlossenen Augen und Aschezeichen auf Stirn und Armen. Die Räucherstäbchen vor ihm brannten, und der Rauch stieg senkrecht in die Luft. Sein Körper strahlte mit seltsamem Glanz, und es duftete wunderbar."

Man könnte vielleicht sogar zu Recht einwenden, die Kraft, Halluzinationen der Shirdi-Gestalt hervorzurufen, sei kein Beweis dafür, daß Sathya jemals in dieser Gestalt gelebt habe. Aber es gibt noch viele andere Beweismittel, die die Tatsache stützen, daß die beiden Sai im Geiste ein und derselbe sind.

Im Laufe der vergangenen Jahre sind die meisten Männer, die als Erwachsene nahestehende Jünger von Shirdi Sai waren, verstorben. Aber es sind noch einige alte Herren da, die als Jungen damals den alten Heiligen von Shirdi besuchten. Diese erkennt Sai Baba wieder, obgleich selbst ihre eigenen Mütter Mühe hätten, den Jungen von früher im gealterten Körper wiederzuerkennen.

Einer von ihnen ist Herr M.S. Dixit, der jetzt, nach seiner Pensionierung, in Whitefield lebt, Sai Babas Sommerresidenz bei Bangalore. Als ich einmal im Sommer mit Baba dort war, hatte ich mit Herrn Dixit viele wunderbare Gespräche über seine Erlebnisse mit den beiden Sai.

Er wurde 1897 als Sohn des Advokaten Sadashiv Dixit geboren, welcher früher einmal Diwan (Premierminister) des Königtums Kutch war. Sadashivs älterer Bruder, Hari S. Dixit, war Rechtsanwalt in Bombay und Mitglied des Legislativrates. Dieser Hari Dixit nun wurde ein ergebener Anhänger Shirdi Babas. Herr M.S. Dixit erzählte mir, daß er in Gesellschaft seines Onkels seine ersten Besuche in Shirdi machte, erstmalig im Jahre 1909 und dann wieder 1912. Vor seinem zweiten Besuch hatte er an halbseitigen Kopfschmerzen gelitten. Bei Sonnenaufgang fing immer eine halbe Kopfhälfte an, stark zu schmerzen; kurz vor Sonnenuntergang hörte es wieder auf. So erging es ihm Tag für Tag, etwa 2 Monate lang; es war sehr deprimierend. Sein Onkel führte ihn zu Baba in der Hoffnung, diese seltsamen Kopfschmerzen würden geheilt werden. Mr. Dixit erinnert sich lebhaft daran, wie er eines Tages nahe bei Baba saß, als dieser plötzlich zu ihm sagte: „Warum sitzt du hier – geh nach Hause."

Der junge Dixit entgegnete, daß er starke Kopfschmerzen habe und daß die Hitze des Feuers, in dessen Nähe er saß, ihm etwas Erleichterung verschaffe. Aber Baba bestand darauf, daß er gehen müsse. Es war Sitte, beim Abschied etwas Asche aus der Feuerstelle zu nehmen und sie in Babas Hand zu tun, damit er damit seinen Abschiedssegen gäbe. Der 14jährige Junge tat dies. Baba hielt das udi einen Moment lang und dann trug er es mit etwas Druck auf die Stirn des Knaben auf.

Der junge Dixit hatte das Gefühl, er hätte einen Schlag auf den Kopf bekommen und sei außerdem fortgeschickt worden. Daher sagte er seinem Onkel, er würde Baba nicht wieder besuchen. Hari Dixit erwiderte: „Bist du ein Dummkopf? Der Schlag bedeutet, daß dein Kopfschmerz nicht mehr wiederkehren wird."

Dies erwies sich als wahr. Die merkwürdigen und fürchterlichen Kopfschmerzen kamen nach diesem Tag nie wieder, und der junge

Dixit verstand, daß Baba auf rätselhafte Weise nicht ihm, dem Jungen, sondern dem Kopfschmerz befohlen hatte, wegzugehen.

Sechs Jahre später, im Juli 1918, war Herr M.S. Dixit wieder krank, diesmal waren es schlimme Hämorrhoiden und eine Afterfistel. Der Arzt in Bombay, wo er lebte, hatte gesagt, er müsse sich einer Operation unterziehen, aber er war darüber sehr in Aufregung und wollte keinen chirurgischen Eingriff. Dennoch litt er sehr und hatte starke Blutungen. Er fühlte sich in seinem Zustand erbärmlich.

In einer der regelmäßigen Donnerstagabend-Versammlungen der Shirdi-Baba Devotees von Bombay wurde Herr M.S. Dixit irgendwie von der weihevollen Atmosphäre in Verbindung mit seiner eigenen elenden Verfassung überwältigt. Obgleich er schon ein junger Mann von 20 Jahren war, brach er zusammen und weinte wie ein Kind. In jener Nacht hatte er einen Traum, in dem Shirdi Baba zu ihm kam und ihn tadelte, daß er „wie ein Mädchen geweint" habe. Dann sagte ihm der alte Heilige, was er als Heilmittel gegen sein Leiden nehmen sollte. Als er erwachte, konnte sich Dixit an alles erinnern, außer an den Namen des Medikamentes, das Baba verschrieben hatte. Darüber war er sehr betrübt und beschloß, sobald wie möglich nach Shirdi zu gehen, um den Namen von Babas Lippen zu bekommen.

Aber bevor er gehen konnte, hörte er, daß Baba gestorben war. „Jetzt", dachte er bedrückt, „werde ich es niemals erfahren und muß weiter leiden."

Dann, bei der nächsten Donnerstagabend-Versammlung, als er den Berichten über Babas Sterben zuhörte, überwältigte ihn wiederum Trauer und Sorge, und er weinte erneut. In derselben Nacht hatte er einen anderen lebhaften Traum. Diesmal stand Baba wieder vor ihm, immer noch in der alten Shirdi-Gestalt. Er sagte: „Was! Schon wieder weinen! Wie ein Mädchen!" Dann riet er dem jungen Mann, sieben Pfefferkörner zu nehmen, sie zu Pulver zu mahlen und davon täglich eine Prise mit udi vermischt einzunehmen. Alle Devotees hatten natürlich etwas von Babas udi zu Hause.

Am nächsten Morgen erinnerte sich M.S. Dixit deutlich an diese Traumanweisungen und führte sie aus. Am dritten Tage der Behandlung hörte der Schmerz auf; am siebenten Tag die Blutungen. Eine vollständige Heilung trat ein, und die Beschwerden kamen niemals wieder.

Jahre vergingen, und im Buch seines Lebens wurden viele Seiten umgeblättert; Herr Dixit wurde Geschäftsmann und heiratete. Im zweiten Weltkrieg und einige Jahre danach war er Major und Erziehungsoffizier einer Armeebrigade. Im Jahre 1959 kehrte er in die Westküstenstadt Mangalore ins Geschäftsleben zurück. In seiner Freizeit las er ein berühmtes religiöses Hindu-Buch mit dem Titel Guru Charitra. Man sagt, es bringe großen spirituellen Nutzen, dieses Buch in sieben Tagen ganz durchzulesen.

Am Abend des sechsten Lesetages hatte er einen Traum: Er ging eine breite Baumallee entlang spazieren und fühlte auf einmal, daß jemand ihm folgte. Er schaute sich um. Dicht hinter ihm war ein Mann, ein ganz eigentümlicher Mann. Dixit fragte ihn: „Wer sind Sie und warum folgen Sie mir?“ Aber er bekam keine Antwort. Die Gestalt folgte ihm einfach still weiter. Nach einigen Minuten schaute sich Dixit wieder um und sah, daß der Mann ihm immer noch still folgte. Bald kamen die Schritte näher, und Dixit spürte, wie etwas von hinten über seinen Kopf geschüttet wurde. Er erkannte, daß es Asche war...

Das war alles, woran er sich beim Aufwachen erinnern konnte. Aber sehr deutlich in seinem Gedächtnis blieb die eindrucksvolle und einzigartige Gestalt und das Gesicht des Mannes, der ihm gefolgt war.

Einige Monate später hörte er durch eine eigenartige Verknüpfung von Umständen, daß es eine Reinkarnation von Shirdi Baba gäbe, aber er glaubte es nicht. Dann hörte er etwas später die gleiche Geschichte von anderer Seite und bekam ein Photo von Sathya Sai Baba zu sehen: Es war der Mann, der ihm im Traum gefolgt war. Nun war sein Interesse wirklich geweckt. Er erinnerte sich an die Geschichte seines Onkels, dem Shirdi Baba einmal erzählt hatte: „Ich werde wiedererscheinen als achtjähriger Junge.“ War dies der Junge, der nun zum Mann herangewachsen war? Er beschloß, so schnell wie möglich nach Puttaparthi zu gehen, um alles aufzuklären.

Zu Beginn des Jahres 1961 kam er endlich in einer Gruppe von etwa 30 Leuten nach Puttaparthi. Der Aschram war überfüllt von den Tausenden, die zum Shivarātri-Fest kamen, und Dixit stand unter ihnen und wartete auf den Anblick Sathya Sai Babas auf dem hohen Balkon. Als die kleine Gestalt mit dem roten Kleid, der Haarwolke und dem süßen, lieblichen Gesicht erschien, war Dixit sich sofort sicher, daß dies die Gestalt aus seinem seltsamen Traum war.

Trotzdem machte er sich Gedanken, wie dies der alte Heilige von Shirdi sein könne. Mit seinem farbigen Seidenkleid, der Haartracht wie die einer Frau und den großen Menschenmengen um ihn herum glich er eher einem Filmstar. Shirdi Baba war einfach, in abgewetzten, selbstgesponnenen Kleidern: Dies kann unmöglich derselbe Mann sein! Plötzlich wollte er nach Hause.

Aber er blieb und sah, wie Sathya Sai enorme Mengen heiliger Asche aus einer kleinen Schüssel über die Statue Shirdi Sais schüttete und am selben Abend neun lingas aus seinem Mund hervorbrachte. Und dann am nächsten Tag sagte Sai Baba in einer öffentlichen Rede: „Manche, die hierhergekommen sind, meinen, ich gliche zu sehr einem Filmstar; sie nehmen Anstoß an meinen leuchtend-farbigen Kleidern und meiner Haartracht..." Mit Bestürzung hörte Dixit, wie alle seine unausgesprochenen kritischen Gedanken von der Bühne her wiederholt wurden. Dann fuhr Baba fort, die Gründe dafür zu erklären, für die auffallende Kleidung, den außergewöhnlichen Haarstil und die anderen Merkmale seiner Inkarnation; Dixit hatte das Gefühl, daß dies gute Gründe waren.

Nun ja, entschied sich Dixit, er ist bestimmt etwas ganz Besonderes. An seinen übernatürlichen Kräften gibt es keinen Zweifel, aber ... er ist so anders als der alte Shirdi Baba. Kann es wirklich dieselbe Seele sein?

Drei Monate später, bei einem zweiten Besuch in Prashanti Nilayam wurde er in einer Gruppe von sechs Leuten zum Interview in einen Raum gerufen. Baba trat ein, sprach mit einigen Leuten und ging dann zu M.S. Dixit, der ein kleines Photo seines Onkels H.S. Dixit in der Hand hielt. Baba nahm das Photo, schaute es an und sagte: „Das ist H.S. Dixit, dein Onkel, der ältere Bruder deines Vaters und mein alter Devotee in Shirdi. Nun, hast du immer noch Zweifel?"

Seine Zweifel hatten nachgelassen, denn alles, was Baba gerade gesagt hatte, war wahr. Und Dixit hatte niemandem im Aschram seinen Namen gesagt. Er war incognito da – nur ein unbekanntes Mitglied einer Besuchergruppe. Aber Baba hatte das Gesicht seines Onkels auf dem Photo auf den ersten Blick erkannt.

Danach machte Dixit häufig Reisen zum Aschram und erfreute sich im Laufe der Jahre an dem Reichtum von Sai Babas wun-

Sathya Sai Baba von Shirdi,
als dessen Reinkarnation Sathya Sai Baba sich bezeichnet.

derbaren Kräften, seinem großen Mitgefühl und seinen spirituellen Lehren. Als Sai Baba einmal über Shirdi Babas Bemerkung gegenüber seinem Onkel Hari sprach, nämlich daß er „als Junge von acht Jahren" wieder auf die Erde kommen wollte, machte er Dixit klar, daß er in Wahrheit gesagt habe, er würde als Junge in acht Jahren, d.h. acht Jahre nach seinem Tod, wiederkommen, was er tatsächlich tat. Sathya Sai fügte hinzu, daß H.S. Dixit ihn mißverstanden haben mußte.

Viel eher als die großen aber waren es die vielen, vielen, kleinen Begebenheiten, die ihn schließlich überzeugten, daß die beiden Sai nur einer waren, erzählte mir Herr Dixit. Dann beschrieb er mir diese bedeutsamen kleinen Dinge: die Ähnlichkeiten in den siddhis, die Parallelen in der Lehre und Unterweisung, die feine Gleichartigkeit von Gestik, Ausdrucksweise und Haltung. „Manchmal sehe ich sogar auf seinem Gesicht das gleiche alte Lächeln, das ich vor langer Zeit auf Shirdi Babas Gesicht gesehen hatte", sagte er.

Natürlich, so räumt er ein, sind die Unterschiede, die er zu Anfang so scharf empfunden hatte, tatsächlich vorhanden. Aber es ist ja auch ein anderer Körper, eine andere Situation, eine andere Zeit – eine andere Umwelt für die Sai-Mission. Und deshalb kann auch die Mission, obgleich im Geist dieselbe, in der Form und im Stil nicht genau gleich sein, und folglich wird auch die äußere Persönlichkeit, durch die die Botschaft an die Welt ergeht, anders sein. Sai Baba selbst äußert, daß er jetzt nicht so hart oder streng sei wie in seiner früheren Manifestation. Er sei toleranter und sanfter. Er erklärt den Unterschied mit einem Gleichnis: „Die Mutter ist gewöhnlich streng, wenn die Kinder die Küche betreten und beim Kochen stören; aber wenn sie das Essen aufträgt, ist sie heiter und geduldig. Jetzt serviere ich die Gerichte, die ich damals gekocht habe. Wo immer ihr sein mögt, wenn ihr hungrig seid und euer Teller bereit ist, ich werde euch das Mahl servieren und euch nach Herzenslust speisen."

Bei anderer Gelegenheit sagte er zu der Kontroverse, ob er der gleiche Baba sei oder nicht: „Wenn es zwei Bonbons gibt, das eine viereckig und das andere rund, das eine gelb und das andere purpurfarben – bevor man beide gegessen und geschmeckt hat, kann man nicht wissen, ob sie gleich sind. Probieren, erfahren – das ist die Probe für die Feststellung der Identität."

Eine andere Person, die Shirdi Baba begegnete, ist eine alte

Dame, die jetzt in Prashanti Nilayam lebt. N. Kasturi schreibt im zweiten Teil seines Buches[1] Sathya Sai Baba – Sein Leben, daß diese Dame als Kind von ihrem Vater, einem Steuereinnehmer des Regierungsbezirks Nizam, mit nach Shirdi genommen wurde. Später, nachdem alle ihre vier Kinder gestorben waren, ging sie im Jahre 1917 wieder nach Shirdi und bat Baba, für spirituelle Initiation und Praxis bei ihm bleiben zu dürfen.

Aber Baba sagte: „Nicht jetzt. Ich werde in Andhra wiederkommen; dann wirst du mich treffen und bei mir bleiben."

Sie kehrte in den Bezirk Nizam zurück und widmete ihr Leben der Sozialarbeit und wohltätigen Zwecken. Als sie einmal auf Reisen war, auf denen sie um Geld und Unterstützung für ihr Heim für Waisenmädchen warb, das sie „Sai Sadan" genannt hatte, hörte sie, es gebe in Uravakonda einen Jungen, der sich selbst als Sai Baba erklärte. Sie erinnerte sich daran, was Baba ihr 1917 über seine Reinkarnation in Andhra gesagt hatte, und eilte nach Uravakonda, wo sie an einem Donnerstag ankam. Sie schloß sich der Menschenmenge an, die an diesem Tag unterwegs war, den jungen Sai Baba zu besuchen, und sie saß nahe bei ihm. Sie erzählte, daß Baba zu ihr mit leiser Stimme auf Hindi sprach, wie damals in Shirdi: „So bist du gekommen, mein Kind."

Dann sagte er ihr, sie schulde ihm noch 16 Rupien und erinnerte sie daran, daß sie von den 40 Rupien, die sie damals für religiöse Feiern gesammelt hatte, 16 an eine Freundin geliehen hatte. Dann flüsterte er lächelnd: „Dies sage ich dir nur, um dich zu überzeugen, daß ich Shirdi Baba bin."

Diese Dame ist jetzt bei Sathya Sai Baba in Prashanti Nilayam, Andhra Pradesh, und ist glücklich, daß das, was er ihr vor einem halben Jahrhundert in Shirdi gesagt hatte, wahr geworden ist.

Aber es sind nicht die äußeren, sondern die inneren Beweise, die zu einer Überzeugung in dieser tiefen Frage führen. Menschen, die lange Zeit bei Sathya Sai Baba waren und auch Shirdi Baba gekannt haben, direkt oder aus schriftlichen Berichten, zweifeln nicht daran, daß beide Inkarnationen desselben göttlichen Wesens sind.

Eine Reihe von Büchern sind mittlerweile über Sai Baba von Shirdi veröffentlicht worden, einschließlich Swami Narasimhas

[1] N. Kasturi: Sathya Sai Baba, Sein Leben, Bd. I-IV. Sathya Sai Vereinigung e.V., Bonn. Bd. II: ISBN 3-924739-22-6. Bd. I,III,IV in Vorbereitung.

exzellentem vierbändigen Werk über sein Leben und seine Lehren. Wenn ich in seine Lektüre vertieft bin, finde ich mich oft bei dem Gedanken wieder, daß ich über Sai Baba von Puttaparthi lese; ich muß mich ständig daran erinnern, daß dies die Lehren, Aussprüche und Taten Shirdi Babas und nicht des gegenwärtigen Sathya Sai sind; so tiefgehend ist die Ähnlichkeit.

Aber bevor ich meine weiteren persönlichen Erfahrungen mit Sathya Sai Baba beschreibe, muß ich für einen Moment zu jenen frühen Tagen in Puttaparthi zurückgehen. Sathya Sai selbst hat gesagt, daß die ersten 32 Jahre seiner Inkarnation hauptsächlich durch līlās und mahimans (Wunder) gekennzeichnet seien und die folgenden Jahre durch Vorträge und verbale Lehren. Aber er wies darauf hin, daß dies nur eine Frage des Schwerpunktes sei, daß beide Aspekte jederzeit offenbar würden.

In Anbetracht der vielen Wunder, deren Zeuge ich während seiner „Lehrphase" geworden bin, fragte ich mich, wie wohl das Leben mit Sathya Sai während seiner „Wunderphase" gewesen sein mochte. Deshalb machte ich die Männer und Frauen ausfindig, die ihn damals gekannt hatten, und sprach mit ihnen. Unter ihnen waren gestandene Geschäftsleute, Männer aus dem öffentlichen Leben, berühmte, weitgereiste Leute, hochrangige Regierungsbeamte und hochgebildete Leute aus akademischen Berufen.

Alle waren glücklich darüber, ihre seltsamen und wundervollen Geschichten erzählen zu können.

7. Echos aus den frühen Jahren

Der Geist soll schauen aus dem starren Blick der Materie,
und die Materie soll das Antlitz des Geistes enthüllen.

– SHRI AUROBINDO –

Als Sathya Sai Baba schließlich kurz vor seinem vierzehnten Geburtstag von der höheren Schule nach Puttaparthi zurückkehrte, lebte er zunächst im Hause seines Vaters, zog aber nach kurzer Zeit in der Nähe in das Haus einer Brahmanenfamilie namens Karnum ein. Dies war der Ort, zu dem er als Kind oft gelaufen war, um vegetarisch zu essen, wenn es zu Hause Fleischgerichte gab. Nun nahm er dort seinen Wohnsitz, und die Hausfrau mit Namen Subbamma versorgte nicht nur ihn liebevoll, sondern hieß auch die immer größer werdende Anzahl seiner Anhänger in ihrem Haus willkommen, das geräumiger und für diesen Zweck geeigneter war als die Hütte von Sathya Sais Eltern.

Im Hause dieser Familie Karnum also, das heute immer noch in der Hauptstraße von Puttaparthi steht, nahm Sai Babas Mission 1941 ihren eigentlichen Anfang. Die Versammlungen wurden zunächst in einem Raum abgehalten, aber die Menschenmenge ergoß sich bald bis nach draußen auf die Straße. So wurde ein offener Unterstand gebaut; im Laufe der Monate wurde auch dieser erweitert, und dann wurde ein Zelt hinzugetan. Die Menge wuchs noch weiter an und sprengte alle Unterbringungsmöglichkeiten. Darüber hinaus bestand Baba darauf, die Besucher, die von weither kamen, zu speisen. Oft drohte die Menge gekochten Essens nicht auszureichen; bei dieser Gelegenheit zeigte er seine Christusähnliche Kraft, Nahrung zu „vermehren", um den Bedarf des Augenblicks zu decken.

Eine Dame, die damals der aufopferungsvollen Subbamma zur Hand ging, beschreibt das Ritual, das Baba dafür anwandte: Wenn er leise informiert worden war, daß das Essen nicht ausreichte, bat er um zwei Kokosnüsse, welche in Indien immer eine wichtige Rolle bei religiösen Zeremonien spielen. Er schlug sie gegeneinander, so daß beide genau in zwei Hälften brachen, dann „sprenkelte er die Kokosmilch auf die kleinen Reishäufchen und die mit anderen Dingen gefüllten Behältnisse und gab dann das Zeichen, mit dem Austeilen der Speisen an alle die fortzufahren, die gekommen waren und die noch bis zum Dunkelwerden kommen würden“. Es gab immer genug für jedermann.

In diesen Tagen, wo man nur noch sehr beengt sitzen konnte, begann er, seine Anhänger hinauszuführen auf die Sandbänke des Chitravathi-Flusses. Das Flußbett, das heute nur noch aus Sand besteht, in der Nähe des Dorfes liegt und eine Breite von etwa 300 – 400 Meter hat, ist außerhalb der Regenzeit immer trocken. In den frühen Jahren von 1940 war es ähnlich, nur daß sich meist ein schmales Wasserrinnsal durch den Sand zog. Hier nun saß der junge Sai mit seiner Anhängerschaft auf den Sandbänken und pflegte mit ihnen bhajans zu singen, gab ihnen Rat in ihren persönlichen Problemen, lehrte sie, wie man leben solle und stärkte ihren Glauben durch verschiedene Wundertaten.

Auf der Spitze eines felsigen Hügels auf der linken Flußseite, etwa 800 Meter vom Dorf entfernt, wächst ein einzelner Tamarindenbaum. Damals erhielt er den Namen Kalpataru, Wunscherfüllungsbaum. Das kam daher, daß Sai Baba seine Devotees – zumindest jene, die klettern konnten – zu diesem Baum mitnahm und sie dann fragte, welche Art von Frucht sie pflücken wollten. Wenn sie die Frucht nannten, konnte man sie sofort an einem Ast des Baumes hängen sehen. So wurden Äpfel, Birnen, Mangos, Orangen, Feigen und andere Arten von Früchten außerhalb ihrer Saison von dem wilden Tamarindenbaum gepflückt, und auch einige, die nie in dieser Gegend wuchsen.

Es gab noch andere, seltsame und tiefbewegende Ereignisse an diesem Baum. Manchmal forderte Sai Baba die Jugendlichen seines Alters zu einem Wettrennen heraus: von den Sandbänken aus etwa 50 Meter den Hügel hinauf, bis zu der Stelle, wo der Baum sich gegen den Himmel erhob. Es war ein steiler, felsiger, manchmal fast senkrechter Aufstieg; aber ehe die anderen mehr als ein paar Schritte gemacht hatten, war Sathya immer schon oben und rief vom Gipfel hinunter.

Die jungen Männer hielten dann inne und beobachteten von unten gemeinsam den Jüngling auf der Hügelspitze, denn sie wußten, daß mit Sicherheit irgendetwas Überraschendes geschehen würde. Einer der Teilnehmer an jenem Hügel-Kletterwettbewerb, damals ein College-Student, erzählt, was er dort sah: „Es war Dämmerung, kurz nach 19 Uhr“, sagte er. „Plötzlich durchbrach ein großer Feuerball wie eine Sonne die Dämmerung auf dem Hügel um den Jungen herum. Das Licht war so hell, daß es unmöglich war, die Augen offenzuhalten, um es zu betrachten. Drei oder vier seiner Devotees wurden ohnmächtig und fielen hin."

Es wird erzählt, daß bei verschiedenen Gelegenheiten verschiedene Visionen gesehen worden sind. Manchmal war es ein großes Feuerrad oder ein Vollmond mit Babas Kopf im Zentrum, manchmal ein blendender Lichtstrahl von seiner Stirn – aus dem Zentrum des dritten Auges –, manchmal eine Feuersäule. Ich habe mit einer Reihe von Leuten gesprochen, die solche Lichtwunder persönlich mit eigenen Augen gesehen hatten.

Kein Wunder, daß man in Madras und anderen weitentfernten Orten Kunde von diesen Dorfereignissen bekam und daß daraufhin aus weitem Umkreis neugierige, unglückliche und aufrichtige Sucher anreisten. Zweifellos hätte es einen noch größeren Zustrom gegeben, wäre die Anreise weniger schwierig gewesen. Aber nur mutige und beherzte Reisende konnten die anstrengende Tour schaffen, deren letztes Stück mit Ochsenkarren oder zu Fuß zurückzulegen war.

Trotz alledem wurde im Jahre 1944 wegen der anwachsenden Menschenmassen der „alte Mandir" – wie man es heute nennt – am Rande des Dorfes gebaut. Es ist eine Art Doppelscheune mit einem galvanisierten Eisendach und ausreichend Platz für große bhajan-Gruppen. Im hinteren Teil sind Räume zum Schlafen und Essen, und einige der zu Besuch kommenden Devotees wohnten hier oder lagerten in der Nähe. Heute ist er nur noch von historischem Interesse. Besucher in Prashanti Nilayam gehen die staubige Straße ca. 400 Meter hinunter, um den alten Mandir zu besichtigen. Seine Wände sind bedeckt mit vergilbten alten Photos des jungen Sai und Gruppen seiner Devotees, die deutlich das armselige Niveau der hiesigen Provinzphotographie der vierziger Jahre illustrieren.

Draußen in der Welt war es eine ereignisreiche Dekade mit dem Zweiten Weltkrieg und dem Start in Indiens Unabhängigkeit. Aber für eine wachsende Zahl von Menschen fanden die aufregendsten und wichtigsten Ereignisse in Puttaparthi statt, und der alte Mandir konnte nicht immer die Zahl der Ankommenden beherbergen. Daher blieben die Versammlungen auf den Sandbänken des Chitravathi-Flusses beliebt.

Einige der Besucher, die nur aus Neugierde gekommen waren, blieben, um ihre tiefe Verehrung zu zeigen und kamen dann immer wieder. Einige Menschen aus entfernten Orten überredeten den jungen Sai, ihre Städte zu besuchen und in ihren Häusern zu wohnen, damit ihre Freunde ihn auch treffen könnten. Viele seiner frühesten Devotees kommen immer noch – mehr als 20 Jahre später – in seinen Aschram, um ihn so oft wie möglich zu besuchen und ihn zu bitten, ihr Haus mit seiner Anwesenheit zu segnen, wann immer er in ihrer Nähe sei.

Jene ältesten Anhänger, die ich traf, erwiesen sich als eine Fundgrube bei meinen Nachforschungen über diesen großen Wundermann. Sie sind nicht, wie einige Leser vielleicht argwöhnen könnten, ungebildet, fanatisch, verschwommen oder träumerisch. Im Gegenteil, alle sind hochgebildete, rationale, praktische Bürger, deren Integrität und Zuverlässigkeit vor jedem Gerichtshof anerkannt würde.

Dessen mußte ich mich damals erst einmal selbst versichern, so wie ich es jetzt zusammen mit meinem Leser tue. Denn zu der Zeit, als ich einige Geschichten in diesem Buch zusammentrug, hatte ich persönlich erst wenige derartige Phänomene erlebt, die darin beschrieben werden. Inzwischen habe ich so viel gesehen, daß meine Einstellung dazu sich vollständig verändert hat. Das Wunderbare ist zum Vertrauten geworden.

Die meisten alten Devotees haben mir erlaubt, ihren Namen zu nennen; sie stellen die Sache der Wahrheit und ihren Glauben an die transzendentalen Kräfte Sai Babas über alle anderen Erwägungen. In diesem Kapitel werden einige exemplarische Geschichten von Männern und Frauen erzählt, die Sathya Sai seit den vierziger Jahren gekannt haben.

Herr S. Partasaraty ist ein bekannter Geschäftsmann aus Madras, Teileigentümer einer Gesellschaft, die mit Schiffahrt zu tun hat. Er erzählte mir, daß er Sai Baba zuerst im Jahre 1942 traf, als dieser nach Madras gekommen war, um im Hause eines seiner Nachbarn zu wohnen. Bald danach fuhren er und weitere Familienangehörige nach Puttaparthi. Er blieb dort einen ganzen Monat und sah mit eigenen Augen, wie Baba den Hügel zum Wunschbaum hinauflevitierte, und er sah sowohl einen leuchtenden Flammenkranz um das Haupt des jungen Sai als auch einen Lichtstrahl, der aus seiner Stirn zwischen den Augen kam. Er sagte: „In jenen Tagen war Baba allzeit voller Lachen und Späße. Er sang Lieder und mehrmals am Tag vollbrachte er Wunder – oft zum Spaß, wenn er zum Beispiel eine Uhr rückwärts laufen ließ oder Leute mit unsichtbarer Kraft an ihrem Sitz festhielt. Beim Picknick klopfte er an leere Töpfe, und beim Abheben des Deckels waren sie gefüllt mit Speisen, manchmal so heiß, als kämen sie geradewegs aus der Küche. Ich habe auch gesehen, wie er kleine Mengen von Lebensmitteln vermehrte, um große Menschenmassen zu speisen.

Diese Ausflüge waren immer sehr freudige Ereignisse. Oftmals verwandelte er irgendeinen nahen wilden Baum in unseren Kalpataru-Baum: Jede von uns genannte Frucht konnte von seinen Ästen gepflückt werden..."

Herr Partasaraty hatte viele Jahre an Asthma gelitten, und kurz nach seiner Ankunft in Puttaparthi materialisierte Baba mit einer kreisenden Handbewegung einen Apfel und gab ihn ihm zur Heilung zu essen. Seit jenem Tage hat er nie mehr einen weiteren Asthmaanfall gehabt, seit 25 Jahren.

Aber er sagte, das wichtigste Wunder der damaligen frühen Erfahrungen habe mit seiner Mutter im Zusammenhang gestanden. Durch grauen Star war sie vollkommen blind, als die Familie Sai Baba zum ersten Mal begegnete. Seine Behandlung für sie war einfach – so einfach wie die Paste aus Lehm und Speichel, die Christus bei einem Blinden anwandte. Baba legte Jasminblütenblätter auf die Augen der Frau, gehalten durch einen Verband. Jeden Tag tauschte er sie durch frische aus und bestand gleichzeitig darauf, daß sie täglich zum bhajan gehen sollte. Dies ging so zehn Tage lang, und als er beim letzten Mal den Verband abnahm, war sie in der Lage, wieder völlig klar zu sehen. „Danach lebte sie noch zehn Jahre", erzählte mir Herr Partasaraty, und hatte mit ihren Augen keine Probleme mehr.

Herr G. Venkatamuni war eine führende Person im Düngemittelhandel in Madras, als ich mit ihm über seine frühen Erfahrungen mit Sai Baba sprach. Leider ist er mittlerweile verstorben, aber sein Sohn Iswara, der auch ein ergebener Devotee ist, führt das Familienunternehmen weiter. Wenn Baba in Madras ist, weilt er immer im Hause Venkatamuni, wenn auch nur einen Teil seiner Zeit.

Herr Venkatamuni war ein aufrichtiger, sachlicher Mensch und neigte bei seinen Beschreibungen eher zu Unter- als Übertreibungen. Dies stellte sich heraus, als ich einige seiner Geschichten anhand von Aussagen anderer Zeugen überprüfte. Ich werde hier nur ein oder zwei der vielen unglaublichen Erfahrungen wiedergeben, die er mit Baba gemacht hat, so wie er sie mir erzählte.

Im Jahre 1944 hörte er erstmalig merkwürdige Geschichten über einen Wunderknaben aus einem Dorf in Andhra Pradesh, dem Staat, aus dem seine eigenen Vorfahren gekommen waren. Er beschloß, hinzufahren und selbst zu sehen, was an diesen Geschichten wahr sei.

Am Tage, als Venkatamuni in Puttaparthi ankam, nahm Sathya Sai, damals 17 Jahre alt, ihn mit einer kleinen Gruppe mit zu den Sandbänken des Flusses. Als sie dort saßen und sprachen, steckte Baba seine Hand in den Sand und nahm eine Handvoll Süßigkeiten heraus, die er in der Gruppe verteilte. „Sie waren heiß, wie frisch aus dem Ofen“, sagte Herr Venkatamuni. „Ich mußte sie abkühlen lassen, bevor ich sie essen konnte.“ Daher wußte er, daß das, was er gesehen hatte, kein bloßer Zaubertrick war.

Er verlängerte seinen Aufenthalt im Dorf in der Hoffnung, weitere Wunder zu sehen. Seine Hoffnungen wurden mehr als erfüllt, sagte er, und er beschrieb den gleichen reichen Strom von Wundern, die auch die anderen frühen Devotees bezeugten.

„Ich war noch jung damals“, sagte Herr Venkatamuni, „und es war alles ein großer Spaß. Ich ging gewöhnlich mit Sai Baba und den anderen jungen Männern schwimmen, und bei der Gelegenheit sah ich das samku chakram auf seinen Fußsohlen.

„Was ist das?“ fragte ich.

„Es ist ein kreisrundes Zeichen – man könnte es als Geburtsmal bezeichnen. Hindus glauben, daß es eines der Zeichen des Avatars ist.“

Herr Venkatamuni und seine Frau wurden treue Anhänger Sai Babas, sie besuchten regelmäßig seinen Aschram und hatten ihn manchmal tage- und wochenlang in ihrem Haus in Madras.

Aber erst im Jahre 1953, neun Jahre nach der ersten Begegnung, erlebten sie ein Sai-Wunder, das in seiner Art einmalig war. Sie waren aufgebrochen zu einer Weltreise, die in Europa beginnen und den fernen Osten einschließen sollte. Sie reisten im Flugzeug, und ihr erster Aufenthalt war Paris, wo sie mehrere Wochen verbringen wollten.

Als sie am ersten Tag in den Straßen unterwegs waren, beschlossen sie, einige Reiseschecks zu wechseln und Einkäufe zu machen. Frau Venkatamuni trug das Scheckheft in der Handtasche; zumindest glaubte sie das, bis sie die Handtasche öffnete und bemerkte, daß es fehlte.

Beide glaubten, sie müsse die Schecks dann wohl in ihren Koffer gelegt haben, und sie gingen geradewegs ins Hotel zurück. Aber die Reiseschecks waren weder in ihrem noch in seinem Koffer.

Nach einer mehr als gründlichen Durchsuchung und wiederholtem Durchkämmen all ihrer Habe wurde ihnen schmerzlich klar, daß das wertvolle Scheckheft verschwunden war. Wo es verloren gegangen sein konnte, wußten sie nicht. Frau Venkatamuni hatte es, soweit sie sich erinnerte, letztmalig in ihrer Handtasche gesehen, bevor sie Bombay verließen. Sie waren in einer unangenehmen und sehr unglücklichen Situation. Hier waren sie nun am Anfang einer Weltreise in einer fremden Stadt mit kaum ausreichend Kleingeld, um die erste Hotelrechnung zu bezahlen. Sie saßen deprimiert und verloren in ihrem Schlafzimmer und rätselten, was zu tun sei.

Was sie dann taten, würde jedem, der nicht ein enger Sai-Baba-Devotee ist, völlig verrückt erscheinen; für sie allerdings war es das einzig Sinnvolle. Mit den wenigen Francs, die sie nach Frankreich mitgebracht hatten, schickten sie ein Telegramm an Baba und baten ihn um Hilfe. Danach fühlten sie sich besser, in dem Wissen, daß in irgendeiner Form Hilfe kommen würde. Aber was dann geschah, damit hatten sie nicht gerechnet.

Ein oder zwei Tage später gingen sie wieder auf einen Einkaufsbummel. Frau Venkatamuni wollte eine Liste der Dinge machen, die sie kaufen würde, wenn sie wieder etwas Geld hätte. Sie öffnete ihre Handtasche, um Bleistift und Notizblock herauszunehmen, und ihr Herz hüpfte vor Freude. Dort, ganz obenauf, über allen Sachen, lag das Heftchen mit den Reiseschecks. Es waren ihre. Es war das Heftchen, das sie in Indien fallengelassen oder verloren hatte. Herr Venkatamuni erzählte mir, daß die Handtasche seiner Frau mittelgroß war und daß sie beide sie viele Male durchsucht hätten und dabei alles aufs Bett ausgeschüttet hätten. Unter diesen Umständen gab es überhaupt keine Möglichkeit, das Heftchen zu übersehen, wenn es in der Tasche gewesen wäre. Herr Venkatamuni hatte keine Zweifel daran, daß Baba das Mäppchen „teleportiert" hatte, von wo immer es verloren worden war. Ein höchst nützliches Wunder!

Sie schickten noch ein Telegramm aus Paris – ein Dankeschön. Als sie von der angenehmen Weltreise zurückkamen, konnten sie Baba persönlich sagen, wie tief dankbar sie für seine rechtzeitige und übermenschliche Hilfe gewesen waren. Er lächelte nur und sagte nichts – und sie fragten ihn nicht nach Einzelheiten.

Ein bekannter und hochgeschätzter Bürger aus Madras, der bestätigt, was andere über Babas frühe Wunderphase gesagt haben, ist Herr V. Hanumantha Rao. Dieser heute pensionierte Mann war

Transportkommissar des Regierungsbezirks Madras (der damals einen Teil des gegenwärtigen Staates Andhra Pradesh einschloß), als er im Jahre 1946 erstmalig Sai Baba traf.

Die Beziehung zwischen Baba und diesem großen alten Philanthropen und seiner Frau ist eine bewegende Geschichte, die noch andere Aspekte als die frühen Wunder und Possen des Spaßmachers Sai enthält. Ich werde sie in einem anderen Kapitel erzählen, wo sie hingehört. Aber hier will ich eine interessante, kleine Geschichte erwähnen, die vielleicht einiges Licht auf den Modus operandi einiger seiner Wunderwerke werfen kann.

Herr und Frau Hanumantha Rao haben mir oft über jene wundervolle, himmlische Stimmung der frühen Jahre mit Sai Baba erzählt, wie er oft mit ihnen in ihrem Auto fuhr, wie er mit ihnen schöne Lieder sang und sie nach Lebensmitteln oder irgendeiner außerjahreszeitlichen Frucht fragen ließ, die sie gern hätten. Dann produzierte er sofort mit einer Handbewegung die Dinge, die sie sich gewünscht hatten. Und wenn er bei ihnen zu Hause wohnte, wie er dann natürlich, spontan und sorglos wie ein Kind war und dennoch die Kraft zu haben schien, mit seinem Willen allen Mächten der drei Welten zu befehlen. Einmal, am Geburtstag Lord Krishnas, sagten sie, ging Baba scheinbar ziellos in ihrem Wohnzimmer in Madras umher. Plötzlich wandte er sich an Frau Hanumantha Rao und sagte: „Hier sind einige Devas (Engel), die mir eine Schale Süßigkeiten geben wollen."

Als sie umherschaute und nichts sah, streckte er beide Hände aus und nahm aus der Luft, wie von einer unsichtbaren Person, eine große geschliffene Kristallglasschale. Die Schüssel schien sich ganz plötzlich zu materialisieren. Baba reichte sie Frau Hanumantha Rao. Sie war, so beschreiben sie es, gefüllt mit „himmlisch schmeckenden Süßigkeiten verschiedenster Art und aus vielen Teilen Indiens".

Nach diesem Ereignis bat Sai Baba um eine Schürze. Als sie gebracht wurde, legte er sie an und begann, Wiegenlieder zu singen. Er spielte die Rolle eines Kindermädchens, das das Baby Krishna trug und es in den Schlaf wiegte. Dann nahm er aus den Falten der Schürze eine geschnitzte Sandelholzfigur Krishnas, die mit Sicherheit weder dort noch irgendwoanders im Hause gewesen war.

Herr und Frau Hanumantha Rao zeigten mir bei meinem Besuch die Glasschale und die Krishnafigur, zwei kostbare Gegenstände, die vor langer Zeit auf eine geheimnisvolle, nur dem jungen Sai Baba bekannte Weise in den Haushalt des Transportkommissars gekommen waren. Aber nach seiner Bemerkung zu urteilen, scheint er für solche Apporte Wesen von einer anderen Existenzebene in seiner Macht zu haben.

Frau Nagamani Pourniya, die in Bangalore lebt, ist die Witwe eines hohen Verkehrsbeamten eines Regierungsbezirks und die Mutter der bekannten Romanschreiberin Kanala Taylor, die mit einem Engländer verheiratet ist und in England lebt. Nagamani begegnete Sai Baba zum erstenmal im Jahre 1945 und war dann öfter längere Zeit im Aschram. Ich fand sie immer freudig bereit, über Baba zu sprechen, und sie half, mein geistiges Bild von Sai Baba in seiner frühen Periode zu vervollständigen und somit die Hauptzüge zu festigen und auch einige neue dem leuchtenden Muster hinzuzufügen.

Nagamani hat selbst ein Buch über Sai Baba geschrieben, aber es gibt ein oder zwei Erlebnisse von ihr, die hier wohl wiederholt werden können. Viele Menschen haben mir Sai Babas wundersame Erzeugung von Figuren aus dem Sand – gewöhnlich kleine Statuen hinduistischer oder anderer Götter – beschrieben, und ich habe es selbst gesehen. Aber Nagamani erzählte mir, daß sie bei einer Gelegenheit, als eine Gesellschaft mit Baba zu den Chitravathi-Sandbänken gegangen war, gesehen habe, wie diese Figuren von selbst aus dem Sand hervorkamen. Baba kratzte nur etwas Sand fort, um den oberen Teil des Kopfes sichtbar zu machen, dann begann die Figur selbst, wie durch eine Kraft unter ihr herausgetrieben, aufzusteigen.

Zuerst, sagte sie, kam eine Shivafigur hervor, dann seine Begleiterin Parvathi und dann ein linga. Nachdem jedes ein paar Zentimeter aus dem Sand herausragte, zog Baba es heraus und warf es schnell zur Seite. Dies tat er deshalb, weil die Objekte aus Metall und ziemlich heiß waren – zu heiß, um sie länger als eine Sekunde zu halten. Nachdem sie abgekühlt waren, brachte er sie in den alten Mandir zur pūjā (rituelle Verehrung).

Aber eine der erstaunlichsten ihrer vielen phantastischen Erfahrungen war eine chirurgische Operation durch Baba. Ich habe von Devotees mehrere Beschreibungen von solchen Operationen bekommen, aber Nagamani berichtet von der frühesten, von der ich gehört habe.

Ein Mann und seine Frau kamen, um in Puttaparthi zu bleiben.

Nagamani konnte beobachten, daß der Mann einen aufgeblähten, gewaltig geschwollenen Bauch hatte. Er verbrachte die ganze Zeit im Liegen, entweder in seinem Raum in der Nähe des alten Mandir oder draußen im Freien. Sie hörte, daß er kein Essen zu sich nehmen und nicht einmal Kaffee trinken könne. Das war für Nagamani höchste Alarmstufe, denn sie liebte ihren Kaffee. Sie ging zu Baba und bat ihn, den Mann zu heilen.

Als aber Tage vergingen, und nichts geschah, bat sie ihn wieder: „Bitte, tu etwas für den armen Mann, Baba!" Er lächelte und antwortete: „Glaubst du, dieser Ort ist ein Hospital?"

Dann, eines Abends, gingen alle Devotees mit Baba zu den Sandbänken am Fluß. Es war keine sehr große Gruppe, und jede Frau nahm irgendetwas zu Essen für das Picknick mit. Nagamani nahm den Kaffee. Sie ließ auch einen Topf Wasser auf dem offenen Feuer, unweit des Mandir. Mit diesem warmen Wasser hoffte sie, Babas Füße nach der Rückkehr von den Sandbänken zu waschen, so sagte sie mir.

Am Flußbett verbrachten sie eine wundervolle Zeit mit dem Singen von Liedern. Baba erzählte ihnen schöne Geschichten von den Göttern und brachte unterdessen einige passende Objekte aus dem Sand hervor. Durch diese Ereignisse waren sie alle so guten Mutes, daß sie sich gar nicht fürchteten, als drei wilde Geparden sich näherten, um aus dem Fluß zu trinken. Die Geparden schienen sie als Freunde zu betrachten und ließen sich nicht beirren.

Als sie zum Mandir zurückkehrten, ging Nagamani, das Feuer unter dem Topf zu schüren, und Baba verschwand im Raum des kranken Mannes. Nach einer Weile kam er aufs Feuer zugelaufen und bat sie um etwas warmes Wasser zum Händewaschen. Dabei sah sie, daß seine rechte Hand ganz rot war.

„Hast du gemalt, oder was?" fragte sie scherzhaft.

„Das ist Blut", antwortete er.

Als sie dann im schwindenden Dämmerlicht genauer hinsah, sah sie, daß er in der blutbeschmierten Hand etwas hielt, das wie ein „schmutzig-farbenes Knäuel aus einem alten Bananenblatt" aussah. Diesen warf er fort und wusch dann das Blut von seiner Hand in dem Wasser, das sie ihm reichte. „Nun", sagte er neckend, „du hast darauf bestanden, daß ich diesen Ort zu einem Krankenhaus mache, so habe ich also jetzt die notwendige Operation an dem Mann vorgenommen."

Machte er Späße? Sie hatte Blut gesehen und etwas Schreckliches, das er weggeworfen hatte. Hatte er dem Mann ein Geschwür entfernt? Sai Baba, der offensichtlich die Fragen in ihrem Geiste las, reichte ihr eine Rolle Baumwolle und sagte: „Nimm das und hilf seiner Ehefrau, ihm einen neuen Verband anzulegen."

Sie ging zur Tür, blieb aber draußen. Sie wollte sehr gerne sehen, was geschehen war, fürchtete sich aber hineinzugehen. Da kam Sai Baba und nahm sie mit in das Zimmer. Der Mann lag noch da, seine Frau saß an seiner Seite. Baba ging zu ihm und zog das Hemd des Mannes hoch, um ihr die Operation zu zeigen. Es gab keinen Verband, aber quer über den Bauch war ein dünner Strich, wie ein Schnitt, der bereits geheilt war, und der Bauch war nicht mehr groß und geschwollen. Der Mann und die Frau schauten beide still auf Sai Baba, als ob er Gott sei. Kein Wort wurde gesprochen. Baba führte Nagamani wieder hinaus und erlaubte ihr dann, seine Füße zu waschen.

Am nächsten Morgen brannte sie vor Neugierde darauf zu erfahren, was geschehen war; so ging sie wieder hin, um sich nach dem Gesundheitszustand des Patienten zu erkundigen. Er saß schon auf und aß ein herzhaftes Frühstück. Er erzählte ihr, daß Sai Baba am vorhergehenden Abend in das Zimmer gekommen war; er habe dann die Hand kreisen lassen und aus der Luft ein Messer und einige andere Instrumente geholt. Als nächstes produzierte er etwas Asche und rieb sie auf die Stirn des Leidenden. Dies schien als Anästhetikum zu wirken, denn der Mann verlor darauf sein Bewußtsein und erinnerte sich an nichts mehr, bis die Operation vorbei war und Baba ihm sagte, alles sei in Ordnung. Der Schnitt hatte etwas geschmerzt, aber nun sei alles normal.

Nagamani wollte wissen, wie alles so schnell geheilt sei. Die Frau erzählte ihr, daß Baba die Öffnung lediglich mit seinen Fingern zusammengehalten habe und sie sofort geheilt sei. Dann habe er etwas vibhūti auf die Wunde aufgetragen, seine Hand eine Weile daraufgehalten, dem Patienten versichert, daß er gesund werde und sei dann fortgegangen.

Nagamani erkannte, daß Babas Anweisungen an sie am Vorabend, was die Anbringung des Verbandes betrug, nur als Vorwand für sie diente, den Patienten sehen zu können. Sie war überrascht, daß Baba so freundlich war, ihre Neugierde zu befriedigen, aber vielleicht war es, weil sie Mitleid mit diesem kranken Mann gezeigt hatte. Sie fühlte kein Erstaunen, nur Ehrfurcht angesichts der Entdeckung dieses neuen Wunders. Nichts, was Baba je tat, überraschte sie noch; alles vertiefte nur ihre Liebe zu ihm.

Es gibt noch andere Typen und verschiedene Arten von Wunderphänomenen in den Berichten aus den frühen Jahren, aber da ich davon selbst mit eigenen Augen Beispiele in den sechziger Jahren sah, ist es besser, wenn ich meine persönlichen Erfahrungen schildere.

8. Mit Baba in den Bergen

Kommt zu mir mit leeren Händen.
Ich werde sie füllen mit Gaben und Gnade.
– SATHYA SAI BABA –

Eines Winters in Madras lud Sai Baba meine Frau und mich ein, den kommenden Juni mit ihm auf seinem Sommersitz in Whitefield bei Bangalore zu verbringen. Über diese Aussicht waren wir hocherfreut, aber wir hatten mittlerweile gelernt, daß es weitaus klüger war, keine festen Vorstellungen über Babas künftige Unternehmungen zu haben. Es gibt eine so gewaltige Nachfrage nach seiner Gegenwart und Zeit, und es scheint, daß er dahin geht, wo immer er am meisten gebraucht wird; oder mit anderen Worten: Er tut immer das, was am wichtigsten für den Fortschritt seiner Mission ist. Zumindest ist das die Interpretation, die wir Babas Handlungen zuschreiben; aber Tatsache ist, daß sie einem Gesetz folgen, das sich unserem Verständnis entzieht. Deshalb meinten wir, daß wir mit etwas Glück wohl ein oder zwei Tage bei ihm in Whitefield sein dürften. Einen ganzen Monat in seiner Gegenwart verbringen zu dürfen – das mochten wir wohl hoffen, aber es wäre vermessen gewesen, es zu erwarten.

Mit dieser Einstellung kamen wir Anfang Juni in Bangalore an und verbrachten die Nacht bei einem befreundeten Mitglied der Theosophischen Gesellschaft. Am nächsten Morgen fuhr er uns in seinem Auto nach Whitefield, das etwas höher, ungefähr 20 Kilometer vor der Stadt Bangalore liegt. Unterwegs erklärte er uns, daß Whitefield von den Engländern gegründet wurde, aber jetzt nur noch sehr wenige Europäer dort lebten. Wir fanden, daß es eine recht weitläufige Stadt war, mit vielen großen Häusern und breiten, hübschen Gärten. Schließlich fanden wir in einer hohen Ziegelsteinmauer ein Tor mit dem Namen „Brindvanam“ darüber und einen khaki-gekleideten Wachposten. Am Namen erkannten wir, daß dies Babas Residenz war.

Hinter dem Eingangstor stand eine kleine Hütte, aus der ein gütiger weißhaariger Mann kam, der sich als Mr. M.S. Dixit erwies. Er brachte uns in einem Raum in seiner Hütte unter, die vermutlich früher einmal das Pförtnerhäuschen gewesen war, und gab uns die gute Nachricht, Sai Baba sei anwesend. Wir konnten keine

Anzeichen eines anderen Hauses sehen, und ich wunderte mich, wo Baba wohl wohnte.

Aber etwas später an diesem Vormittag führte uns Herr Dixit über einen mit Bäumen bepflanzten Hof, durch herumlaufende Affenherden, über eine Treppe zu einer höhergelegenen Terrasse. Hier war ein parkähnlicher Garten mit Büschen und gepflegten Wegen und einem größeren Haus, wo wir Baba fanden, umringt von einer Gruppe von Dauergästen und vielen Tagesbesuchern aus Bangalore.

„Swami", wie seine Devotees ihn meist anreden, hieß uns willkommen wie eine Mutter, die glücklich ist, daß ihre Kinder nach Hause gekommen sind. Er bot uns an zu wählen, ob ich zu ihm in das große Haus ziehen wollte, Iris und ich müßten uns dann trennen; sie würde mit den Frauen im Schlafteil auf der einen Seite des Hauses schlafen und ich im Männerschlafsaal auf der anderen. Oder wir könnten, wo wir waren, bei Herrn Dixit wohnen, aber im großen Haus unsere Mahlzeiten einnehmen und dort soviel Zeit, wie wir wollten, verbringen. Wir wählten letzteres.

An diesem Morgen wohnten wir einer „Schnurzeremonie" in der Haupthalle von Babas Residenz bei. Der Junge, der die heilige Schnur erhielt, war der Sohn von Herrn Jawa, dem Besitzer der Joy-Eiscreme-Fabriken. Die Eltern, die Großmutter und andere Familienmitglieder, die alle Baba-Devotees sind, waren bei der Zeremonie zugegen, und die Halle war brechend voll mit Zuschauern. Unter Babas Leitung führten Pandit-Priester aus Prashanti Nilayam das Ritual aus. Im richtigen Augenblick trat Baba in den Mittelpunkt der Szene, machte in der mir nun gut bekannten Art seine kreisende Handbewegung, und aus den verborgenen Bereichen des Raumes, die er manchmal das „Sai-Lager" nennt, produzierte er die entsprechende Schnur, um sie dem Jungen um den Hals zu legen.

Nach der Zeremonie gab es ein Fest auf der großen Veranda. Wir saßen im Schneidersitz in zwei Reihen auf dem Boden und aßen indische Gerichte von Bananenblattellern, während ein Diener die Affen mit einer Stange fernhielt. Swami ging umher, um dafür zu sorgen, daß alle Gäste glücklich waren. Bei dieser festlichen Gelegenheit aßen Männer und Frauen zusammen, aber normalerweise benutzen in Brindvan Männer und Frauen den Speisesaal zu getrennten Zeiten, wobei Baba mit den Männern ißt, die Frauen aber manchmal während der Mahlzeiten besucht, um mit ihnen zu sprechen.

Baba war der Meinung, es sei für ihn nicht das Richtige, Reklame zu machen. Sogar ohne jede Werbung bedrängten ihn Menschenmengen auf Schritt und Tritt. Meine Frau und ich fühlten uns daher sehr geehrt, als er uns leise anvertraute, daß er eine kleine Gruppe für ein paar Wochen mit nach Horsley Hill nehmen wolle, das etwa 150 km nördlich von Bangalore liegt; und wir waren überglücklich zu hören, daß wir dabei sein sollten. Alle Vorbereitungen zu unserer Unterbringung waren von einem seiner Devotees, Herrn T.A. Ramanatha Reddy, getroffen worden, der leitender Hoch- und Tiefbauingenieur des großen Gebietes war, in dem auch Horsley Hill lag. Wir sollten, sagte Swami, in wenigen Tagen abreisebereit sein. Wir sahen dies als eine vertrauliche Information an.

Da wir damit gerechnet hatten, von unserem Hauptquartier in Adyar den ganzen Sommer in verschiedenen Klimazonen unterwegs zu sein, hatten wir eine ganze Menge Gepäck dabei. Wir begannen also zu planen, was wir mitnehmen und was wir in Brindāvan zurücklassen sollten. Es war gut, dachten wir, daß Swami uns rechtzeitig Bescheid gesagt hatte. Falls in Brindāvan irgendjemand außer uns von der bevorstehenden Abreise wußte, so schwieg er – auch wir sagten niemandem etwas.

Wir waren stolz darauf, daß wir gelernt hatten, ein Geheimnis zu hüten, aber wir hatten noch eine wichtige Lektion zu lernen. Wie Yama, der Todesgott, kann Baba einem manchmal eine Warnung geben, aber man weiß niemals den genauen Zeitpunkt, wann sein drohender Finger erscheint. Am nächsten Morgen um 6 Uhr wurden wir von einer strengen Stimme aus unserem Schlummer gerissen: „Was, seid ihr noch nicht fertig? Swami fährt in fünf Minuten ab.“

Es war eine schreckliche Situation; unsere Sachen lagen überall verstreut. Wir hatten weder geduscht, noch waren wir angezogen, noch hatten wir eine Tasse Tee getrunken, geschweige denn gepackt. Und Baba wartete, um uns für zwei Wochen mitzunehmen. Wie lange würde er warten? Würde er ohne uns abfahren? Wir stolperten blind umher, versuchten, unsere Gedanken zu sortieren und warfen Sachen in die Koffer.

Die strenge Stimme des Devotees am Fenster gestand uns dann eine Viertelstunde zu. Selbst das schien unmöglich. Als wir nach einer halben Stunde mit unseren Koffern und Kisten herauskamen, hörten wir, daß Swami abgereist war. Uns verließ der Mut; aber es war nicht so schlimm, wie es schien: Er war mit einem Auto vorausgefahren, hatte aber ein anderes für uns zurückgelassen. Darin fanden wir einige andere glückliche Devotees, die zur Hill-Station wollten, einschließlich Herrn Ramanatha Reddy, der uns dorthin führen sollte.

In einem Wald, nach wenigen Meilen Fahrt, sahen wir zu unserer Freude Babas weißes Auto am Straßenrand warten; daneben stand in der Morgensonne seine in Rot gekleidete Gestalt und eine kleine Menschengruppe. Er neckte uns ein wenig, weil wir so lange gebraucht hatten, schaute erschrocken auf unsere Gepäckmassen und führte dann die ganze Gesellschaft unter die duftenden Bäume zu einem Frühstückspicknick.

Danach gab es eine Umverteilung der Passagiere, und ich bekam das Privileg, meine erste Reise mit diesem großen Mann persönlich machen zu dürfen. Raja Reddy, der damals vielleicht Babas nächster Anhänger war, fuhr das Auto; zwei Jugendliche saßen mit Baba hinten, und Ramanatha Reddy und ich waren mit dem Fahrer vorn. Wir fuhren über karges, unfruchtbares Land, gelegentlich ein Dorf oder eine kleine Stadt, in denen Menschen wimmelten wie Ameisen auf dem Zucker. Dann zeichneten sich schieferfarbene Felshügel vor dem Himmel ab. Die letzte Stadt, durch die wir kamen, war Madanapalle, der Geburtsort J. Krishnamurtis. Kurz bevor wir die steilen Horsley Hills hinauffuhren, passierten wir einen Wegweiser nach Rishi Valley, wo die bekannte, von Krishnamurti-Anhängern unterhaltene Schule liegt.

Auf dem Kamm der Hügelkette, etwa 1600 Meter über dem Meeresspiegel, kamen wir an unserem Ziel an, einem weißen Rundhaus. Es ist nicht sehr groß, hat aber den Komfort eines Hotels erster Klasse und dient in erster Linie als Gästehaus für Minister und hohe offizielle Gäste. Unser Gastgeber, Herr Ramanatha Reddy, hatte es reservieren können für die nach seiner Meinung bedeutendste aller V.I.P.s,[1] Sathya Sai Baba, einschließlich der Gesellschaft, die er mitzubringen beliebte.

Außer dem Gastgeber und mir gab es noch vier Männer in der Gruppe: Dr. Sitaramiah, Herrn V. Raja Reddy und zwei

[1] V.I.P. = Very Important Person (sehr wichtige Person)

Jugendliche, und es gab ein halbes Dutzend Frauen, einschließlich dreier Prinzessinnen. Da wir das einzige verheiratete Paar in der Gruppe waren, bekamen wir eine eigene Suite. Diese lag nur zwei Türen von Babas Suite entfernt und führte auf einen großen Balkon, von dem aus man einen wundervollen Blick auf das weite Land darunter hatte.

Die Ebenen bildeten einen dunklen grau-grünen Teppich mit einzelnen Hügeln, die aussahen wie sorglos darüber verstreute Kinderbauklötze, und die Reihen der Wasserzisternen leuchteten auf dem Teppich wie zerbrochene Spiegelscherben. Wir lebten oben im Himmel – in mehr als einer Beziehung. Hier, dachten wir, könnten wir Baba endlich einmal für uns haben, nur für unsere kleine Gruppe. Die ihn allerorts umgebenden Menschenmassen hatten wir glücklich hinter uns gelassen. Wir konnten von morgens bis nachts mit diesem übermenschlichen Wesen in nächster Nähe zusammenleben. Wir konnten sehen, wie er lebte und seine Wunder aus vollem Herzen genießen.

Wie früh wir morgens auch aufwachten, Baba war immer schon auf und saß gewöhnlich schreibend an seiner offenen Tür; er beantwortet seine umfangreiche Korrespondenz selbst, dazu schreibt er regelmäßig Artikel für seine Aschram-Zeitschrift, Sanātana Sārathi („Der Ewige Wagenlenker").

Manchmal, nach dem Frühstück mit uns, ließ er uns alle am Morgen in einem Zimmer zu einem spirituellen Vortrag zusammenkommen. Es handelte sich dabei oft um Erzählungen aus dem Rāmāyana, dem Mahābhāratha oder dem Shrīmat Bhāgavatam. Baba interpretierte die Geschichten und enthüllte mit großer Klarheit die tiefe Weisheit des Bhakti Yoga.

Nach einem Gartenspaziergang gab es Mittagessen, dann eine Ruhepause und am Nachmittag Tee im Speisesaal. Die erste Schwierigkeit hier war die, die indischen Frauen dazu zu bewegen, auf Stühlen zu sitzen, denn sie hielten es für unangemessen, auf der gleichen Ebene wie ihr Swami zu sitzen. Tatsächlich beharrten einige bis zum Schluß darauf, auf dem Teppich zu seinen Füßen zu sitzen, wobei die Stühle leer blieben. Aber immer wenn Baba die Mehrheit auf die Stühle gebracht hatte, auch wenn sie steif und unbequem dasaßen, griff er sofort ein komisches Thema auf und brachte alle zum Lachen. Dennoch waren auch darin immer praktische Bezüge und Hinweise auf die Ethik der rechten Lebensführung enthalten.

Spät am Nachmittag oder Abend, wenn das Wetter es zuließ, machte die Gruppe häufig eine kleine Fahrt, manchmal schloß sich ein Spaziergang an. Oder es gab einen weiteren belehrenden Vortrag von Baba. Einmal besuchten wir alle ein indisches Dorf, das weit entfernt von den geschäftigen, großen Straßen wunderschön und unbeschreiblich ruhig war. Hier wurden wir ins Haus einiger Baba-Devotees zum Essen eingeladen, während sich das ganze Dorf im Hof versammelte, um den Avatar zu sehen und seinen Segen zu erhalten.

Aber nach wenigen Tagen begann etwas anderes die harmonische Stimmung unserer Horsley-Hill-Idylle zu stören. Sogar an diesem entlegenen Flecken begannen sich Menschenmengen zu sammeln. Irgendwie hatte sich die Kunde verbreitet, daß Baba in der Gegend war, und die Menschen kamen von nah und fern, per Auto, Bus oder zu Fuß. Die ersten erschienen schon vor dem Frühstück, und im Laufe des Tages stand dann eine Menschenmenge auf dem Grundstück, die zum Balkon hochschaute und auf den Segen eines Blickes und eines Zeichens von Sai Baba wartete.

Und niemals enttäuschte er sie. Oft ging er dann auf den Balkon, schaute liebevoll und mitfühlend zu ihnen hinunter und hob die Hand mit seiner typischen Geste der Ermutigung und des Segens. Manchmal ging er hinunter und hielt sich unter den Besuchern auf, sprach mit ihnen und materialisierte vibhūti oder etwas anderes, um denen zu helfen, die krank oder in Schwierigkeiten waren. Wenn eine Gruppe armer Leute einen weiten Weg zu Fuß gekommen war, gab er ihnen allen Geld, daß sie mit dem Bus nach Hause fahren konnten. Jeden Abend brachte er alle Anwesenden in das große Foyer und die Eingangshalle des Rundhauses und veranstaltete mit uns eine halbe Stunde oder länger wundervolles bhajan-Singen.

Im Verlaufe dieser täglichen Aktivitäten geschahen die Wunder-Phänomene, mehrere an jedem Tag. Hier sind einige der bemerkenswertesten.

Eines Nachmittags kurz nach unserer Ankunft machten wir alle eine Spazierfahrt; wir ließen dann die Autos stehen und kletterten auf einem Felsenhügel herum. Baba hob mehrmals ein Stück Felsgestein auf, spielte eine Weile damit und warf es dann weg. Zum Schluß, als wir auf dem Rückweg waren, hielt er ein Stück, etwa von der Größe einer geschlossenen Mannesfaust, und trug es zurück zum Rundhaus.

Dort angekommen, nahm er uns mit in eine der Suiten, setzte sich auf den Teppich und wir im Halbkreis um ihn herum. Er begann über alltägliche Dinge zu plaudern, warf dabei gelegentlich das Felsstückchen etwa einen halben Meter hoch in die Luft und ließ es dann auf den Boden fallen. Plötzlich warf er es zu mir und fragte: „Kannst du das essen?“

Ich untersuchte den Felsbrocken eingehend. Es war harter Granit, gestreift und recht hell in der Farbe. Ich sagte, er sei nicht eßbar und rollte ihn zu ihm zurück – er saß knapp zwei Meter von mir entfernt.

Er nahm den Stein und, während er zwanglos weiterplauderte, warf er ihn wieder in die Luft, wobei ihn ein Dutzend Augenpaare erwartungsvoll beobachteten. Ich fühlte, daß etwas Seltsames geschehen würde und ließ den Stein nicht aus den Augen. Nun, da er auf dem Teppich lag, bemerkte ich eine leichte Veränderung seines Aussehens. Obgleich Größe, Form und Maserung genau dieselbe waren, war er jetzt farblich ein wenig heller als vorher.

Swami rollte ihn über den Teppich zurück zu mir. „Kannst du es jetzt essen?“ fragte er. Zu meiner Überraschung und Freude war es nicht mehr Felsgestein, sondern ein Zuckerklumpen. Baba brach ihn in Stücke und gab jedem von uns davon zu essen. Es war süß und köstlich, wie Bonbon. Ist dies eine Täuschung, dachte ich, sind wir alle hypnotisiert? Ich steckte deshalb ein Stück in meine Tasche. Ich habe es immer noch, und es ist immer noch Zucker.

Ich dachte an das bekannte Lied vom „Großen Zuckerberg“ und sagte scherzend zu ihm: „Ich wünschte, du würdest den ganzen Berg in Bonbons oder Schokolade verwandeln.“ Baba schien dies ernst zu nehmen oder vielleicht als eine Herausforderung. Jedenfalls erwiderte er ernsthaft, daß es nicht richtig wäre, zu sehr in den Haushalt der Natur einzugreifen.

Dann kam mir der Gedanke, daß mein Scherz ziemlich oberflächlich gewesen war. Wenn Willenskraft oder was für eine Kraft es auch immer sei, ein kleines Stück vulkanischen Gesteins in eine völlig andere Substanz umwandeln kann, warum dann nicht auch ein großes Stück? Und warum nicht in jede beliebige Substanz? Zum Beispiel Gold? Wie unerhört wichtig ist es also, daß ein Mensch, der die okkulten Gesetze der Natur versteht und anwenden kann, über der Natur stehen muß, d.h. jenseits der gewöhnlichen menschlichen Begierden wie Macht und materiellem Gewinn. Was könnte anderenfalls alles geschehen!

A.P. Sinnett[2] schrieb über dieses Thema im letzten Viertel des neunzehnten Jahrhunderts, als eine Reihe „physikalischer Phänomene" in der Öffentlichkeit bekannt wurden: „Es genügt zu sagen, daß diese Kräfte der Gesellschaft im allgemeinen nur schädlich sein und zu allen möglichen Verbrechen führen können, die unerkannt blieben, wenn sie von Personen verwendet würden, die sie nicht ausschließlich als ein zutiefst heiliges Vermächtnis ansehen würden." Er sagt weiter, daß solche Kräfte nur Unglück hervorrufen, wenn sie sich in den Händen von Leuten befänden, die sie zu egoistischen und skrupellosen Zwecken gebrauchen – wie es mit den Bewohnern von Atlantis gewesen sein soll.

In unserer heutigen Welt haben die Menschen der esoterischen Wissenschaften das Geheimnis entdeckt und besitzen die Macht, Materie in atomare Energie umzuwandeln, und dies stellt eine fortwährende Bedrohung für die Existenz der Menschheit auf dieser Erde dar. Sie haben auch gelernt, einfache Metalle in Gold zu verwandeln, aber das Verfahren ist zu teuer, als daß es ökonomisch interessant wäre. Ein schützendes Gesetz des Okkultismus ist, daß spiritueller und moralischer Fortschritt mit intellektuellem Fortschritt und der Wissensaneignung über die tieferen Naturgeheimnisse Schritt halten sollte. Wenn dieses Gesetz gebrochen wird, muß unweigerlich eine gefährliche Situation entstehen.

An einem schönen sonnigen Morgen ging ich mit Swami und den beiden Jugendlichen im Garten des Rundhauses spazieren. Baba trug ein ockerfarbenes Gewand, das trichterförmig und locker von den Schultern bis zum Boden fiel. Da Iris einige seiner Gewänder vor ein paar Tagen gebügelt hatte, wußte ich mit Sicherheit, daß sie weder Taschen noch Ecken enthielten, wo etwas versteckt werden konnte. Seine Ärmel waren gerade und locker geschnitten, ohne Manschetten. Er hatte nichts in den Händen.

Einer der jungen Männer wollte am nächsten Tag nach Bombay zurückfahren und deshalb Photos von Swami machen; dieser posierte also für einige Bilder. Hin und wieder, als wir schlenderten und miteinander sprachen, hielt Baba inne, um eine Beere oder Knospe von einem der Büsche zu pflücken. Diese untersuchte er jeweils mit der Konzentration und Bedächtigkeit eines Botanikers. Dann, nach einer Weile, warf er sie fort, als ob sie für seine Zwecke nicht ganz geeignet wären.

[2] Esoterischer Buddhismus, von A.P. Sinnett.

Schließlich pflückte er eine kleine Knospe von einem Busch, prüfte sie, schien zufrieden, reichte sie mir und sagte: „Behalte sie.“ Bald danach stiegen wir wieder die Treppen hinauf zum Haupteingang. Baba ging nicht in seine eigene Suite, sondern geradewegs in unsere. Er saß in einem Sessel, während die jungen Männer, meine Frau und ich uns um ihn auf dem Teppich versammelten.

Swami fragte nach der Knospe, die er mir gegeben hatte. Ich reichte sie ihm, und er hielt sie eine Weile in seinen Fingern und sprach über sie.

„Welche Blume ist das?“ fragte er.

Wir mußten zugeben, daß wir es nicht wußten. Er meinte, es könne eine kleine Rose sein, und wir stimmten zu.

Dann schaute er mich an und fragte: „Was soll ich aus ihr machen?“

Ich wußte nichts zu sagen und erwiderte deshalb: „Was du willst, Swami.“

Er legte sie auf die Handfläche seiner rechten Hand, machte eine Faust und blies hinein. Dann bat er mich, meine Hand auszustrecken. Ich schnappte nach Luft und meine Frau gab einen schrillen Freudenschrei von sich, als aus seiner theurgischen Hand, die die Blumenknospe hielt, ein strahlender, geschliffener Diamant auf meine offene Handfläche fiel. In der Größe glich er der Knospe, die völlig verschwunden war.

Dieses wunderschöne und überwältigende Produkt einer Verwandlungsmagie machte mir Baba in seiner Güte zum Geschenk. Ich habe es immer noch.

Wir saßen auf dem Boden um Baba herum und warteten auf den morgendlichen Vortrag, vielleicht eine jener wunderbaren Geschichten aus der indischen Mythologie, die den Geist in die tieferen Wahrheiten des Lebens führen. Bevor er jedoch zu reden anfing, zeigte er uns ein grünes Blatt und schrieb darauf mit dem Fingernagel. Dann reichte er mir das Blatt, aber ich konnte mit der Schrift nichts anfangen, die, wie er sagte, ein Sanskritmantram war.

Dann fragte er nach einem Buch, und eine der Damen, die diese Suite bewohnte, reichte ihm ihr Telugu-Grammatikbuch. Er legte das Blatt zwischen die Seiten, klappte es zu und klopfte ein paarmal auf seinen Deckel. Nun öffnete er es und nahm das Blatt heraus. Die Schrift war immer noch darauf, aber anstatt grün und frisch wie einen Augenblick vorher, war es nun braun und so trocken, daß es leicht zu Staub zerfiel.

Baba ließ das Buch nahe bei sich auf den Teppich fallen, sprach noch eine Weile und verließ dann den Raum. Angesichts dieses Wunders dachte ich mir, daß es in den Augen eines Skeptikers wohl keinen Bestand hätte: Das braune Blatt könnte vorher irgendwie in das Buch hineingebracht worden sein. So nahm ich das Buch auf und suchte zwischen seinen Seiten nach dem fehlenden grünen Blatt, aber ich konnte nichts finden.

Warum zweifle ich, fragte ich mich, wenn ich ihn doch so viele Dinge habe tun sehen, die ebenso unglaublich und unerklärlich waren. Sai Baba hat dieses Blatt irgendwie zum Verwelken gebracht, wie ein anderer, der über der Natur stand, es vor zweitausend Jahren mit einem Baum gemacht hatte.

Für das Blatt war es so, als ob viele Sommermonate in den einen magischen Augenblick hineinteleskopiert worden waren, als Baba auf das Buch klopfte.

Es ist gut möglich, daß es auf den feineren Ebenen der Existenz, die unsere physische Existenzebene durchdringen, Wesenheiten gibt, für die unser physikalischer Raum tatsächlich nicht existiert: Unser „Hier" und „Dort" wäre für sie ein und dasselbe. Die alte Weisheit lehrt, daß es solche Wesen gibt. Sie lehrt auch, daß ein physikalisches Objekt in eine feinere Substanz oder in ein „Energiesystem" aufgelöst werden kann, das durch irgendeine Vermittlung mit nahezu Lichtgeschwindigkeit bewegt und dann wieder in die Form des ursprünglichen Objektes zurückintegriert werden kann. Dies ist das generelle Prinzip hinter dem Phänomen, das als Apport bekannt ist; das heißt, soweit man es überhaupt verstehen kann.

In Horsley Hill zeigte Baba ein besonders bemerkenswertes Beispiel einer solchen Telekinese. Eines Abends saß eine Gruppe von uns auf einem Teppich in seiner Suite; dabei waren: Ramanatha Reddy, der Doktor, die jungen Männer, Iris und ich. Swami fragte mich nach meinem Geburtsjahr, und nachdem ich es ihm genannt hatte, sagte er, daß er mir eine in dem gleichen Jahr geprägte Münze aus Amerika besorgen würde.

Er begann, seine nach unten geöffnete Hand vor uns in der Luft kreisen zu lassen, machte vielleicht ein halbes Dutzend kleiner Kreise und sagte dabei: „Es kommt ... jetzt ... es kommt ... hier ist es."

Dann schloß er seine Hand und hielt sie vor mich und lachte, als er sich über meine Neugierde freute. Als die Münze aus seiner Hand in meine fiel, bemerkte ich als erstes, daß sie schwer und golden war. Bei näherer Untersuchung sah ich zu meiner Freude, daß es eine Originalprägung einer amerikanischen 10 $ Münze war, mit meinem Geburtsjahr unterhalb des Profilkopfes der Freiheitsstatue.

„Im gleichen Jahr geboren wie du", lächelte Swami. Was würden die Skeptiker dazu sagen, dachte ich. Würden sie einwenden, daß Baba eine Münzsammlung mit sich herumtrage, so daß er auch für mein Geburtsjahr eine passende Münze dabei hätte? Solche alten amerikanischen Münzen, die schon lange nicht mehr im Umlauf waren, wären auch für ihn in Indien nicht leicht über normale Kanäle zu bekommen.

Ich habe nicht die geringsten Zweifel, daß dies einer von Babas vielen echten Apporten gewesen ist. Während er seine Hand vor uns kreiste, hat irgendein Agent, der unter seinem Willen steht, die Goldmünze irgendwo dematerialisiert, sie mit raumüberwindender Geschwindigkeit transportiert und in Sai Babas Hand rematerialisiert.

Woher kam sie? Wer weiß es? Baba würde es niemals sagen; vielleicht von einem alten, versteckten, verlorenen, lange vergessenen Schatz, der nun keinem Lebenden mehr gehört.

Obgleich ich mittlerweile aus eigener Erfahrung, aus erster Hand sozusagen, wußte, daß Sai Baba alles andere als ein Betrüger war und daß seine Wunder echt waren, kam ich an dem Gedanken nicht vorbei, daß der Gebrauch von Sand als Medium für Materialisierungen Öl auf die Feuer der Skeptiker war. Zwar hatten einige seiner Anhänger mir erzählt, daß er tatsächlich alles, was er aus dem Sand hervorgebracht hatte, zu anderen Gelegenheiten auch ohne Sand, also aus der Luft produziert hatte.

Aber dennoch muß ein objektiver Erforscher dieser psychischen Phänomene, der die Geschichten der Sandwunder hört, die Fragen stellen: Werden die Gegenstände nicht vorher im Sand versteckt? Oder läßt Baba sie blitzschnell mit einem Trick hineingleiten, kurz bevor er sie ausgräbt? Ich vermute, daß für jeden, der weder die Wunder selbst gesehen noch die spirituell erhebende Gegenwart Babas je gespürt hat, die „Sandproduktionen" zweifelhafter sein müßten als „andere Produktionen". Aber dies lag daran, daß mir bis dato über solche Ereignisse auch noch nicht vollständig und ausführlich von einem sorgfältigen Beobachter berichtet worden war. Später machte ich meine eigenen genauen Beobachtungen von Sandwundern, sie wurden bestätigt von mehreren führenden Wissenschaftlern Indiens – aber ich greife der Geschichte vor.

Was meine Horsley Hill-Erfahrungen mit Babas „Sandproduktionen" betrifft, so sei zuerst klar gesagt, daß ich auf der Fahrt vom Rundhaus zum Ort der Wunder mit Sai Baba und Raja Reddy, dem Fahrer, vorne im Wagen saß. Baba hatte nichts in den Händen, und er trug sein gewöhnliches Gewand; keines der Objekte, die er später produzierte, konnte an ihm versteckt sein.

Einige Meilen vom Rundhaus entfernt hielten das Auto und mehrere ihm folgende Fahrzeuge am Straßenrand an. Wir alle stiegen aus und gingen zu einem etwa 50 Meter entfernt liegenden Sandflecken, den wir schon bei einer früheren Fahrt von der Straße aus gesehen hatten.

Baba bat die jungen Männer der Gruppe, ihm eine Sandplattform zu machen, so kratzten und schoben sie den Sand mit ihren Händen zusammen, um einen flachen, etwa 30 Zentimeter hohen und einen Quadratmeter breiten Sockel zu bauen. Baba setzte sich mit gekreuzten Beinen darauf, und die Gesellschaft gruppierte sich in einem Halbkreis um ihn. Ich war in der ersten Reihe der Zuschauer, genau am Rande der Sandplattform. Mir ging der Gedanke durch den Kopf, daß, wenn irgendein Objekt vorher hier, wo Baba saß, vergraben worden sei, er mehr als 30 Zentimeter tief durch den neu aufgehäuften Sand hindurchgraben müßte, um es zu erreichen.

Er begann wie gewöhnlich mit einem spirituellen Vortrag, der anscheinend immer die Harmonisierung und Reinigung der psychischen Atmosphäre bewirkt. Vielleicht ist dies eine notwendige Vorbereitung für die Wunder. Dann machte er mit seinem Zeigefinger eine Zeichnung auf die Oberfläche des Sandes gerade vor ihm und fragte mich, was es sei. Von meinem Platz sah es wie eine menschliche Gestalt aus; das sagte ich ihm.

Er lachte, und mit dem Ausdruck eines glücklichen Kindes, das am Strand spielt, häufelte er den Sand über der Zeichnung zu einem kleinen Hügelchen von etwa 15 Zentimetern Höhe auf. Immer noch mit dem Ausdruck freudiger Erwartung steckte er seine Finger ein wenig oben in den Hügel, vielleicht zwei bis drei Zentimeter tief, und zog, den Kopf zuerst, eine silbrig-glänzende Figur, wie die Zeichnung, die er gemachte hatte, heraus. Es war eine Statue des Gottes Vishnu, etwa von 10 Zentimeter Höhe. Er hielt sie hoch, so daß sie jeder sehen konnte, dann legte er sie zur Seite, glättete das Hügelchen vor ihm wieder zu einer ebenen Fläche und begann erneut über spirituelle Themen zu sprechen.

Bald machte er eine neue Zeichnung in den Sand, auf der gleichen Stelle wie vorher. Wieder häufelte er Sand darüber und machte daraus einen Hügel, diesmal breiter und flacher. Wieder lachte er glücklich und tastete mit den Fingerspitzen in die Spitze des Hügels hinein und kratzte etwas Sand fort; weniger als zwei Zentimeter darunter war eine Photographie. Er zog sie heraus und schüttelte die gelben Sandkörnchen ab und hielt sie hoch, damit wir sie sehen konnten. Es war ein glänzender Schwarz-Weiß-Abzug, etwa 25 x 20 Zentimeter.

Er reichte ihn herum, so daß einige ihn sich näher ansehen konnten, und später in unserem Quartier untersuchte ich ihn in alle Ruhe. Es war ein Photo der Hindu-Gottheiten und Avatare, die in zwei Reihen standen und eine nach vorn gerichtete Pfeilspitze bildeten, mit Lord Krishna im Vordergrund an der Spitze.

Köpfe von Sathya Sai Baba und Shirdi Baba waren als kleine Einfügungen am Körper Krishnas zu sehen. Ich hatte das Gefühl, daß dieser Abzug nicht in einem irdischen Studio hergestellt worden war. Baba gab ihn später Herrn und Frau T.A. Ramanatha Reddy, unseren Gastgebern. Er stand mit der ausgegrabenen Vishnu-Statue einige Tage lang auf einem Seitentisch im Speisesaal des Rundhauses.

Andere in gleicher Weise aus dem Sand geholte Gegenstände gingen an verschiedene Leute aus der Zuhörerschaft. Darunter befanden sich zum Beispiel eine japamālā (Rosenkranz) für Herrn Niak, den Verwaltungsdirektor des Kolar-Distrikts, und ein Anhänger, der einem Zollbeamten gegeben wurde.

Es gab eine höchst wertvolle Materialisierung aus diesem Sandflecken, von der wir alle einen Teil abbekamen. Baba zeichnete wieder eine Skizze, die ich von meinem Platz aus als eine Art Behälter identifizierte. Dann kratzte er wie gewöhnlich die obere Sandschicht mit offenen Händen fort, um einen kleinen Hügel über der Zeichnung zu machen. Er machte eine kleine Pause, lächelte entzückt, tastete in die Spitze des Hügels hinein und holte einen silberfarbenen Behälter heraus. Er war rund mit einem Hals und Schraubverschluß. Der Durchmesser des bauchigen Teiles betrug schätzungsweise 6 Zentimeter.

Sai Baba schraubte den Verschluß auf, und ein wunderbarer Duft erfüllte die Luft. Er legte dann den Behälter beiseite und vollzog erneut die gleiche Prozedur mit Zeichnung und Hügelchenbauen. Diesmal war das Ergebnis ein goldener Löffel, in der Art eines kleinen Teelöffels. Damit rührte er den Inhalt des Gefäßes, stand auf und begann, jedem der Zuschauer etwas davon zu geben.

Wie die anderen öffnete ich meinen Mund, während er mir einen Löffel voll auf meine Zunge goß. Mir kam das Wort: „ambrosisch" in den Sinn; es schien nichts Geringeres als diese Speise der Götter zu sein; es war wie eine Mischung der Essenzen der himmlischen Früchte, die göttlichen Archetypen der köstlichsten irdischen Früchte. Der Geschmack ist ganz unbeschreiblich; man muß ihn selbst erfahren haben.

Die Devotees nennen diesen herrlichen Nektar „amrita", welches ziemlich die gleiche Bedeutung wie Ambrosia hat – die Speise der Unsterblichen. Einige Devotees, einschließlich einiger Westler wie Nirmalananda und Gabriela, hatten mir erzählt, sie hätten gesehen, wie Baba es zu besonderen Gelegenheiten aus dem Sand produziert hatte. Alle versuchten vergeblich, den außergewöhnlichen Geschmack und das Aroma zu beschreiben. Andere, einschließlich Dr. Sitaramiah, hatten mit eigenen Augen gesehen, wie Baba amrita herstellte, indem er es einfach aus seiner Hand preßte oder auch auf ganz andere Weise. Aber alle hatten seit drei Jahren keine Materialisation von amrita mehr gesehen, und ich war sehr dankbar, daß Baba mir und meiner Frau diese persönliche Erfahrung eines so aufregenden und tief-bewegenden Wunders geschenkt hatte. Zeugen dieses Ereignisses in Horsley Hill waren etwa 45 Männer und mehr als ein Dutzend Frauen. Baba ging herum und gab jedem etwas, außer den Frauen, die im Rundhaus wohnten. Es gab genug amrita, so daß jeder einen Löffel voll bekam und die Schale immer noch nicht leer war.
Baba übergab sie mir, um sie in unsere Unterkunft zurückzutragen. Ich fühlte mich sehr geehrt und hielt sie vorsichtig in meiner Hand, als wir die scharfen Kurven zur Spitze des Hügels hinauffuhren. Sand klebte immer noch an den Ornamenten, die in das silberne Metall eingraviert waren, welches – wie man mir sagte – das heilige pancaloha-Metall sei. Auf dem Balkon des Rundhauses gab ich das Gefäß Baba zurück, und er ging sofort herum und gab jeder der Damen etwas, die die „Speise der Götter" noch nicht gekostet hatten.

Später fragte ich mich manchmal, was wohl mit dem kleinen

Gefäß geschehen war. Etwa ein Jahr später erzählte mir ein Devotee aus Bombay, daß er Baba ein oder zwei Tage nach dem Ereignis in Horsley Hill besucht und das pancaloha-Gefäß als Geschenk bekommen habe. Es hatte immer noch etwas amrita enthalten, das er und seine Familie genossen hätten, und das Wundergefäß belege nun einen Ehrenplatz in seinem Haus.

So erhielt ich also die Antworten auf die beiden Fragen, die mir von meinem inneren Erforscher psychischer Phänomene gestellt worden waren. Erstens: Die Gegenstände konnten nicht vorher in dem Sandflecken versteckt worden sein, damit Baba sie nur herauszunehmen brauche, denn sie kamen aus der Spitze des Hügelchens, das vor unseren Augen hergestellt worden war, und dieses wiederum befand sich auf einem 30 Zentimeter dicken Sandsockel, der ebenfalls unter unseren Augen gebaut worden war. Zweitens: Sogar für den Fall, daß Baba die Gegenstände nachts, ohne daß ich es gesehen hätte, zu dem Sandflecken gebracht hätte, was absolut unmöglich war, hätte er nicht einmal mit den geschicktesten Tricks solche Gegenstände wie glitzernde Statuen, ein großes Photo, eine sperrige japamālā und ein leuchtendes Nektargefäß unbemerkt vor unserer Nase in den Sand stecken können. Wenn doch, wäre er den besten Trickspielern hoch überlegen und könnte als Bühnenkünstler Geld und Ansehen erwerben.

Ganz abgesehen von der mirakulösen Produktion solcher Gegenstände bleibt noch das seltsame Wunder des amrita selbst – seine ambrosische außerirdische Qualität, seine Kraft (wie bei mehreren Gelegenheiten gezeigt), sich zu vermehren, um den Bedarf all derjenigen zu decken, die zufällig anwesend sind. Ich wollte zu gern wissen, was seine eigentliche Bedeutung war. Bei der nächsten Gelegenheit, beschloß ich, würde ich Sai Baba danach fragen.

9. Rückkehr nach Brindavanam

Und ich merkte nicht, mein König,
wie Du mir viele vergängliche Augenblicke
mit dem Siegel der Ewigkeit versahst.
– RABINDRANATH TAGORE –

Bei einem Gruppentreffen am Tag, nachdem Swami amrita produziert hatte, fragte ich ihn nach dessen tieferer Bedeutung. Er erzählte den Hindu-Mythos über seine Entstehung, der in Kürze wie folgt lautet:

In alter Zeit verfluchte ein großer Rischi den König der unteren Gottheiten, Indra (anscheinend hatten einige der Rischis solche enormen Kräfte). Infolge dessen begannen die Götter und die drei Welten ihre Kraft zu verlieren. Vishnu, der Erhalter, einer der Trinität, die die Höchste Hindu Gottheit bildet und daher höher als Indra steht, bot den Göttern eine Lösung an. Er sagte ihnen, daß sie, um sich zu erretten, den Ozean aus Milch schlagen (buttern) müßten, bis sie aus ihm das stärkende Elixier, amrita genannt, gewonnen hätten. Dieser Nektar würde den schwächenden Fluch des Rischis überwinden und die Kräfte der Götter und der drei Welten, über die sie die Herrschaft haben, wieder erneuern.

Für diese Operation, sagte Vishnu ihnen, könnten sie als Rührstock den Berg Mandara und als Seil für den Stock, um ihn zu drehen, die große Schlange Vasuki nehmen. Außerdem, so sagte er, müßten die Götter mit den Dämonen einen Bund schließen und sie überreden, an einem Ende des Seils zu ziehen (der Schlange), während die Götter an dem anderen zögen. Auf diese Weise könne der Berg Mandara wie ein Quirl in einem alten Hindu-Butterfaß gedreht werden.

Bei der großen Umrühraktion traten viele Schwierigkeiten auf. Die arme Schlange beispielsweise wurde ziemlich geschunden, und ein Strom von Gift ergoß sich aus ihrem Mund, der alle Kreaturen zu vernichten drohte. Um die Situation zu retten, erschien Shiva, ein anderes Mitglied der hohen Trinität, und trank das Gift. Der einzige Schaden, den er davontrug, war ein leicht verbrannter Rachen, dort blieb ein blauer Fleck. Aus diesem Grunde wird Shiva auch „Nilakanta“, das heißt „blauer Rachen“, genannt.

Am Ende jedoch brachte das Umrühren guten Erfolg, und viele

wunderbare Dinge kamen aus dem Milchozean als Nebenprodukte des Rührens hervor. Dann erschien das Hauptprodukt: Dhanvantari, der Arzt der Götter und nebenbei der Erfinder des Ayurvedischen Medizinsystems, welches heute noch in Indien angewendet wird. Als er aus dem Ozean hervortrat, hatte er eine leuchtende Schale mit amrita in der Hand, das Elixier ewiger Jugend und Stärke. Sofort entrissen ihm die flink begreifenden Dämonen die Schale und flohen. Aber um den Göttern zu helfen, erschien Vishnu unter den Dämonen als verführerische Frau. Darauf vergaßen sie den kostbaren Trank der Unsterblichkeit und begannen, sich untereinander um den Besitz der Frau zu streiten. Während dieses Streits ergriff Vishnu die Schale und trug sie zu den verzweifelten Göttern. Diese tranken begierig, jeder seinen Teil, bis die Schale leer war. Auf diese Weise gewannen sie ihre unsterbliche Kraft wieder und gaben den Götterwelten und Menschen damit neue Macht und Stärke.

Baba sprach dann über die symbolische Bedeutung der Geschichte. Der „Rahm" der Wahrheit, Weisheit und Unsterblichkeit, symbolisiert durch das amrita, muß aus dem großen kosmischen Ozean, dem Universum der Erscheinungen, in dem wir leben, „herausgeschlagen" werden. Weil das Universum auf dem Prinzip der Gegensätze basiert und arbeitet, sind sowohl die bösen Kräfte (Dämonen) als auch die guten Kräfte (die Götter) für das „Buttern" notwendig – das heißt, für den fortwährenden Kampf im Leben der Menschen. Aber unglücklicherweise sind die meisten Menschen wie die Dämonen: Sie vergessen das unbezahlbare Produkt, Unsterblichkeit, auf ihrer Jagd nach vergänglichen Sinnesfreuden, symbolisiert durch die Illusion der verführerischen Frau.

„Wenn erst anrita, das heißt „Falschheit" in den Charakter eindringt", sagt Sai Baba, „verliert der Mensch den Kontakt mit amrita. Wer falsch ist, sich vor der Wahrheit fürchtet, blind ist gegenüber seinem glorreichen Erbe der Unsterblichkeit, der stirbt viele Tode." Wenn also, erklärt er, die Menschen dem Stolz, der Abhängigkeit, der Irrealität anheimfallen, müssen ihre Gedanken und Gefühle wie beim Buttern geschlagen werden, um den „Rahm" der spirituellen Wahrheit hervorzubringen. Die Gruppen an den Enden des Seiles sind jeweils „die vorwärtstreibenden und die niederziehenden Einflüsse" – die Götter und die Dämonen, oder, anders betrachtet, die göttlichen und die animalischen Kräfte in uns selbst.

Nach etwa zwölf Tagen auf den „Olympischen Höhen“ in Horsley kehrten wir nach Whitefield zurück. Auf dieser Fahrt hatten Iris und ich die Ehre und Freude, mit Swami im ersten Wagen zu fahren. Über viele Kilometer sang Baba mit uns Lieder zum Lobe Gottes, die meisten waren von ihm selbst komponiert. Einige davon hatten wir täglich im Aschram bei den bhajan-Sitzungen oder anderswo mit Baba gesungen.

Als wir gerade in ein Dorf fuhren, das an der Straße lag, überholten uns zwei vollbesetzte Personenbusse, deren Insassen Baba erkannten. Sie hielten vor uns an, mitten auf der Dorfstraße, bildeten einen dichten Haufen und versperrten so die Straße. Meine eigene Intuition wäre gewesen, laut zu hupen und die Weiterfahrt durch die wild aussehende Gruppe zu erzwingen. Aber Swami scheint niemals irgendeine Aufregung oder Verärgerung angesichts von Massen einfachster Leute zu verspüren, die ihn oft umringen. Die einzigen Reaktionen, die ich jemals von ihm gesehen habe, sind Liebe und Verständnis, obgleich die Leute manchmal alle Hemmungen verlieren in ihrem Wunsch, ihm nahezukommen und ihn zu berühren. Bei dieser Gelegenheit sagte Baba dem Fahrer, er solle halten, dann öffnete er sein Seitenfenster, lehnte sich hinaus und gab seinen Segen. Als die Menge sich nun glücklich lächelnd vor uns auflöste, fuhren wir langsam hindurch, während Baba winkte und zu den Leuten auf beiden Seiten sprach. Es war wie eine Fahrt mit einer königlichen Person, sogar noch beeindruckender. Auf den Gesichtern dieser Leute vom Lande war ein Strahlen, das einen fast zu Tränen rührte.

In Brindvan entschied Swami, daß wir beide mit ihm im großen Haus wohnen sollten, aber nicht im großen Schlafsaal, weil die Gruppe nun kleiner als vorher war. Er gab uns ein Zimmer mit Badezimmer für uns allein. Hier erlebten wir einige neue Facetten seines Charakters.

Bevor wir einzogen, rief er einige junge Männer, die immer freudig bereit sind, ihm zu dienen, und ließ sie den Raum gründlich reinigen und die Möbel zurechtstellen. Ich habe niemals Inder sich so schnell bewegen noch so gründlich arbeiten sehen, wie sie es hier unter Swamis Aufsicht taten. Er wollte weder mich noch meine Frau einen Handschlag helfen lassen, doch legte er selbst Hand an. Von irgendwoher brachte er hübsche Teppiche, Vorhänge und Gardinen. Zum Schluß führte er uns in die Wohnung und entschuldigte sich, daß der Raum nicht komfortabler sei. Aber wir mochten ihn sehr gern. Und wir konnten nicht anders, als Swami in seiner neuen Rolle als Arbeitsaufseher und Innendekorateur zu bewundern. Was immer er tut, auf welcher Ebene immer es sei, es ist von höchster Qualität.

Etwas an dieser Wohnsituation gefiel uns besonders, daß Baba nämlich gelegentlich ganz zwanglos und ohne Ankündigung hereinschaute: Er setzte sich eine Weile und unterhielt sich mit uns, dabei beantwortete er uns unausgesprochene Fragen oder erkundigte sich, wie unseren Mägen die scharfen indischen Speisen aus der Kantine bekämen. Die Speisen enthielten tatsächlich reichlich Chilli, so daß wir es für besser hielten, einige Mahlzeiten auszulassen und nur Früchte auf dem Zimmer zu essen.

Einmal fragten wir nach ein paar Scheiben Brot, eine Sache, die in der Kantine unbekannt war. Baba schickte daraufhin ein Auto nach Bangalore, um Brot und andere Lebensmittel für unseren westlichen Gaumen zu holen. Das Auto kam mit einem feinen Paket zurück: Brot, Butter, Marmelade, Kuchen, Käse und Konserven mit Spezialgetränken wie Ovomaltine und Bournvita. Aber einige Devotees müssen gehört haben, daß wir um Brot gebeten hatten, denn es kamen immer wieder Boten an die Tür, die mit Brotlaibern beladen waren. Wir hatten bald genug, um einen Bäckerladen aufzumachen. Aber das ist typisch für die Brüderlichkeit und Großzügigkeit unter den Baba-Devotees.

Baba beschloß, meiner Frau und mir die Hindu-Zeremonie, die als shastipūrti bekannt ist, zuteil werden zu lassen. Dies ist eine Art Wiedervermählung, die vollzogen wird, wenn der Ehemann den sechzigsten Geburtstag erreicht hat. Zu dieser Feier schenkte Swami Iris einen wunderschönen neuen Seidensari und mir einen weißen Seidendhoti und angavastra und sagte, daß es richtig sei, zu dieser Gelegenheit neue Kleider anzulegen.

Ein junges Paar aus einer Familie von Baba-Devotees wurde zuerst getraut, und wir konnten mit der großen Menge, die sich in der Haupthalle versammelt hatte, dabei zusehen. Nach etwa einer Stunde kamen wir an die Reihe. Wir saßen mit übereinandergeschlagenen Beinen auf einem niedrigen Podest, während zwei Priester aus Prashanti Nilayam das bunte Ritual ausführten. Vor uns lagen eine große Kokosnuß, einige Bananen; Schüsseln mit Reis, Sandelholzpaste, Safran, Kumkum (rotes Pulver), Räucherstäbchen und andere Dinge. Diese waren wichtige Bestandteile des Rituals. Die Priester sangen Sanskrit-Mantras und zu bestimmten Zeiten sprenkelten sie (oder wir unter ihrer Anleitung) etwas aus einer der Schüsseln auf die Kokosnuß oder bestrichen sie mit einer Paste.

Baba saß an der Seite, schaute zu und gab manchmal Anweisungen für die Prozedur. Im rechten Augenblick trat er vor, bewegte seine magische Hand in gewohnter Weise und materialisierte zwei Goldringe, jeder besetzt mit einem großen kostbaren Stein. Einer war für mich, um ihn an den Finger meiner Frau zu stecken, der andere für sie, um ihn an meinen zu stecken. Danach gab uns Baba lange Blumengirlanden, um uns damit gegenseitig zu schmücken, und eine wurde uns beiden gegeben, damit wir sie gemeinsam Baba um den Hals legten. Die Zeremonie endete mit einem gemeinsamen Gesang der beiden Pandits, der, wie man uns sagte, den Segen für ein langes Leben unter dem Schutz und der Führung von Sathya Sai Baba erbat.

Das ganze Ritual war überstrahlt von der warmen Liebe, die von Swami ausgeht. Wir hatten das Gefühl, daß sich vierzig Minuten lang unsichtbare, wohltuende Kräfte auf uns und unsere eheliche Verbindung konzentriert hatten. Auf diese Weise wurde sie erneuert und mit höchstem Segen beschenkt.

Am nächsten Tag erfolgte die Zeremonie, die, wie Baba sagte, dem shastipūrti folgen müsse: die Speisung und Kleidung der Armen. Es hatte sich in den Dörfern in der Nachbarschaft herumgesprochen, und etwa eintausend Arme – Männer, Frauen und Kinder – kamen zu uns nach Brindāvan. Sie saßen in Reihen, um ein kräftiges Reisgericht, gekocht und serviert von einigen Baba-Devotees, entgegenzunehmen.

Dann wurden etwa 60 der erbärmlichsten Männer und ebensoviele Frauen zu beiden Seiten des Weges in den inneren Garten gesetzt. Jede Frau sollte einen Sari und jeder Mann einen Dhoti bekommen. Da es unser Fest war, war es Iris' und meine Aufgabe, diese Sachen zu überreichen, aber Sai Baba hatte sie zur Verfügung gestellt.

Swami, der Spender, hielt sich außer Sichtweite, während Raja Reddy, der viele derartige Gelegenheiten mitgemacht hatte, die Aushändigung beaufsichtigte. Er beauftragte mehrere junge Devotees, die großen Kleiderstapel zu tragen, während auf der einen Seite meine Frau die Saris ausgab und ich auf der anderen die Dhotis. Einige dieser armen Seelen versuchten, aus Dankbarkeit meine Füße zu berühren, und da mich das in Verlegenheit versetzte, erzählte ich jedem, daß die Gabe von Sai Baba sei. Ob sie nun Englisch verstanden oder nicht, den gesegneten Namen kannten sie.

Für eine große Zahl dieser Elenden war Sai Baba eine Inkarnation der göttlichen Vorsehung. Anläßlich des großen Dasara-Festes im Oktober zum Beispiel speiste er Tausende dieser armen Menschen, die sich für seinen Segen in Prashanti Nilayam versammeln. Manchmal teilt er persönlich den Nachtisch aus, indem er eine gute Portion auf den Blatteller eines jeden der Tausenden tut. Dann erhalten auch die Alten und Gebrechlichen, die Krüppel und Blinden neue Kleidung.

Abgesehen von dem bedeutenden zeremoniellen Ereignis des Shivarātri führt Sai Baba normalerweise vor großem Publikum keine spektakulären Materialisationen aus, aber ich sah es ihn einmal zu Ehren von Dr. Modi tun – und es hätte kaum einen würdigeren Empfänger geben können.

Dr. Shree Muragappa Chennaveerappa Modi ist in ganz Indien und in medizinischen Kreisen im Ausland als Augenchirurg und Ophthalmologe bekannt. Aber für die sechs Millionen Blinden in Indien ist er mehr als das. Er ist die Hoffnung auf Licht in ihrer Dunkelheit. Sie nennen ihn „unser Bruder, der das Augenlicht gibt". Als Sohn eines Kaufmanns aus Bombay wurde er 1940 Arzt und spezialisierte sich in der Augenchirurgie.

„Viele meiner Patienten mußten eine kostbare Kuh oder sogar ihre Lehmhütte verkaufen, um zur Behandlung anreisen zu können", erinnerte er sich, „deshalb beschloß ich, zu ihnen zu gehen."

Im Jahre 1943 gab er seine Privatpraxis auf und begann seine jetzt berühmten kostenlos behandelnden Augen-Camps aufzubauen. Mit seinem Hauptquartier in der Mysore-Stadt Davangere betreut er ein Gebiet von etwa 480 000 Quadratkilometern, mit einer Bevölkerungszahl, die fast so groß ist wie die der Vereinigten Staaten von Amerika.

Gewöhnlich baut er sein fahrendes Hospital in einer Schule auf, die ihm von den dankbaren Stadtbehörden zur Verfügung gestellt wird. Jeder im Distrikt, ob arm oder reich, kann kommen und sein Augenleiden untersuchen und kostenlos behandeln lassen. Im Schulgebäude wird freier Krankenaufenthalt gewährt. Das Augencamp bleibt normalerweise etwa zwei Wochen lang da, und Dr. Modi behandelt in dieser Zeit Tausende von Fällen.

Er korrigiert Schielen und andere Augenfehler, die Masse der Operationen bezieht sich auf grauen Star. Er hat hierin ein hohes Maß an Geschicklichkeit entwickelt, und es ist bekannt, daß er mit Hilfe ausgebildeter Assistenten über 700 Staroperationen an einem Tag ausgeführt hat. Diese Fließbandgeschwindigkeit ermöglicht es ihm, große Menschenmassen zu behandeln, und anscheinend leidet die Effizienz nicht darunter. Seine Star-Operationen sind zu 99 % erfolgreich. Seitdem er vor fast 25 Jahren seinen Kreuzzug gegen Blindheit begann, hat Dr. Modi mehr als 100 000 Menschen das Augenlicht wiedergegeben. Staatliche und einige örtliche Gesundheitsbehörden, philanthropische Gesellschaften und einige reiche Einzelleute zahlen die Unkosten der Camps. Aber Dr. Modi selbst akzeptiert keine Bezahlung.

Ich traf Herrn Modi, als er nach Whitefield kam. Er war dort mit Mr. Niak, dem Bezirksdirektor, um Sai Baba nach Kolar zu fahren. Baba hatte sich bereiterklärt, bei der Schlußveranstaltung eines Augen-Camps zugegen zu sein, welche dort, etwa 30 Meilen von Whitefield entfernt, stattfinden sollte.

Zu meiner Freude wurde ich eingeladen, mit ihnen dorthin zu fahren. Ebenfalls im Auto waren Raja Reddy und Seshgiri Rao, der in Whitefield lebt und ein Cousin meines Freundes G. Venkateshwara Rao aus Madras ist. Als wir am frühen Nachmittag in der heißen Sonne unterwegs waren, beantwortete Dr. Modi unsere Fragen über seine Arbeit. Er ist ein Mann Ende Vierzig, kräftig gebaut, mit einer leuchtenden Glatze und großen, gütigen Augen. Ich bemerkte bei ihm einen westlichen Einfluß in Art und Redeweise und verstand, warum, als er mir erzählte, daß er während der drei Monsunmonate, wenn das Reisen für seine Patienten schwierig sei, nach Amerika, England und anderen Ländern reist, um sich so über neue Techniken der Augenchirurgie auf dem laufenden zu halten.

Draußen, vor dem großen Schulgebäude, in dem die Augenklinik eingerichtet worden war, wartete eine Menge von etwa 5 000 Menschen. Wir wurden zur geschmückten Bühne geführt. Zuerst hielt der Bezirksdirektor eine kurze Ansprache, danach ging Modi, der neben mir seitlich an der Bühne gesessen hatte, zum Mikrophon. Da er im örtlichen Dialekt sprach, konnte ich nicht viel von dem, was er sagte, verstehen, eine Sache jedoch schnappte ich auf: Er sagte, obgleich er an der Heilung körperlicher Blindheit arbeite, seien wir doch alle spirituell blind, bis unser inneres Auge von einem großen Lehrer wie Sai Baba geöffnet würde.

Als er geendet hatte, noch bevor er zu seinem Platz zurückgekehrt war, stand Baba neben ihm und ließ mehrfach flink seine theurgische Hand kreisen. Man konnte einen goldenen Blitz sehen, als zwischen Babas Daumen und Zeigefinger ein solider goldener Ring, mit einem großen Rubin besetzt, erschien. Diesen steckte er geschickt und fest auf des Doktors Mittelfinger. Eine tiefe Stille lag über der Zuschauermenge, bevor sie dann in begeisterten Applaus ausbrach. Der Doktor war vollkommen überwältigt von seinen Gefühlen, als er sich wieder setzte, und ließ mich und andere den schönen Ring ausführlich betrachten. Er paßte auf seinen Finger, wie dafür angefertigt.

Sai Baba beginnt gewöhnlich seine Ansprache mit einem bhajan-Lied, das er mit seiner göttlich lieblichen Stimme vorsingt; dann spricht er etwa eine Stunde oder länger und singt dann zum Schluß mit der Menge weitere heilige Lieder. Seine Reden und Predigten, die er ohne Notizen, aber äußerst flüssig und mit kraftvoller Rhetorik hält, versetzen seine Zuhörerschaft immer in atemlose Stille. So war es auch an diesem Tag.

Nach einer gewissen Zeit schlich sich Seshgiri Rao, der unser Fahrer war, davon. Dies war ein Teil der Fluchtstrategie, die immer je nach den Umständen des Ortes, bzw. der Gelegenheit, notwendig war. Anderenfalls würde Baba von den Tausenden, die ihm nahe sein und und seine Füße berühren wollten, erdrückt werden. Es war vorauszusehen, daß es hier einen besonders schwierigen Abgang geben würde. So ging ich auf Rajas Rat gegen Ende von Babas Rede ebenfalls hinaus.

Direkt hinter der Bühne war die Schule. Ich ging durch sie hindurch und nahm an, Seshgiri Rao auf der anderen Seite im Auto wartend anzutreffen. Aber er war nicht da. Ich ging um die Ecke, dorthin, wo wir das Auto hatten stehen lassen, und sah ihn am Steuer sitzen, umgeben von einer kleinen wartenden Menge. Er erklärte, daß er erst im allerletzten Moment, wenn Sai Baba herauskäme, vor den Schuleingang fahren würde. Babas weißes Auto würde schnell identifiziert werden, sagte er, und eine große Menschenmenge würde sich schnell darum scharen, sobald sie es entdeckte. So saßen wir zusammen und warteten und sprachen über die Wunder von Sai Baba.

Seshgiri trug einen Ring, der identisch war mit dem, den

sein Cousin G. Venkateswara immer trägt. Er ist mit einem großen Smaragd besetzt, umgeben von kleinen Diamanten, und durch den Smaragd kann man genau die Silhouette von Sai Babas Kopf und Schultern sehen. Ich bat ihn, mir über dessen Herkunft zu erzählen, da ich wußte, daß dahinter eine interessante Geschichte stecken würde. Baba, sagte er, habe den Ring auf seine gewohnte Weise mit dem Handkreisen produziert. Aber zuerst habe er in dem Smaragd nicht dieses Baba-Bildnis gehabt. So habe er also Baba gesagt, daß er eigentlich einen Ring mit seinem Bildnis darin hatte haben wollen, einen mit Steinen könne er sich selbst kaufen. Als Swami dies hörte, habe er den Ring an sich genommen, ihn einen Augenblick in seiner Hand gehalten und ihn dann zurückgegeben. Die unverkennbare Silhouette war in dem Stein erschienen, während Baba ihn noch in seiner Hand hielt. Dann produzierte Baba mit einem weiteren Handkreisen das Zwillingsstück für G. Venkateswara Rao, das das gleiche Sai-Bildnis trug.

Wir hörten, wie das bhajan-Singen begann und nahmen dies als Startzeichen für unsere Vorbereitung zur Abfahrt. Am Ende des zweiten Liedes fuhren wir in der falschen Richtung davon, um die Menge in die Irre zu führen, dann fuhren wir wieder zurück und hielten draußen vor der Schultür auf der entgegengesetzten Seite der Versammlung. Der Gesang verstummte, dann minutenlanges Schweigen, aber Baba erschien nicht wie erwartet in der Tür.

Dann wurden wir entdeckt. Die Menge lief auf uns zu die Straße entlang. Bald waren wir eine Insel in einem großen Meer von Menschen, die von allen Seiten stark gegen das Auto drückten. Jedes Fenster war wie eine Filmwand aus menschlichen Gesichtern und Augen, und im Auto wurde es heiß, eng und stickig. Wo immer wir hinschauten, war eine dichte Menschenmasse. Wenn man im Zentrum einer solchen Menge ist, fühlt man, daß sie nicht eine Anzahl einzelner Individuen ist, sondern ein großes vernunftloses Tier, das zu allem fähig ist. Es wäre nicht klug gewesen, wegzufahren, weil wir jemanden hätten verletzen können. Wir saßen in der Falle. Gerade als ich glaubte, aus Luftmangel ohnmächtig zu werden, erschienen ein paar Polizeibeamte und bahnten einen Weg, durch den Swami gelassen, heiter und lächelnd auf uns zukam. Raja war direkt hinter ihm. Kaum waren sie eingestiegen, machte die Polizei einen Weg vor dem Auto frei. Seshgiri Rao ließ den Motor aufheulen wie jemand, der vor der

Gefahr Reißaus nimmt. Aber Baba rief vom Rücksitz: „Langsam, langsam!" Er hieß uns die Wagenfenster herunterkurbeln, während wir uns durch die Menge schlängelten, und gab den Leuten auf beiden Seiten seinen Segen mit Hand und Worten.

Nun war die Masse kein Tier mehr; sie wurde zu einer Ansammlung menschlicher Wesen, erwärmt von einer großen Vision. Einige warfen sich zu Boden, andere liefen neben dem Auto her und riefen glücklich: „Sai Baba, Sai Baba!", in ihren Augen und Gesichtern leuchtete das Licht der Liebe und Freude.

Herr Niak war in einem anderen Auto vorgefahren, und nun fuhren wir zu seinem großen Haus, das in einem weiten, von hohen Mauern umgebenen Park lag. Als wir durch das Tor kamen, ging es hinter uns zu. Aber nicht lange danach hörten wir draußen eine rufende Menschenmenge.

„Sie haben die Kinder nach vorne genommen und wollen damit erreichen, daß wir das Tor öffnen", bemerkte der Bezirksdirektor.

Baba lächelte mild. Nach einer Weile gab er zu unser aller Schrecken die Anweisung, das Tor zu öffnen. Vom Fenster beobachtete ich, wie die Masse hereinströmte, wie Wasser durch einen gebrochenen Damm. Swami ging hinaus, der Flut zu begegnen. Der Direktor und andere folgten ihm, und bald sah ich im Dämmerlicht, wie die Menge ruhig in einem Kreis saß. Baba ging herum, so daß alle ihn von Nahem sehen, viele sein Kleid und seine Füße berühren konnten, einige mit ihm sprechen und manche das heilige vibhūti aus seiner Hand empfangen konnten.

An diesem Tag wurde Dr. Modi ein Teil der großen Sai-Familie. Zu Beginn des folgenden Jahres lud Baba ihn ein, eines seiner humanitären Augen-Camps in Prashanti Nilayam selbst abzuhalten. Aus großen Entfernungen kamen Menschen zur kostenlosen Behandlung, und viele Aschrambewohner arbeiteten als Krankenhelfer. Später im selben Jahr sah ich den großen Doktor eine aktive Rolle spielen in der Sathya Sai Welt-Konferenz in Bombay.

Als der Juni in Brindāvan zu Ende ging, hatten wir das Gefühl, daß unsere Tage an diesem ruhigen Ort, wo Sai Baba uns mehr als je an Lord Krishna erinnerte, sich dem Ende näherten. Er hatte versprochen, Iris und mich nach Prashanti Nilayam mitzunehmen, aber er hatte nicht gesagt, wann.

Gerüchte verbreiteten sich, daß er abreisen wolle. Wir kannten inzwischen seine Art, ohne Warnung aufzubrechen; deshalb planten wir, was wir mitnehmen wollten und packten es schon für eine schnelle Abreise zusammen. Wir waren fest entschlossen, uns nicht ein zweites Mal so überraschen zu lassen.

10. Ein ganz besonderer Ort

Alle Orte, die das Auge des Himmels besucht,
sind für den Weisen Zuflucht und glücklicher Hafen.

– WM. SHAKESPEARE, King Richard II –

Eines Abends, als Baba mit einer Familie von Devotees in Bangalore speiste, ging in Brindvan das Gerücht um, daß er am nächsten Morgen nach Puttaparthi abreisen wolle. Jeder schien sich dessen ganz sicher; deshalb packten wir die letzten Sachen zusammen.

Am nächsten Morgen vor dem Frühstück kam Baba in unser Zimmer, schaute überrascht auf die bereitstehenden Koffer und sagte: „Was, ihr reist ab?“ „Wir haben gehört, daß Du heute nach Puttaparthi abreisen würdest, Swami, deshalb...“. „Nein, nein“, unterbrach er, „aber ich gehe heute nach Madras, nur für eine Nacht. Möchtest du mitkommen?“ Er richtete die Frage nur an mich. Es sollte anscheinend eine reine Männergesellschaft sein.

Nach dem Frühstück fuhren wir los – Raja am Steuer, zwei andere Männer, Baba und ich. Wenige Kilometer von Whitefield entfernt hielten wir an einer Tankstelle, und bevor der Tank gefüllt war, hatte sich eine Menschenmenge um das Auto versammelt. Unter ihnen befand sich eine Bettlerin, der Swami Geld gab. Ich habe nie gesehen, daß er an einem Bettler vorbeiging, ohne ihm etwas zu geben. Sogar wenn einer abseits der Straße steht und das Auto schnell fährt, hält Baba an und gibt dieser unglücklichen Person irgendetwas als Ausdruck seiner Liebe und seines Mitgefühls.

Auf dieser Fahrt nach Madras saß Baba zwischen mir und einem Jugendlichen von etwa 16 Jahren. Man weiß nie vorher, was geschieht, wenn man mit Swami im Auto fährt. Manchmal sitzt er lange Zeit schweigend, wie in Geistesabwesenheit oder vielleicht Entspannung. Mitreisende respektieren diese Phasen, was immer sie auch bedeuten mögen, und verhalten sich still. Manchmal singt er und bittet alle mitzusingen. Und meistens geschieht irgendetwas Interessantes.

Einmal zum Beispiel, als wir langsam durch eine enge Dorfstraße fuhren, stürzte ein Mann vor das Auto, der eine Kokosnuß in der Hand hatte. Unser Fahrer hielt an, während der Mann vor uns auf der Straße die Kokosnuß aufbrach – dies ist ein hinduistisches

Verehrungsritual. Dann kam er ans Seitenfenster, um Swamis Segen zu empfangen, bevor wir unsere Fahrt fortsetzten. Bei einer anderen Gelegenheit fuhren wir durch Farmland, das viele Kilometer vom Aschram entfernt war. Die einzigen Menschen in Sicht waren drei Arbeiter, die etwa 100 Meter von der Straße entfernt waren. Sie waren über ihre Schaufeln gebeugt und kehrten uns den Rücken zu. Gerade als wir an ihnen vorbeifuhren, richtete sich einer auf, erblickte uns, faltete mit der hinduistischen Grußgeste die Hände und verbeugte sich ehrfurchtsvoll. Die anderen beiden fuhren einfach in ihrer Arbeit fort. Ich wunderte mich, wie dieser eine Arbeiter uns hatte wahrnehmen können. Hatte er das Auto aus den Augenwinkeln gesehen und erkannt, oder hatte er irgendwie die Nähe des großen Heiligen gespürt?

Heute war Baba offensichtlich in der Stimmung, den Jugendlichen mit etwas Zauberei zu unterhalten. Er nahm ein grünes Betelblatt, schnitt mit seinem Daumennagel eine kleine runde Scheibe aus und zeichnete darauf ein Symbol. Er reichte mir das kreisrunde Blatt und fragte mich, was es bedeute. Es hätte ein Sanskrit-Mantra sein können, aber ich wußte es wirklich nicht. Ohne es mir zu erklären, nahm er es zurück und legte es in die Hand des Jungen, hielt es aber immer noch mit seinen Fingerspitzen fest. Als er seine Finger fortnahm, war das runde Blatt verschwunden, und in der Hand des Jungen lag ein anderes von etwa derselben Größe; aber dieses hatte eine Emaillevorderseite mit einem Kopfbild Vishnus. Als ich es bekam, um es genauer zu untersuchen, bemerkte ich mit Interesse, daß es ein grünes Portrait auf weißem Untergrund war, und das Grün war aus genau dem gleichen Farbton wie das Blatt. Es war genaugenommen ein Anhänger mit einer Öse zum Aufhängen. Ich drehte ihn um und bemerkte auf der metallenen Rückseite einen kleinen Materialfehler.

Ob es wegen dieses Fehlers oder aus anderem Grunde war, weiß ich nicht, jedenfalls legte Baba den Anhänger noch einmal in die Handfläche des Jungen und hinterließ diesmal einen ähnlich großen Anhänger mit den drei Köpfen der Hindu-Trinität: Shiva, Vishnu, Brahmā. Die Farbe dieses zweiten Anhängers war anders, und er wies keinen Fehler auf der Metallrückseite auf. Der Junge durfte diesen behalten, während der erste einfach aus Babas Fingern verschwand.

Wenn ich auf die kurze aber wundervolle Zeit meines Besuches mit Baba in Madras zurückblicke, ragen zwei Dinge aus der Fülle

Sathya Sai Baba materialisiert Vibhūti

der Eindrücke hervor. Das eine ist die mysteriöse Weise, auf die seine Anwesenheit der Öffentlichkeit bekannt wurde. Wir trafen zu einem späten Mittagessen ein, hatten eine kurze Ruhepause, und dann warf ich einen Blick aus dem Fenster des Venkatamuni-Hauses, wo wir untergebracht waren. Der Vorgarten war schon fast voll von Menschen, Hunderte saßen mit übereinandergeschlagenen Beinen auf dem Boden und warteten auf den Anblick des großen Mannes. Es hatte weder eine öffentliche Ankündigung gegeben, noch war sonst etwas bekannt gemacht worden. Tatsächlich wußten die Gastgeber selbst erst wenige Stunden vorher von unserem Erscheinen, und sie hatten nur einige treue Devotees angerufen, mit denen Baba aus irgendeinem Grunde sprechen wollte.

Diese Handvoll Leute gab es dann wohl einigen wenigen Freunden weiter, die auch engste Devotees waren. Aber die Anhänger Sai Babas sind immer auf der Hut, die Nachricht von Babas Eintreffen nicht zu veröffentlichen. Schnell genug versammeln sich die Menschenmengen ohne solche Bestätigungen, und Swami scheint einen ruhigen Beginn seiner Besuche zu schätzen, um mit den Familien, die ihn schon lange und treu geliebt haben, zu sprechen. Dennoch war irgendein telepathisches Geflüster durch die Stadt gegangen, und bis zum Abend waren der Vor- und Seitengarten voller Leute, die geduldig auf das Erscheinen der geliebten Person warteten.

Das andere, das ich jetzt mehr als je zuvor schätzen lernte, war Babas übermenschliche Energie. Von nachmittags bis spät in die Nacht sprach er mit Menschen, einzeln oder in Gruppen, bewegte sich unter den Menschenmassen oder fuhr hinaus zu den Wohnungen seiner Devotees, die entweder krank waren oder ihn aus anderen Gründen brauchten.

Die gleiche konstante Aktivität ging den ganzen nächsten Tag bis etwa 7 Uhr abends weiter, als wir nach Whitefield aufbrachen. Wenige Kilometer außerhalb von Madras stand am Straßenrand ein Wagen seiner ergebensten Devotees, die noch einen Blick, ein Wort, noch einen Segen von seiner Hand erhaschen wollten. Er gewährte es ihnen, und ihre Augen wurden feucht von Tränen der Liebe. Dann starteten wir zu unserer fünfstündigen Reise durch die Dunkelheit; durch die Dörfer, vorbei an streunenden Büffeln und unbekümmerten Kühen, die die Straßen Indiens belagern. Wir erreichten Brindāvan nach Mitternacht und fanden dort eine Gruppe von Besuchern vor, die darauf wartete, Baba sogar noch zu dieser späten Stunde zu sehen.

Auf den späteren Reisen erlebte ich den gleichen täglichen Programmablauf, mit zusätzlichen bhajan-Sitzungen, öffentlichen Ansprachen und anderen größeren Veranstaltungen. Wir, seine Mitreisenden, durften uns von Zeit zu Zeit für einige Ruhestunden zurückziehen, während Swami weitermachte, oder wir saßen nur ruhig im Auto, während Swami in die Wohnungen seiner Devotees ging, eine zeitlang bei ihnen weilte und ihnen Freude, Hoffnung und spirituelle Nahrung gab.

Von morgens bis abends und häufig bis spät nach Mitternacht ist Baba aktiv und widmet sich ganz den Wünschen und dem Wohl derjenigen, die zu ihm kommen oder ihn bitten, zu ihnen zu kommen – im Gespräch oder durch die Telepathie des Gebets. Er leistet die Arbeit von vielen normalen Menschen, und dennoch habe ich ihn niemals richtig erschöpft gesehen. Es ist, als ob er direkt aus der Quelle aller Energie trinkt.

Einst, als ich Swami bat, ob er etwas für mich tun könnte, sagte er: „Ja, natürlich, ich bin dein Eigentum; ich habe keine Rechte.“ Sein Leben ist ein fortwährendes Opfer und ein Dienst an seinen Devotees und durch sie an allen Menschen. Denn wenn der göttliche Stein der Liebe in den Teich des menschlichen Unwissens und Leides geworfen wird, ziehen die Wellen Kreise, bis sie das Ufer erreichen.

Wenige Tage nach unserer Rückkehr aus Madras machten wir die 160 Kilometer lange Fahrt von Whitefield nach Puttaparthi. Nur meine Frau, Raja (als Fahrer) und ich fuhren dieses Mal mit Swami. Es war für Iris der erste Besuch im Aschram, und unterwegs erklärte Baba ihr mehrere landschaftliche Besonderheiten. Er übte mit ihr auch ein heiliges Hindu-Lied ein. Aber die meiste Zeit hüllte er sich in heiteres Schweigen.

Als wir in Prashanti Nilayam eintrafen, hüpfte mein Herz beim Anblick der vielen hundert Bewohner, die am Wegrand wie aufgereiht standen, so daß wir durch eine Allee lächelnder, freudiger Gesichter fuhren. Bei der großen Gebetshalle hielten wir und verloren Baba: Er wurde von dem Menschenstrom einfach aufgesogen. Wir erhielten stattdessen einen herzlichen Empfang von Freunden wie Herrn N. Kasturi, und bald fanden wir uns in der Behaglichkeit meines alten Zimmers im Gästehaus wieder.

Ich hatte den Eindruck, daß das äußerliche Leben sich seit

meinem letzten Besuch im Aschram nicht sehr verändert hatte. Es gab immer noch die Morgenglocke, die uns aus unseren Träumen in den noch dunklen frühen Morgen läutete und zur Meditation in die Gebetshalle rief. Nicht alle Aschrambewohner gehen dort hin; einige meditieren auf ihren Zimmern, andere wählen andere Orte, wie den heiligen Banyan-Baum, den Baba vor vielen Jahren auf dem Hügel oberhalb des Hospitals gepflanzt hat. Ich zog es vor, auf die höheren Felsen zu gehen, wo ich einige morgendliche Yogaübungen machen und beobachten konnte, wie die aufgehende Sonne ihr magisches Licht über die wilden Hügel ergoß und die Täler in Gold tauchte.

Später versammelte sich die Menge im Rundgarten vor dem Hauptgebäude zum ersten visuellen Kontakt mit Baba, wenn er auf den Balkon kommt und seine Hand zum Segen erhebt. Dies ist der darshan des Tages (Segen durch seinen Anblick). Sofort danach beginnen die Interviews; er empfängt Gruppen von etwa 12 bis zwanzig Leuten und verbringt vielleicht eine halbe bis eine Stunde, manchmal etwas mehr, mit jeder Gruppe. Auf diese Weise stellt er täglich mit etwa 150 Menschen am Tag einen engen Kontakt her – in Stoßzeiten mehr.

Später am Morgen ist eine Stunde bhajan-Singen. Zeitweise kommt Baba dazu und sitzt auf seinem Hochstuhl in der Halle. Manchmal geht er auch währenddessen unter den Leuten umher, die draußen unter den Bäumen sitzen. Manchmal verbringt er den Hauptteil des bhajan-Singens bei seinen Gruppeninterviews in seinem Zimmer. Das einzige, dessen man sicher sein kann, ist, daß sein Handlungsablauf sich nie zweimal in gleicher Weise vollzieht.

Wenn das zweite bhajan-Singen am Abend beginnt, ist Baba meist immer noch mit Interviews beschäftigt. Dann, nach einiger Zeit, kommt er heraus und geht den Weg hinunter, um seinen jungen Elefanten, Sai Gita, zu füttern. Sobald die Elefantendame ihn sieht, nähert sie sich majestätisch und hält mit ihrem Rüssel eine Blumengirlande hoch, die von einigen Frauen des Aschrams hergestellt worden ist. Wenn die zwei sich treffen, legt Sai Gita die Girlande um Babas Hals und verbeugt sich, indem sie ihr rechtes Vorderbein beugt. Baba tätschelt sie und füttert sie mit Früchten aus einem Korb, den ihr junger Mahout (Wärter) gebracht hat. Nach einer Weile läßt er sie mit dem Korb zurück und geht umher, um mit den Leuten zu sprechen, die am Wegesrand sitzen. Aber die ganze Zeit hält Sai Gita die Augen auf ihn gerichtet und dreht sich so zu ihm, daß ihr Kopf immer auf ihren geliebten Herrn gerichtet ist.

Wenn ihr Obstmahl beendet ist, trägt sie den Korb zurück zu ihrem Stall. Aber wenn Baba ihr sagt, sie soll stehenbleiben oder zu ihm kommen, gehorcht sie sofort. Sie wurde ihm von einigen Devotees aus dem Süden geschenkt, als sie noch ein kleines Baby war. Sie ist zu einer vielgeliebten Erscheinung im Aschram geworden und trompetet einen lauten Salut, wenn sie Babas rotes Gewand in der Ferne erblickt oder auch nur seine Gegenwart fühlt, ohne ihn zu sehen. Gelegentlich nimmt sie reich geschmückt an Prozessionen im Freien und bedeutenden Festen in Prashanti Nilayam teil.

Nach dem Abend-bhajan und seinem schönen Schlußritual, dem Ārati mit Kampferflamme und einer Verehrungshymne, strömt die Menge aus der Halle und unter den Bäumen hervor vor das Gebäude. Hier stehen alle und warten auf den Abend-darshan. Bald sieht man die kleine rote Gestalt mit dem schwarzen Haarschopf auf dem erleuchteten Balkon. Es herrscht tiefes Schweigen, seine Lippen bewegen sich still, seine Hand macht eine Geste der Ermutigung. Irgendetwas, das feiner ist als die Luft um uns, scheint sich zu erheben und ergreift das Herz und zieht es nach oben, bis die Augen feucht werden.

Dann gehen wir alle zum Abendessen. Aber Baba verbringt den Großteil des Abends damit, weiter mit Leuten zu sprechen: mit dem Personal des Aschrams über deren Verwaltungsprobleme oder mit Besuchern, die dringende, persönliche Probleme haben.

Auch das innere Leben des Aschrams hat sich seit meinem letzten Besuch nicht verändert. Wenn man durch das Tor geht, scheint man in eine leuchtende Aura von Frieden und Freude einzutreten. Nicht, daß man die Welt vollkommen wie in einem Lotos-Traum vergäße, aber das Wertegefühl verändert sich; die Probleme und Konflikte der Welt werden gesehen wie durch das andere Ende eines Teleskops; klein und sehr weit weg. Sogar die unmittelbaren Probleme im Aschram – die Anpassung an gewisse Unannehmlichkeiten, der Kampf um einige westliche Leckerbissen wie Brot, Butter und Käse – erscheinen sehr gering. Immer herrscht der wichtige, alles übergreifende Faktor, die alles umfassende Liebe, die aus dem Zentrum strahlt. Was der berühmte amerikanische Millionär (Erfinder der Eisernen Lunge), Frank

Snite, über Lourdes sagte, trifft auch für Prashanti Nilayam zu: „Hier ist das Leben ein Gebet .. Wir sind an einem Ort jenseits der Welt – einem Ort auf halbem Wege zum Himmel."

Einer der interessantesten Aspekte des Lebens im Aschram sind die Leute dort, die Dauerbewohner und die Besucher. Ein ganzes Buch ließe sich allein über dieses Thema schreiben. Sie kommen aus einer Vielzahl von Gründen. Einige reisen Hunderte von Kilometern, wie die Leute damals zum Orakel von Delphi, um in die Zukunft zu sehen. Andere kommen aus geschäftlichen Gründen, um zu fragen, ob sie einen Laden verkaufen, eine Fabrik eröffnen, einen Vertrag abschließen, eine neue Stellung suchen sollen. Viele kommen mit schweren gesundheitlichen Problemen; einige kommen als Leiter von Sai-Baba-Gruppen aus anderen Gegenden, um Swami einzuladen, irgendeine Veranstaltung mit seiner Gegenwart zu segnen. Einige sind da, um ihn in ihr Haus einzuladen, vielleicht um eine Trauung vorzunehmen, ein Kind zu taufen oder ein neues Haus zu segnen – oder einfach für die unbeschreibliche Freude seiner Gegenwart. Baba müßte viele Körper haben, um all diese Wünsche befriedigen zu können.

Ein wichtiger Punkt, den man über Sai Baba, sowohl in der Form seines jetzigen als auch seines früheren Körpers, festhalten muß, ist, daß er es nicht im geringsten übelnimmt, als Wahrsager, Seelenforscher, Geschäftsberater oder universeller Arzt angesehen zu werden. Er betrachtet alle, die zu ihm kommen, als seine Kinder; einige wollen ein zerbrochenes Spielzeug repariert haben, einige haben Ohrenschmerzen, einige wollen einfach nur ein Wort der Ermutigung von ihrem ewigen Vater. Er versucht, sie alle auf ihrer eigenen Ebene zufriedenzustellen und sie durch seine mächtige spirituelle Kraft auf die Ebene der übermenschlichen Rasse zu heben, zu der die Menschheit schließlich werden muß.

Lord Krishna klassifizierte jene, die zu ihm kamen, in vier Hauptgruppen. 1. die Verzweifelten, 2. die nach weltlichem Gewinn Strebenden, 3. die Sucher nach spirituellem Wissen und Verstehen, 4. die, die schon einen hohen Grad spiritueller Weisheit erlangt haben (jnānin). Seine Aufgabe, sagte Krishna, war, jedem das zu geben, was er erbat. Sein Segen wurde auf alle Menschen gleichermaßen ausgegossen, aber jeder konnte nur entsprechend seiner Bereitschaft erhalten, entsprechend der Stufe, die er auf der spirituellen Leiter der Vervollkommnung erreicht hatte. Sai Baba beschrieb die Sache so: Die Strahlen der Sonne fallen gleichermaßen auf alle, die direkt im Wege stehen. Wenn einer sich hinter einem Hindernis oder in einem Zimmer befindet, wird er nur einen Teil der Leuchtkraft erhalten. Die höheren spirituellen Wünsche zu kultivieren ist, wie aus der Beschränktheit des Wohnraumes heraus in die hellen Strahlen der Sonne zu treten.

Nun, 5 000 Jahre nach Lord Krishna, fallen jene, die Sai Baba aufsuchen, in die gleichen allgemeinen Kategorien. Und in der gleichen Weise sind ihm alle seine Hilfe wert. Er breitet über alle seinen Segen aus, aber natürlich bestimmen für jeden die eigenen Grenzen, was er erhält. Wenn die gegenwärtigen Bedürfnisse sich auf körperliche Gesundheit oder materiellen Erfolg richten, bekommt man das. Diejenigen auf einer höheren Stufe, die jnānins, die für die volle Strahlenkraft der Sonne empfänglich sind, sind – wie in früheren Zeiten – nicht so zahlreich. Mit großer Freude und einem seltenen Gefühl der Erhebung habe ich einige von ihnen getroffen – es waren nicht nur solche, die ein Leben der Entsagung im Aschram lebten, sondern auch Menschen im alltäglichen Leben.

Als es sich herumgesprochen hatte, daß ich dieses Buch schrieb, lieh mir eines der hellsten Lichter dieses Aschrams, eine Frau, die sich mit allen Kräften für die Sai Mission einsetzt, ihr Tagebuch, das sie seit ihrem ersten Besuch in Puttaparthi, ungefähr im Jahre 1950, führte. Es ist ein interessantes Dokument, das ein Bild vermittelt über das Leben mit Sai Baba in Puttaparthi in den Jahren, bevor Prashanti Nilayam gebaut wurde. Aus diesem Tagebuch habe ich eine Menge wichtiger Dinge gelernt, die über Sai Baba gar nicht allgemein bekannt sind.

Zum Beispiel glauben viele Leute, daß vor der Zeit, als er anfing, öffentliche Reden zu halten – das war etwa vor seinem 32. Lebensjahr –, Baba keine spirituellen Instruktionen gegeben habe. Es stimmt, daß er in den ersten drei Dekaden seines Lebens hauptsächlich mit līlās und mahimans beschäftigt war, mit dem Erwecken von Visionen, mit Astralreisen, wunderbaren Heilungen und anderen Wundern. Aber das Tagebuch zeigt, daß er auch spirituelle Lehren erteilte.

Kein Zweifel, daß die meisten, die aus Neugier kamen, um den jungen Wundermann aus Puttaparthi zu sehen, sich noch im Kindergarten der spirituellen Schule befanden. Sie brauchten die visuellen Stützen unglaublicher Wunder, um ihren Glauben aufrechtzuerhalten. Oder aber sie verlangten einfach übermenschliche Hilfe für die Heilung von Krankheiten oder die Lösung materieller Probleme. Wenn ihre Neugier befriedigt war oder sie alle materiellen Wohltaten bekommen hatten (oder vielleicht auch davon enttäuscht waren), dann verschwanden jene, die nicht in der Lage waren, tiefergehende Führung anzunehmen.

Aber es gab auch andere, die den höheren Klassen der Lebensschule angehörten, jene, die auf der Suche nach Wissen, Verstehen und Glück waren, Dinge, die die Welt nicht geben kann. Diesen gab Sai Baba von Anfang an persönliche Unterweisung im rechten Denken, Fühlen und Handeln. Diesen gab er auch individuell spirituelle Disziplinen.

Viele seiner Lehren wurden wie heute mit Hilfe von Geschichten, Parabeln und vertrauten Analogien gegeben. Alle seine Lehren betonten damals wie heute die Notwendigkeit, das Leben wirklich zu leben; besonders, daß feinverschnörkeltes Reden und faszinierende metaphysische Spekulationen einem nicht weiterhelfen. Der Pfad, auf den Baba seine Schüler von Anfang an geführt hat, ist hauptsächlich der bhaktimārga oder der Yoga der göttlichen Liebe.

Dieser Yogaweg, wie alle anderen auch, erfordert, daß wir unsere Bindung an persönlichen Ehrgeiz, Ruhm, Stolz, Überheblichkeit überwinden, und daß wir auch die letzten versteckten Reste von Egoismus ausmerzen, die noch in den dunklen Winkeln des Geistes lauern. Um das zu lernen, müssen wir bereit sein, viele Härten zu erdulden und eine Menge persönlicher Ungerechtigkeit zu ertragen, so erscheint es uns zumindest am Anfang.

Ein anderer wichtiger Punkt, den ich aus dem Tagebuch lernte, war, daß, wenn Baba einem seiner Anhänger gegenüber hart erschien, es in Wahrheit für diesen eine große Wohltat und ein versteckter Segen war. Es bedeutete nicht, daß diese Jünger seine Liebe verloren hatten und in die Dunkelheit draußen geworfen waren. Im Gegenteil, es bedeutete, daß Baba hohe Wertschätzung für jene hat, die er durch die „Mühle" gehen läßt, er trainiert sie für einen größeren Schritt nach vorn in der Schule des Geistes.

Auf diese Weise und zu diesem Zweck scheint er manchmal die Leute bis zur Belastbarkeitsgrenze zu prüfen. Sogar nachdem sie durch die Feuerprobe gegangen sind und sich bewährt haben, schickt er sie, wenn nötig, durch das von ihm sogenannte „Polierverfahren". Dies mag eine Menge inneren Schmerzes mit sich bringen, bis dem Einzuweihenden tieferes Verständnis dafür dämmert. So bemerkten wir, daß viele von Babas langjährigen Jüngern uns halfen, die versteckten Dimensionen der Mission und der Lehre des Meisters zu entdecken. Sie machten uns die tieferliegende Bedeutung vieler seiner Handlungen und Worte klar.

Die Tage vergingen, und viele neue inspirierende Devotees kamen zu unserem Bekanntenkreis hinzu. Viele von ihnen hatten tiefbewegende Geschichten über ihre wunderbaren und spirituellen Erfahrungen mit Sai Baba zu erzählen. Ich machte mir davon Aufzeichnungen und erhielt die Erlaubnis von vielen Erzählern, ihren Namen und andere sie identifizierende Einzelheiten zu nennen. Diese ehrenwerten Leute, von denen viele öffentlich bekannt sind, stehen als lebendige Zeugen für die Wahrheit dieser seltsamen Fakten, die ich hier beschreibe. Dies mag einigen Lesern helfen zu akzeptieren, was in der Tat so weit außerhalb der gewöhnlichen Alltagserfahrung liegt, als daß man es glauben kann.

Nun muß ich aber endlich versuchen, die Besonderheit unseres letzten Interviews mit Swami zu beschreiben, das stattfand, bevor wir Ende August den Aschram verließen. Natürlich war in Prashanti Nilayam nicht derselbe enge persönliche Kontakt mit ihm, den wir in Brindavan genossen hatten und besonders in Horsley Hill. Das Leben im Aschram verläuft auf einer anderen Ebene. Ständig strömen Besuchermassen hindurch und versammeln sich zu irgendeinem großen religiösen Fest oder anderen besonderen Ereignissen. Während unseres Aufenthaltes gab es zwei solcher Anlässe: gurupūrnimā im Juli – ein Fest zu Ehren der großen Gurus – und die offizielle Erhebung von Prashanti Nilayam zur Dorfgemeinde. Zu dem letzteren Ereignis, welches am 5. August stattfand, kamen viele wichtige Beamte aus umliegenden Städten wie Penukonda und Anantapur und von der Landeshauptstadt Hyderabad. Einige dieser Besucher waren Baba-Devotees, andere nicht.

Nach der Feier der Erhebung zur Gemeinde gab Baba ein riesiges Bankett für jedermann. Mehr als tausend Menschen setzten sich zu einem feinen indischen Mahl, während Swami unermüdlich unter den Gästen umherging, um dafür zu sorgen, daß jeder einzelne genug bekam und zufrieden war.

Aber trotz seines geschäftigen Lebens hatten wir das große Glück, daß wir dennoch viel von dem großen Meister sehen konnten. Ich fuhr mit ihm auf eine offizielle Dreitagereise nach Anantapur, wo ich eine Reihe Devotees, die ihn seit seiner frühesten Jugend kannten, traf und sprach. Und er rief immer Iris und mich in den Interviewraum, wenn er eine Gruppe von Besuchern aus dem Ausland hatte. So saßen wir zu seinen Füßen unter Leuten aus Frankreich, Italien, Südamerika, Deutschland, Dänemark und Persien. Wir sahen, wie er sie mit Materialisierungen in Erstaunen und Entzücken versetzte, zum Beispiel dem Herstellen von vibhūti oder Süßigkeiten für uns alle oder von einem Juwel für einen der Besucher. Und bei allen diesen Gelegenheiten sahen wir das allerbedeutendste Wunder: Alle Herzen waren tiefbewegt von dem magischen Zauber seiner selbstlosen Liebe.

Von dieser Art hatten wir viele unvergeßliche Sitzungen mit Swami, und dann, als nur noch wenige Tage unseres Aufenthaltes übrigblieben, rief er uns jeden Tag zu sich. Diese Zusammenkünfte zu unserem Abschied, die manchmal bis zu einigen Stunden dauerten, genossen wir in der Gesellschaft besonderer Aschramfreunde. Einige waren kurz vor der Abreise wie wir, andere blieben noch. Immer sprach Baba zu Anfang über spirituelle Themen, dann über allgemeinere Dinge oder persönliche Probleme, soweit sie in einer Gruppe besprochen werden konnten.

Bei dem letzten Interview waren Herr und Frau K.R.K. Bhat anwesend, in deren Auto wir nach Bangalore mitgenommen wurden. Herr Bhat ist ein pensionierter leitender Manager einer Lebensversicherungsgesellschaft Indiens. Er erlitt kurz vor seiner Pensionierung einen schweren Herzinfarkt und lebt nun die meiste Zeit in Prashanti Nilayam, am Leben gehalten, wie er sagt, durch „die Gnade Sai Babas". Er und seine Frau fuhren für eine Weile nach Bangalore, um einige persönliche Angelegenheiten zu regeln. Aber seit ein paar Tagen hatte Herr Bhat Schmerzen auf der linken Brustseite in der Herzgegend, und da die Ärzte ihm schon verboten hatten, Auto zu fahren, hatte ich dies für ihn übernommen.

Nachdem Baba mit dieser achtköpfigen Gruppe zuerst allgemeine Dinge besprochen hatte, nahm Baba die einzelnen Leute, die abreisten, separat in einen anderen Raum, um mit ihnen persönlich zu sprechen. Zuerst kamen die Maharani von Kutch und ihre Tochter Nanda. Die Maharani fuhr zurück in ihr Haus in Bombay, und Nanda fuhr einen Teil der Strecke mit ihr, um dann in den Aschram zurückzukehren, der ihr Zuhause geworden war.

Als nächste wurden Iris und ich gerufen. Kaum daß Swami

allein mit uns war, ließ er alles Spaßen und Necken und sprach sehr ernst, mit einer Stimme voll tiefster Zuneigung. Er war wie eine Mutter, die ihre Kinder zurück zum Internat bringt, außer daß er das Wesen aller Mütter in sich zu vereinigen schien, die die Erde je gesehen hat. Der Strom der Zuneigung, der von ihm ausging, war wie ein Fluß, der einen forttrug in einen Ozean der Liebe. In diesem Ozean schien der physische Körper zu verschwinden und all die harten Klumpen des abgetrennten Selbst, der Angst, Sorge und tiefsitzenden Furcht waren wie weggeschmolzen. In solchen erhabenen Augenblicken berührt man die Grenzen des Unendlichen und fühlt seine unauslöschliche Freude.

Viele Baba-Devotees haben mir ihre eigenen persönlichen Erfahrungen dieses tiefsten Geheimnisses und Wunders erzählt, wo ein Mensch das Göttliche im Menschen berührt und augenblicklich eins mit ihm wird. Aber so wie ich auch, ist keiner in der Lage gewesen, es angemessen zu beschreiben, denn es ist so weit jenseits aller Worte.

Nachdem er uns persönlichen Rat bezüglich unserer Arbeit, Gesundheit und Lebensweise gegeben und uns versichert hatte, daß wir uns niemals fürchten oder sorgen brauchten, weil er immer mit uns in unseren Herzen sei, kreiste er mit seiner Hand, diesmal in großen vertikalen Kreisen, wie ein Drehrad. Als seine Hand still war, hielt sie einen kleinen silbernen Behälter, circa 3 Zentimeter hoch und ein wenig größer im Durchmesser. Als er den Deckel öffnete, durchströmte ein wohlriechendes Parfum den Raum. Der Behälter war voller hellgrauem vibhūti, das sich für die Zunge als ebenso köstlich wie für die Nase erwies. Er gab es uns und sagte, wir sollten jeden Tag etwas davon nehmen; es würde große Wohltat und Segen für Körper und Seele bringen.

Die letzten, mit denen er privat sprach, waren Herr und Frau Bhat. Da es ein segenverheißender Tag für die Verehrer des Gottes Subrahmanya war, des obersten Hausgottes der Familie Bhat, hatte Frau Bhat ein kleines Blumenbouquet und Tulsi-Blätter mitgebracht. Dieses legte sie Sai Baba zu Füßen, der für sie die Verkörperung Lord Subrahmanyas geworden war; den Grund dafür wird man gut aus ihrer wundersamen Erfahrung verstehen können, die ich im folgenden Kapitel erzählen werde.

Baba steckte ihr einige der Blumen ins Haar. Dann, nachdem er uns gesagt hatte, wir sollten auf etwas prasāda warten (vibhūti-Päckchen, so dachten wir), ging er nach oben in sein Wohnzimmer, das direkt über dem Interview-Zimmer liegt. Er nahm vermutlich den Rest des Blumenbouquets mit und wir standen alle und warteten. Iris und ich standen zur Linken von Herrn Bhat. Frau Bhat stand zu seiner Rechten, während der Rest der Gruppe auf der anderen Seite des Raumes war.

Als wir einige Worte mit Herrn Bhat, einem Mann von großer Gestalt, gesprochen hatten, sah Iris etwas von der Decke fallen, was sie für Flocken abgeblätterter weißer Farbe hielt. Ich hatte diese „Flocken" nicht bemerkt, bis sie etwa vierzig Zentimeter über Herrn Bhats linker Schulter waren, auf der sie dann zu liegen kamen. Dann bemerkte ich, daß die „Flocken" in Wahrheit Tulsi-Blätter und einige andere Blütenblätter waren.

Ich konnte aus Herrn Bhats Gesichtsausdruck entnehmen, daß er sofort etwas Wunderbares in diesem Ereignis sah, aber ich suchte nach einer natürlichen Erklärung. Es schien jedoch unmöglich, eine zu finden. Die Blätter und Blütenblätter konnten unmöglich von irgendetwas in diesem Zimmer heruntergefallen sein, da es, ausgenommen ein Stuhl und Schrank in der Ecke in einiger Entfernung von uns, unmöbliert war; die Wände des Raumes waren kahl.

Auch konnten die Blüten und Blütenblätter nicht von Frau Bhats Kopf gefallen sein, denn sie war eine sehr kleine Frau und stand sowieso auf der rechten Seite ihres Mannes, wohingegen die Blätter von einer höheren Ebene auf seine linke gefallen waren. Darüber hinaus waren keine Blätter in ihrem Haar gewesen, nur Blumen, und diese waren auch noch nach dem Zwischenfall an ihrem Ort. Auch konnten diese kleinen Blätter nicht durch das Fenster hereingeweht worden sein, erstens, weil es keinen Luftzug gab und die Luft ganz still war; und zweitens, weil keine Tulsi-Büsche irgendwo in der Nähe der Fenster waren; und drittens, wenn sie durch das Fenster gekommen wären, wären sie nicht auf der Höhe gewesen, wo sie von meiner Frau und mir zuerst entdeckt worden waren.

Ich konnte mir absolut keinen Ort vorstellen, von dem sie durch normale Naturkraft hätten kommen können.

Die Bhats hegten überhaupt keine Zweifel, daß dies wieder eine von Swamis mysteriösen Taten war; daß er von dem Raum über uns, durch die feste Decke hindurch, einige Blätter und Blütenblätter von dem Strauß auf die *linke* Schulter von Herr Bhat hat fallen lassen, dorthin, wo schon seit Tagen der Schmerz ihn plagte. Seit der Zeit Lord Krishnas werden Tulsi-Blätter mit Heilungen in Verbindung gebracht, und es ist bemerkenswert, daß Herrn Bhats Schmerzen fast sofort verschwunden waren.

Sofort kam ein Bote von Swami mit einigen Päckchen Notfall-vibhūti, wie es die Devotees nannten, die für die Abreisenden bestimmt waren. Dies ist das wunderbare Pulver aus dunkelgrauer Farbe, und es ist als großes Wunderheilmittel bei ernsten Erkrankungen und schlimmen Unfällen bekannt.

Aber nach der Berührung durch die Blätter von oben brauchte Herr Bhat nichts derartiges mehr. Er fühlte sich so gut, daß er das Auto die meiste Zeit auf der Strecke nach Bangalore selbst fuhr und mich nur wenige Kilometer fahren ließ, und das dann nur, so schien mir, um mir eine Freude zu machen. Wir blieben etwa eine Woche in seinem Haus in Bangalore, und täglich fuhr er uns irgendwohin, einmal nach Whitefield, wo wir den Rest unseres Gepäcks abholten und Herrn und Frau M.S. Dixit sahen. Herrn Bhats Herzschmerzen kehrten nicht wieder; sie schienen von dem heilenden Strahl fortgetragen worden zu sein, der als Signatur den wunderbaren Fall von Blättern und Blütenblättern trug.

11. Der Schlag der Flügel

> Nicht im verborgenen Räderwerk,
> Noch, wo verschwommen die Erkenntnis dämmert: –
> Den Schlag der Flügel, hörten wir nur zu,
> vernähmen wir an unsrer eignen lehmverklebten Tür.
>
> – FRANCIS THOMSON –

Obgleich es eine Menge Hindu-Gottheiten gibt, verstehen die meisten Inder, gewiß aber die Gebildeten, jeden einzelnen Gott nur als eine begrenzte Ausdrucksform des Einen Unaussprechlichen Höchsten Brahman. „Gott hat tausend Köpfe", sagen sie, und es sollte keinen Streit über die vielen unterschiedlichen Formen geben, die als verschiedene Aspekte der höchsten Gottheit gelten, die letztlich formlos ist. Tatsächlich findet man in den hinduistischen pūjā-Räumen, jene in den Häusern für Gottesdienst und Gebet reservierten kleinen heiligen Räume, meist Statuen und Bilder von vielen göttlichen Wesen, oft auch Jesus von Nazareth.

Doch hat gewöhnlich jede Familie auch ihren speziellen Hausgott, der den Ehrenplatz einnimmt. In Herrn K.R.K. Bhats Familie war der Hausgott Lord Subrahmanya. Aber Herr Bhat selbst neigte mehr zur Verehrung Lord Krishnas. Vielleicht aus diesem Grunde oder vielleicht auch, weil er als Spitzenmanager im Versicherungswesen viel zu tun hatte, war es seine junge Frau, die die tägliche Verehrungszeremonie für Lord Subrahmanya durchführte.

Im Jahre 1943 bekam Frau Bhat Gebärmutterkrebs. Mediziner rieten zu einer Operation, obgleich keine sicheren Erfolgsaussichten bestanden. Die verwitwete Mutter von Herrn Bhat lebte damals bei dem jungen Paar, und sie sagte zu ihrem Sohn: „Lord Subrahmanya heilte deinen Vater von Krebs ohne Operation; auf die gleiche Weise wird er auch deine Frau heilen."

Der Glaube der alten Frau war so felsenfest, daß das junge Paar einwilligte, auf die Operation zu verzichten und sich ganz in die Hände des Hausgottes zu begeben. Der Verehrungsgottesdienst an Lord Subrahmanya wurde intensiviert, die religiösen Übungen wurden strikter und ergebener als vorher praktiziert, die Gebete inbrünstiger und länger. Diese pūjās wurden nun hauptsächlich von Herrn Bhats Mutter ausgeführt, während die junge Frau im Bett blieb und immer dünner und schwächer wurde.

Dann, eines Nachts, sah die Patientin im Halbschlaf im Dämmerlicht des Mondes eine große Kobra um ihr Bett herumschleichen. Alarmiert knipste sie die Nachttischlampe an und weckte ihre Schwiegermutter, die im gleichen Raum schlief, da ihr Gatte auf Geschäftsreise war.

Man konnte keine Schlange mehr im Zimmer finden. Aber kaum hatte Frau Bhat die Lampe wieder ausgemacht, sah sie die Kobra wieder um das Bett herumschleichen. Fast im selben Augenblick nahm die Schlange die Gestalt von Subrahmanya an, wie sie ihn von dem Portrait kannte, das im pūjā-Raum hing. Er schien über ihr zu schweben. Dann durchstieß er ihre Brust mit seinem velayudhan (eine Art Speer, den Subrahmanya trägt) und schien sie mit sich fortziehen zu wollen.

Bald fand sie sich vor ihm stehen, auf der Spitze eines hohen felsigen Berges. Sie kniete und berührte seine Füße mit ihren Händen und der Stirn, und er begann mit ihr zu sprechen. Er fragte sie, ob sie bei ihm bleiben oder zur Welt zurück wolle. Sie verstand es als eine Wahl zwischen Leben und Tod. Sie dachte an ihren Ehemann, ihre kleinen Kinder und wie sie von ihnen gebraucht wurde, und sie sagte zu Subrahmanya, daß sie zurück wolle.

Die Unterhaltung ging weiter, und schließlich sagte Subrahmanya: „Du bist von deiner Krankheit geheilt und wirst bald wieder zu Kräften kommen. Dein ganzes Leben lang will ich dich beschützen; wann immer du an mich denkst, werde ich dasein. Nun geh zurück.“

„Wie?“ fragte sie.

Er zeigte auf eine lange, gewundene, schmale Treppe, die sich nahe zu ihren Füßen aufgetan hatte und nach unten führte. Sie begann hinabzusteigen; dann gab es einen Bruch in ihrem Bewußtsein, und sie fand sich wieder, wach zu Hause in ihrem Bett. Sofort weckte sie ihre Schwiegermutter und berichtete ihr von dieser Vision. Als ihr Ehemann nach Hause kam, erzählte sie auch ihm davon. Aber sie betrachtete diese Erfahrung als heilig, und gab sie niemandem außer den engsten Familienangehörigen bekannt. Von dieser Nacht an gewann sie schnell ihre Kräfte zurück, und es gab bald keine Anzeichen von Krebs mehr. Bald stand sie auf und nahm ihren normalen Lebensrhythmus wieder auf. Nur einen Unterschied gab es. Nun widmete sie sich zusätzlich zu ihrer Haushaltstätigkeit und ihren religiösen Übungen dem sozialen Dienst an Armen und Bedürftigen. Gott hatte ihr ihr Leben zurückgegeben und sie war fest entschlossen, es, so gut sie konnte, voll in seinem Dienst zu nutzen.

Erst zwanzig Jahre später hörten Herr und Frau Bhat erstmalig von Sathya Sai Baba und reisten nach Prashanti Nilayam. Zu Frau Bhat sagte Baba: „Ich habe zu dir vor langer Zeit – vor zwanzig Jahren – gesprochen."

Völlig überrascht antwortete sie: „Nein, Swami, dies ist mein erster Besuch."

„Ja, ja, aber ich bin zu dir gekommen, als du in Mysore lebtest." Und er nannte den Straßennamen und die Stadt, wo sie zur Zeit ihrer Krebskrankheit wohnte, als sie die Vision von Subrahmanya hatte.

Dann nahm er sie ein kleines Stück mit, die kleine Wendeltreppe hinauf, die zu seiner oberen Wohnung führt, und sagte ihr, sie solle hinunterschauen. Sofort erinnerte sie sich an die Treppe, die von der Höhe hinunterführte, auf der sie bei Subrahmanya gewesen war. Tatsächlich schienen die beiden Treppenaufgänge identisch zu sein. Sie war noch verwirrter als je zuvor.

Um ihrem Verstehen nachzuhelfen, ließ Swami nun seine Hand kreisen und produzierte aus der Luft ein Photo von sich in der somasutra (zweirädriger Wagen) Subrahmanyas mit einer sich um ihn schlängelnden Kobra. Nun ging ihr allmählich ein Licht auf. Gott kann jede Form annehmen, dachte sie. Er war ihr vor zwanzig Jahren in der Form erschienen, die sie verehrte, als Lord Subrahmanya. Nun stand er hier vor ihr in der Gestalt von Sathya Sai Baba. Sie fiel ihm zu Füßen und weinte Freudentränen.

Als ich Herrn C. Ramachandram aus Kirkee, Poona, 1967 zum ersten Mal in Prashanti Nilayam traf, war er im Verteidigungsministerium stellvertretender Leiter einer Abteilung für militärische Sprengstoffe.

Er erzählte mir, er habe vor einigen Jahren eine Menge familiärer Probleme gehabt und deshalb den etwa 200 Kilometer von seinem Heimatort entfernt liegenden Schrein von Sai Baba von Shirdi besucht. Dies habe ihm großen Seelenfrieden gebracht, und allmählich sei er zu einem Anhänger Shirdi Babas geworden.

Schließlich hörte er, daß dieser große Heilige sich in Puttaparthi reinkarniert hätte und als Sai Baba bekannt sei. Nun, dachte er, wahrscheinlich noch so ein Hochstapler, einer der vielen, die versucht haben, Geld zu verdienen, indem sie sich als der wiedergeborene große alte Sai Baba ausgeben.

Kurze Zeit später jedoch las er in den Zeitungen einen Bericht darüber, wie Sathya Sai Baba einen seiner Anhänger von einem ernsten Schlaganfall geheilt hatte, indem er das Leiden auf sich nahm und seine eigene Lähmung vor einer großen Menschenmenge an einem gurupūrnimā-Tag heilte. Dies gab ihm das Gefühl, daß Puttaparthi-Baba wenigstens ein wirklich heiliger Mann sein müsse – vielleicht ein wirklicher Mahatma.

Als einer seiner Familienangehörigen ein kleines Photo von Sai Baba mitbrachte und es in den pūjā-Raum seines Hauses stellte, ließ es Ramachandran geschehen. Zwei oder drei Tage später bemerkte er, daß sich etwas Asche auf dem Photo gebildet hatte. Er wischte es wieder sauber. Aber dann sah er einmal während der pūjā-Zeremonie, wie sich die Asche direkt vor seinen Augen auf dem Photo bildete. Es erschien zuerst wie Dampf und verwandelte sich dann in Tropfen milchiger Flüssigkeit, die das Glas hinunterliefen und dann zu grauer Asche trockneten.

Vielleicht, dachte er, könne es davon kommen, daß etwas Besonderes im Glas, in der Papprückseite oder im Rahmen sei. Da er Chemiker war, prüfte er diese, aber sie waren ganz normal; trotzdem beschloß er, alles auszuwechseln. Doch weiterhin erschien aus nicht erklärlichen Gründen Asche auf dem neuen Glas und auf dem Rahmen.

Eines Tages brachte ein junger Freund ein weiteres Photo von Sai Baba. Es klebte auf Karton und hatte keinen Glasrahmen. Mit Ramachandrans Erlaubnis stellte er es zu den anderen Bildern im pūjā-Raum und ging fort. Aber noch ehe er das Eingangstor erreicht hatte, rief Ramachandran ihn zurück. Die Augen des jungen Mannes wurden weit, als er sah, wie sich die Asche auf dem Bild, das er gerade gebracht hatte, bildete.

„Ich habe bisher deiner Geschichte nicht so richtig trauen können“, bekannte er, „aber nun sehe ich, daß es wahr ist.“

Diese Ereignisse veranlaßten Herrn Ramachandran, nach Prashanti Nilayam zu fahren, um Sathya Sai Baba zu sehen. Einige Zeit nach diesem Entschluß fühlte er sich angeekelt von seiner Gewohnheit, Zigaretten zu rauchen. Eines Tages warf er eine Zigarette fort und schwor sich, nicht mehr zu rauchen, bis er ein Interview mit Sai Baba gehabt hätte.

Sein Urlaub begann etwa sechs Wochen später, im Juni 1964, und er nutzte die Gelegenheit, seine erste Reise in den Aschram zu machen. Die Unbequemlichkeiten und der Mangel an Komfort störten ihn zu Anfang sehr, aber er blieb da; und nach einigen Tagen fand er sich zusammen mit einigen anderen Besuchern im Interviewraum wieder, wo sie alle auf den großen Mann warteten.

Dann kam Baba herein und produzierte mit seiner schöpferischen Handbewegung vibhūti. Er gab allen Anwesenden etwas davon, außer C. Ramachandran. Dieser war sehr enttäuscht darüber, daß er übersehen worden war, und bat daher um etwas. Baba sah ihn an und sagte: „Ich habe dir davon schon vor nicht allzu langer Zeit gegeben."

Ramachandran war verwirrt, doch dann begriff er, daß Baba auf die Asche anspielte, die auf dem Photo erschienen war. Swami lächelte mild und fuhr fort: „Keine Sorge, ich werde dir eine Menge geben, eine große Menge. Aber kehre nicht zu dieser alten schlechten Gewohnheit zurück."

Ramachandran wußte, daß er damit seine Rauchgewohnheit meinte. Ein Schaudern ging durch ihn hindurch, als er erkannte, wieviel dieser große Mann über sein Leben und seine Gedanken zu wissen schien.

Nach diesem Ereignis machte er noch einige Besuche im Aschram, und dann, Ende April 1965, erhielt er zu Hause in Poona ein Telegramm mit dem Wortlaut: „Sathya Sai Baba Ankunft in Ihrem Hause am 5. Mai, um upanayana durchzuführen und brahmapadesam zu geben!"

Ramachandran war sehr aufgeregt. Die Nachricht bezog sich auf die Schnur-Zeremonie für seine beiden Söhne, die schon lange überfällig war, da sein ältester Sohn Raja schon siebzehneinhalb war. Nun sollte Baba wirklich kommen? Darüber war noch nie gesprochen worden, und Ramachandran fühlte sich dieser großen Ehre nicht würdig. Er hatte natürlich keine Ahnung, wie man einen solchen großen heiligen Mann empfangen sollte. Zuerst jedoch mußte er nachprüfen, ob die Nachricht wirklich echt war.

Mit Hilfe einiger Leute seines Büros verfolgte er das Telegramm zurück zu seinem Ursprung. Er fand heraus, daß es im Hauptpostamt von Poona aufgegeben worden war und ihm vom Vorortpostamt von Kirkee ausgeliefert wurde. Der Angestellte des Amtes in Poona, der das Telegramm aufgenommen hatte, hatte allen Grund, sich an den Absender zu erinnern. Es war, sagte er, ein Mann mit einem schmalen Bart. Er sei mit einem Taxi vorgefahren, das er warten ließ, während er das Telegramm schrieb. Als der Angestellte nach seiner Adresse fragte, antwortete der bärtige Mann, er sei auf der Durchreise und habe keine Adresse in Poona. Der Angestellte sagte ihm, er müsse dann seine ständige Adresse auf das Formblatt schreiben. Nach einigem Zögern schrieb der Mann: „Gesamtindisches Sai Samaj, Madras“. Dann sei er davongefahren.

Dieses Sai Samaj war vor einigen Jahren von Swami Narasimha, der das Buch über das Leben von Sai Baba von Shirdi schrieb, gegründet worden. Dieses Zentrum ist hauptsächlich der Verbreitung der Lehren des alten Shirdi-Heiligen gewidmet. Nachforschungen ergaben, daß jener bärtige Durchreisende niemandem dort in Madras bekannt war. An dieser Stelle geriet Ramachandrans Detektivarbeit in eine Sackgasse.

Ihm wurde erzählt, daß Swami in Brindavan war, und so schickte er vorsichtshalber ein Telegramm dorthin, in dem er darum bat, das Datum des angekündigten Besuches zu bestätigen. Er wiederholte die gleiche Anfrage in einem weiteren Telegramm an Herrn Kasturi in Prashanti Nilayam. Von beiden erhielt er keine Antwort.

Später erfuhr er, daß Kasturi das Telegramm niemals erhalten hatte. Ramachandran fragte Baba nicht nach dem Telegramm an ihn, da er mittlerweile davon ausging, daß jede Antwort, die Baba geben könnte, falls er es überhaupt täte, letztlich unergründlich wäre.

„So wußte ich also nicht, was ich am 5. März zu erwarten hatte“, sagte mir Ramachandran, „aber ich hielt es für das beste, alles für die Zeremonie vorzubereiten, und niemandem etwas davon zu sagen, daß Baba kommen könnte.“

Ein Problem, sagte er, war, daß er nicht genug Bargeld für das Fest zur Verfügung hatte. Er ging zur Bank, um das zu regeln, und fand zu seiner Überraschung, daß eine Summe von 468 Rupien mysteriöserweise auf dem Guthaben seines Kontos erschienen war. Es gelang ihm nicht, deren Herkunft auszumachen, auch später nicht, aber gewiß war es für ihn eine große Hilfe. Er beschloß, nur seine Verwandten und nächsten Freunde zu der Feier einzuladen, was bedeutete, für etwa 50 Leute Essen bereitzuhalten.

Einige Tage vor dem Fest begannen ihn Freunde und sogar Fremde zu fragen, ob es wahr sei, daß Sai Baba in sein Haus käme. „Ich konnte nur eine unverbindliche Antwort geben“, sagte er, „und versuchen, sie abzulenken.“

Trotz alledem fingen schon in den frühen Morgenstunden des 5. Mai Leute an, in Ramachandrans Garten Plätze einzunehmen. Im

Laufe des heißer werdenden Vormittags wurde die Menschenmenge immer größer, bis schätzungsweise etwa tausend Menschen da waren, die in ordentlichen Reihen am Boden saßen und Sai Babas Ankunft erwarteten. Alle schienen ziemlich sicher, daß er kommen würde; die einzige Frage war, wie er kommen würde und aus welcher Richtung. Darüber wurde viel gesprochen.

Im Hause arbeiteten und beteten Ramachandran und seine Frau nach Kräften, um alles in Ordnung zu haben, wenn und falls Swami einträfe.

Alles war mit Blumen geschmückt und Dekorationsgegenstände sowie Utensilien für die Zeremonie waren vorhanden. Ihren besten Sessel stellten sie auf ein Podest, bedeckten ihn mit einem Satintuch und legten Blumen auf jede Lehne. Dies war der Ehrensitz für Swami. Die Uhrzeiger bewegten sich weiter, die Schatten im Garten wurden kürzer, und es gab keine Anzeichen von der Ankunft des Gurus.

Um etwa elf Uhr vormittags betrat Ramachandran seinen pūjā-Raum, sprach ein kurzes Gebet und hielt dann die Schnur-Zeremonie selbst ab. Kurz danach sah er einen kleinen Jungen von etwa acht Jahren unter den Leuten im Haus, der ihm völlig fremd war. Der Junge schien die Gastgeberin, Frau Ramachandran, zu kennen, denn er ging zu ihr und sagte, er sei eine Waise und wolle etwas zu essen haben. Sie gab ihm etwas, war aber überrascht, daß er nur ein paar Happen davon aß und dann fortging.

Als sie wieder nach ihm schaute, war er verschwunden. Niemand hatte ihn gehen sehen, aber er konnte auch nicht aufgefunden werden. Es war, als hätte er sich in Luft aufgelöst. Und wer war er überhaupt? Er gehörte nicht zur Nachbarschaft, und keiner ihrer Freunde hatte ihn je vorher gesehen.

Bald darauf stellte man fest, daß auf dem Satinbezug von Babas Stuhl ein Abdruck war, als ob jemand gerade darauf gesessen hätte. Auch waren die Blumen auf einer Lehne zerdrückt, als ob eine Hand auf ihnen gelegen hätte. Doch niemand konnte auf diesem Stuhl gesessen haben, ohne gesehen zu werden, da er sich ja an herausgehobener Stelle auf dem Podest befand. Außerdem würde es keiner im Hause gewagt haben, sich auf den dort hingestellten Stuhl zu setzen, der, wie sie alle wußten, für den großen Heiligen war. Die indischen Anhänger Sai Babas mit ihrem starken Gefühl für Verehrung und bhakti, würden so etwas im Traum nicht tun, auch wenn es unbeobachtet hätte geschehen können.

Jedenfalls wuchs die Überzeugung, daß Sai Baba selbst in seinem astralen oder feinstofflichen Körper dagewesen sein mußte und diese Spuren absichtlich hinterlassen hatte, um sie von seinem Besuch wissen zu lassen. Diese Überzeugung verstärkte sich bei Ramachandran, als sein älterer Sohn, Raja, ihm etwas anvertraute.

Als Teil der Schnur-Zeremonie erhält der Junge ein Mantra von dem, der das Ritual ausführt, während beide mit einem Tuch über den Köpfen knien. In diesem Fall war es natürlich der Vater, Ramachandran, der das Mantra gegeben hatte, aber Raja sagte, daß er, als er unter dem Tuch war, nicht das Gesicht seines Vaters, sondern das von Sai Baba gesehen habe, welches er von Photographien gut kannte. In der Tat hatte irgendetwas Raja tief beeindruckt, denn nach diesem Tag, sagte sein Vater, änderte sich der Charakter des Jungen völlig. Er verschwendete seine Zeit nicht länger mit oberflächlichen Beschäftigungen, wie in den Bazaren herumzulaufen, sondern er konzentrierte sich voll auf seine Studien.

Nach der Zeremonie fand das Mittagessen statt. Aber es schien sich der falsche Eindruck verbreitet zu haben, daß alle Anwesenden gespeist würden. Sie begannen vom Garten her hereinzuströmen, stellten sich hinter dem Stuhl auf, um die wundersamen Abdrücke auf dem Satin und den Blumen zu sehen, und nahmen dann Platz auf dem Boden im Speisesaal.

Herr und Frau Ramachandran hatten einige Reservevorräte an Lebensmitteln für den Notfall angelegt. Obgleich sie für fünfzig Personen geplant hatten, „hatten sie wahrscheinlich genügend für hundert“, sagte er mir. Deshalb beschlossen sie, einfach mit der Essensausteilung fortzufahren, solange die Vorräte reichten. Aber, es war kaum zu glauben, die Vorräte gingen nicht zu Ende – jedenfalls nicht, bis jeder genügend gegessen hatte.

„Wir haben nicht 10 000 Menschen gespeist, wie Jesus Christus“, sagte Herr Ramachandran, „aber es müssen wenigstens 1 000 gewesen sein, das heißt, daß die Speisen um das Zehnfache vermehrt wurden. Ohne Frage war dies eines von Sai Babas Wundern.“

Selbst nach dem Mittagessen gab es keine Rast im Hause Ramachandrans. Jene, die fortgegangen waren, hatten ihren Freunden von dem Abdruck auf dem Stuhl erzählt, so daß diese jetzt kamen, um sich vor den Zeichen dieser unsichtbaren Erscheinung zu verneigen.

Dies Kommen und Gehen hielt den ganzen Nachmittag und die Nacht bis etwa drei Uhr morgens an.

Viele von Babas näheren Anhängern haben Zeichen seiner subtilen Gegenwart erfahren: Fußabdrücke in Asche, die auf dem Flur ausgeschüttet war, eine kurze Vision seiner Gestalt und ähnliche Manifestationen. Ich selbst sah eines Abends während einer pūjā-Zeremonie in Herrn Bhats Haus in Bangalore, wie sich zwei fußabdruckartige Einbuchtungen auf einem Kissen bildeten, das auf dem Boden vor einem leeren Stuhl lag, der dort immer als Symbol von Babas Gegenwart stand.

Viele Baba-Devotees erzählen aber auch von Ereignissen, bei denen Baba ihnen in einer anderen als seiner eigenen physischen Gestalt erschienen ist, vielleicht als Bettler, als sādhu, als Arbeiter oder sogar als Tier. Häufig haben die, die ihn sehen, keine Ahnung, daß es Baba ist, bis sie später ein Zeichen bekommen, oder Baba vielleicht bei einer späteren Begegnung den Vorfall erwähnt, insbesondere, wenn sie die Person oder das Tier nicht gut behandelt haben. Herr Ramachandran vermutet, daß das Waisenkind, das erschienen war, um Essen bat, einige Happen aß und dann verschwand, eine von Sai Babas „Manifestationen in anderer Form“ gewesen war, obgleich dieser niemals etwas davon gesagt hat.

Das oben erzählte und andere unergründliche Ereignisse haben Herrn Ramachandran Sai Baba nahegebracht, und er hat sehr viel von ihm bekommen, so wie Swami ihm bei seinem ersten Besuch versprochen hatte. Eines davon war, daß ein Magengeschwür, dessen medizinische Behandlung erfolglos gewesen war, unmittelbar nach dem ersten Interview völlig verschwand. Bei einer späteren Begegnung materialisierte Baba eine japamālā für ihn, „er griff sie in Schulterhöhe aus der Luft“, wie Ramachandran es beschrieb, auf gleiche Weise, wie ich Baba viele Objekte aus vermutlich der vierten Dimension habe nehmen sehen. Zu der Zeit, als Ramachandran mir seine Geschichte in Prashanti Nilayam erzählte, war er überglücklich, denn Swami gab ihm gerade persönliche Unterweisungen im Gebrauch der japamālā und in seinen spirituellen Übungen. Tatsächlich hat Sai Baba einen vollkommenen Wandel in der Lebensweise und Lebensanschauung dieses Mannes bewirkt, wie schon bei so vielen anderen auch.

Die Geschichte Ramachandrans ist nicht einzigartig. Andere Devotees haben ähnliche seltsame Erfahrungen gemacht. Viele haben in wichtigen Zeiten oder Krisen Babas Gegenwart gefühlt, ihn für einen kurzen Augenblick gesehen oder später Zeichen seiner unbemerkten Anwesenheit erhalten. Ich habe hier nur deshalb die Geschichte Ramachandrans ausgewählt (tatsächlich ist es nur ein Teil seiner reichen Sai Baba-Erfahrungen), weil er ein praktischer Wissenschaftler in verantwortungsvoller öffentlicher Position ist und dies für einen Skeptiker vielleicht einige Überzeugungskraft besitzt.

Fräulein Leela Mudalia ist Dozentin für Botanik am Queen Mary College der Universität Madras, aber in ihrer Freizeit wirkt sie als Priesterin in einem kleinen Tempel in Guindy am Rande von Madras, wo sie wohnt. Im Jahre 1943, als Leela 14 Jahre alt war, existierte dieser kleine Tempel noch nicht, und die Ereignisse, die zu seiner Errichtung und zu dem hingebungsvollen Dienst dieser jungen Wissenschaftlerin führten, könnten nicht unerklärlicher sein.

Das erste rätselhafte Ereignis war eine Prophezeiung etwa vierzig Jahre vorher, daß der Tempel dort erbaut werden würde, wo er heute steht. Im Jahre 1904 bat ein wandernder siddhapurusha (ein heiliger Mann, der geheimnisvolle Kräfte besitzt) Leelas Großvater um die Erlaubnis, auf einem Stück Land in Guindy, das dem Großvater gehörte, eine Grabstätte für sich zu bauen. Dieser gab seine Einwilligung, und der heilige Mann prophezeite, daß zur Rechten des Grabes ein Tempel für einen großen Heiligen und zur Linken eine Industrieansiedlung gebaut werden würde.

Der heilige Mann soll bekanntlich 125 Jahre alt gewesen sein, als er in das Grab stieg, in mahāsamādhi einging (also den Leib endgültig verließ) und begraben wurde. Seine vorherige Prophezeiung war auf ein Palmblatt geschrieben worden und viele Leute hatten sie gesehen, einschließlich Leelas Vater, Herr M.J. Logananda Mudalia. Zu jener Zeit, in den ersten Jahren dieses Jahrhunderts, war das Land, auf dem das Grabmal stand, ringsum unbebaut. Heute steht der kleine Tempel dicht rechts neben dem Grab und links davon eine Industrieanlage, genauso wie der Prophet ein halbes Jahrhundert vorher vorausgesagt hatte.

Bevor aber die Prophezeiung erfüllt wurde, sollten sich noch einige düstere Ereignisse auf diesem Stückchen Land abspielen. Anfang der vierziger Jahre errichtete ein Swami aus Gujarat eine Grashütte nahe dem Grabe des heiligen Mannes und ließ sich dort nieder. Aber dieser Swami war nicht auf dem rechten Pfad. Er wurde bald in der Gegend als Schwarzmagier bekannt, der

Familien zerstört und das Leben verschiedener Leute durch seine Hexenkräfte (unreine siddhis) ruiniert hatte.

Logananda Mudalia, der damals der Eigentümer des Landstücks war, befahl dem Gujarat-Schwarzmagier zu gehen, aber dieser weigerte sich einfach. Dies wiederholte sich mehrere Male, und schließlich, im Jahre 1943, holte Mudalia einen Polizeibeamten und ging mit ihm zu seinem Guindy-Grundstück. Der Schwarzmagier war nicht zu Hause, und deshalb begannen sie in seiner Abwesenheit die Grashütte zu zerstören. Gerade in dem Moment, als sie mit der Demolierung fast zu Ende waren, kehrte der Magier zurück.

Seine Wut war gewaltig. Er tobte und schrie. Schließlich stieß er den Fluch aus, Logananda Mudalia solle wahnsinnig werden. Er sah ihn mit brennenden Augen an und sagte: „Morgen wirst du ein rasender Irrer sein."

Logananda Mudalia war nicht besorgt. Er glaubte, daß er gegen solche schwarzen Kräfte immun sei. Er machte sich nicht einmal die Mühe, von diesem Vorfall seiner Frau oder seiner Tochter Leela zu berichten. Aber am nächsten Tag kam der Wahnsinn über ihn.

„Er war völlig außer sich und gewalttätig", sagte Leela. „Der Leiter der psychiatrischen Klinik in Madras wurde gerufen, und der sagte, daß mein Vater ins Hospital müsse."

Aber offensichtlich war Logananda Frau gegen diese Einlieferung; sie beschloß, ihn noch einen Tag zu Hause zu behalten, sie hoffte und betete, daß es ihm besser gehen möge, obgleich sie große Mühen hatten, ihn in seinen gewalttätigen Anfällen niederzuhalten.

Der Irrsinn hatte ihn an einem Freitag gepackt; er war zwei Tage lang völlig von Sinnen, und dann in der Nacht zum Sonntag oder am frühen Sonntagmorgen hatte er einen Traum oder eine Vision. Darin kam ein junger Swami zu ihm und gab ihm ein Gefäß mit Wasser und Tulsi-Blättern; dies solle er trinken, sagte er, dann würde er gesund. Das tat Logananda Mudalia, und der junge Swami verschwand.

Als Logananda am nächsten Morgen erwachte, war der Irrsinn vorbei. Er erzählte seiner Frau und Tochter von der Vision und beschrieb den Swami als einen jungen Mann in einem roten Gewand, mit dichtem Haar, das wie ein Mop auf seinem Kopf stand, wie das Haar einer Frau.

Zur Zeit dieses Ereignisses hielt sich Sathya Sai Baba, damals ein junger Mann, im Hause eines Devotees in Madras auf. Vor dem Mittagessen am Sonntag nach Logananda Mudalias Traum wurde Baba im Auto zum Haus eines anderen Devotees gefahren. Unterwegs ließ er das Auto so fahren, daß es nahe an Mudalias Haus vorbeikam. Als sie das Haus erreicht hatten, bat er seine Begleiter, im Auto zu warten, da er jemanden im Hause zu besuchen habe. Logananda mußte sich immer noch nach dieser heftigen geistigen Erkrankung im Hause ausruhen, und so wurde der junge Besucher im roten Gewand von Leela und ihrer Mutter zu ihm geführt.

Sofort als der junge Mann eintrat, erkannte Logananda ihn als den Heiligen aus seinem Traum. Sai Baba bestätigte dies mit seinen Begrüßungsworten: „Letzte Nacht bin ich zu dir gekommen und habe dir Tulsi-Wasser gegeben, ich werde nun dafür sorgen, daß der Wahn vorbei ist."

Mit einem Handkreisen materialisierte er einen Talisman als Schutz für Logananda, den er sich um den Hals hängen sollte. Dieser versuchte, sich vor dem überraschten jungen Swami auf den Boden zu werfen, aber sein Knie sprang aus dem Gelenk. Baba, praktisch und wundertätig zugleich, zog einmal kräftig an Logananda's Bein, und das Kniegelenk renkte sich wieder ein.

„Du bist Gott!" rief Mudalia aus und fiel auf die Knie. Er hielt Baba an den Fußgelenken und versuchte, ihn hochzuheben. Baba lachte und klopfte ihm liebevoll auf die Schulter, so daß er davon abließ.

Später nahm Baba die Frau zur Seite und sagte zu ihr, sie solle zu dem Grundstück in Guindy gehen und dort auf dem Boden ein paar Tonscherben suchen. Darunter müsse sie graben und würde dort die Körper einer Ziege und einer Henne finden. Diese Kadaver müßten entfernt werden, da sie mit den Zauberriten zusammenhingen, die die Krankheit hervorgebracht hätten. Als nächstes materialisierte Baba eine Limone und sagte der Frau, sie solle sie ohne Wissen ihres Mannes unter sein Kopfkissen tun. Schließlich produzierte der junge Besucher mit einer weiteren Handbewegung vibhūti und gab jedem Familienangehörigen davon. Beim Fortgehen sagte er noch zu Logananda Mudalia, er müsse sobald wie möglich nach Puttaparthi kommen.

Am gleichen Tag gingen Leela und ihre Mutter zum Guindy-Grundstück, wo sie die toten Tiere fanden und beseitigten, wie es ihnen gesagt worden war. Am nächsten Tag reiste Logananda nach Puttaparthi ab. Viele rätselhafte und wundervolle Dinge erlebte er dort, und er kam überzeugter als je zurück, daß Sai Baba eine göttliche Inkarnation sei.

Er beschloß, auf seinem Grundstück in Guindy ein Haus für Baba zu bauen. Aber bevor er damit weit gediehen war, erschien ihm in einem Traum die Gestalt von Shirdi-Baba, die ihm die Anweisung gab, statt eines Hauses einen Tempel für Sai Baba zu errichten und darin eine Statue der Shirdi-Baba-Gestalt aufzustellen. Am Tage nach dem Traum kam ein Brief von Sathya Sai Baba an, mit genau den gleichen Anweisungen wie im Traum.

Daraufhin wurde der Tempel gebaut, nachdem Logananda noch drei Häuser verkauft hatte, um das nötige Geld dafür zu haben. Währenddessen hatte ein Bildhauer in Madras ständig wiederkehrende hellsichtige Träume, in denen ihm gesagt wurde, daß in Guindy Arbeit auf ihn warte, und daß er zur Eisenbahnstation nach Guindy gehen müsse. Diese Träume machten einen so starken Eindruck auf den Bildhauer, daß er schließlich den Zug nahm und auf dem Bahnhof von Guindy wieder ausstieg. Dort wurde er von einem Mann angesprochen, der seinen Namen kannte und sagte: „Bitte, kommen Sie mit mir."

Verwirrt folgte der Bildhauer. Der Fremde führte ihn zu der Stelle, wo der Tempel gerade im Bau war, und stellte ihn Logananda Mudalia vor als den Künstler, der gekommen sei, um die Statue von Shirdi Baba zu machen. Dann verschwand der Fremde, und weder der Bildhauer noch Mudalia sahen ihn je wieder.

Ergebnis dieses Ereignisses war, daß der Bildhauer sich einverstanden erklärte, die Statue zu schaffen. Er hatte niemals zuvor in seinem Leben den alten Heiligen gesehen und hatte als Vorlage für seine Arbeit nur ein Bild. Aber seltsamerweise gab es keine Schwierigkeiten; irgendeine feine intelligente Kraft schien ihm Geist und Hand zu führen.

Die schwarze Granitfigur zeigt Shirdi Baba in seiner charakteristischen Sitzhaltung mit dem rechten Bein waagrecht über das linke Knie gelegt. Wie Michelangelos Moses aus Marmor in einer kleinen Kirche in Rom machte sie auf mich persönlich sofort den Eindruck, als ob sie lebte.

An dem Tage, als Sathya Sai sie mit entsprechenden Ritualen und Zeremonien im Tempel aufstellte, dachten die mehreren hundert Anwesenden, daß die Figur wirklich zum Leben erweckt war. Man berichtet, daß sie levitierte, etwa 90 Zentimeter über ihrem Podest einige Sekunden lang schwebte, und dann wieder in ihre Position zurückfiel.

Als das Gebäude 1947 fertig war, verließ Logananda sein Haus und nahm in dem Tempel Wohnung, um ihn zu hüten und die pūjās dort auszuführen. Nachdem er gestorben war, übernahm Leela seinen Platz, lebte in der Nähe im Hause ihres Bruders, aber schlief und verbrachte die meiste Zeit im Tempel.

An einem Sonntagmorgen radelten meine Frau und ich vom Sitz der Theosophischen Gesellschaft in Adyar nach dem etwa zwei Meilen entfernten Guindy, um Leela zu besuchen. Zuerst zeigte sie uns das Gelände. Wir sahen das Grab des Propheten und jenes von Leelas Vater und Mutter. Dann betraten wir den kleinen Tempel. Hier fühlte ich eine kraftvolle Atmosphäre, ein „Aufwärtsgezogenwerden", wie ich es an anderen Orten der Erde – in Lourdes, in der Kathedrale von Chartres und in Fatima in Portugal zum Beispiel gefühlt habe. Man hat das starke Gefühl, als würde man von den zarten wohltuenden Flügeln unsichtbarer Welten gestreift. Und dazu kam ein Ereignis, das diesen Eindruck noch verstärkte.

Zwei Blumen standen in einer Vase vor der Statue Shirdi Babas, als Leela uns und unsere alte Freundin aus Puttaparthi namens Balbir Kaur, die Kanwarani von Ladhran im Punjab, zu ihr führte. Leela gab beiden Frauen je eine dieser Blumen, als Zeichen des Segens von Sai Baba.

Bald danach gingen wir hinüber zum äußersten Ende des Tempels. Die Damen hatten sich auf eine Grasmatte auf den Boden gesetzt, um sich zu unterhalten. Leela hatte mir freundlicherweise einen Stuhl gebracht, aber er stand zu weit weg, als daß ich hätte an der Konversation teilnehmen können. So zog ich den Stuhl über den gefliesten Boden bis wenige Meter an die Grasmatte heran. Nach etwa zehnminütigem Gespräch zeigte Balbir auf meine Füße und sagte mit verwunderter Stimme: „Schau! Sieh, was da ist."

Meine Füße standen einige Zentimeter auseinander und mitten dazwischen, auf den polierten Fliesen lag eine herrliche kleine orangenfarbige Blume. Ich wußte sicher, daß diese Blume nicht da gewesen war, als ich mich niedersetzte, denn die einfachen, schlichten Fliesen waren mir besonders aufgefallen, als ich meinen Stuhl dort in Position stellte. Der Boden war völlig leer gewesen. Auch konnte die Blume nicht von irgendeinem Besucher fallengelassen worden sein, nachdem ich mich gesetzt hatte, denn niemand war unserer Gruppe nahegekommen.

„Solche Blumen kann man nirgendwo in dieser Gegend finden“, bemerkte Leela, die Botanikerin, nachdem sie sie sorgfältig untersucht hatte.

Ein junger Mann, der auch im Tempel half, kam, von unserer Diskussion angeregt, hinüber in unsere Ecke. Als er hörte, was sich ereignet hatte, sagte er zu Leela: „Ja, ich sah, wie Sie jeder der Damen eine Blume gaben, dem Herren jedoch nicht. Nun ist durch Sai Babas Kraft auch eine zu ihm gekommen. Welch ein Gnadenzeichen!“

Leela, die viele Wunder im Tempel gesehen hatte, gab ihm ohne Verwunderung recht. Wir drei Besucher waren von einer seltsamen Freude erfüllt, als hätten wir Baba gerade selbst gesehen. Die Kräfte aus anderen Welten schienen leicht Eingang zu finden in dieses liebe kleine Heiligtum, mit seiner seltenen Reinheit und frei von jeglichem Makel der Kommerzialisierung oder Geschäftemacherei durch die Priesterschaft.

12. Weitere Wunderheilungen

Licht und Leben bringt er allen,
Zum Heilen hat er sich aufgemacht.
– CHARLES WESLEY –

Wer wird schon die Zahl der Heilungen nennen können, die Sai Baba bewirkt hat? Es gibt hier keine offizielle Instanz zur Untersuchung und Zusammenstellung von Statistiken, wie zum Beispiel bezüglich der Wunder von Lourdes. Aber man hört ständig von Sai-Heilungen, wo immer man sich unter Sai Devotees befindet. Sie sind schon seit Jahren im Gange und gehen immer weiter. Die Mittel und Methoden, die Baba benutzt, sind zahlreich und unterschiedlich, von der heiligen Asche bis zu chirurgischen Instrumenten, die er auf der Stelle materialisiert. Aber welche Methode er auch immer wählt, das wunderbare, medizinisch unerklärbare Element ist immer dabei.

In den meisten der folgenden Fälle habe ich die ehemaligen Patienten selbst befragt, wie auch die Leute in ihrer Nähe. Die anderen Fälle wurden von Medizinern und verschiedenen verantwortlichen Zeugen untersucht und entweder mir oder dem monatlichen Magazin, das in Prashanti Nilayam herausgegeben wird (Sanātana Sārathi), berichtet.

Herr N.T. Natarajan lebt in Ernakulum, Kerala, und ist sehr aktiv in der Sai-Baba-Bewegung in jenem Gebiet. Er besitzt einen Taxi-Betrieb, aber man könnte kaum jemanden finden, der weniger nach einem typischen Taxi-Mann aussieht als er. Wie so viele der Sai Devotees ist er sanft und voller brüderlicher Liebe. Ich habe mit ihm in Prashanti Nilayam lange Gespräche über viele Dinge geführt, einschließlich seiner Wunderheilung durch Sai Baba.

Er erzählte mir, daß er im Jahre 1957 die Sehkraft auf dem linken Auge verloren hatte. Zunächst suchte er seinen Hausarzt auf, der ihn zu einem Augenspezialisten nach Bangalore schickte. Dort konsultierte er vorsichtshalber zwei Spezialisten (deren Namen er mir nannte), aber beide sagten ihm, daß keine Hoffnung auf eine Wiederherstellung des Augenlichts bestünde. Nicht nur das, sondern wahrscheinlich würde das andere Auge auch bald angegriffen werden, und er würde die Sehkraft insgesamt verlieren. Dies war ein schlimmes, niederschmetterndes Urteil.

Aber am gleichen Tag kam Hoffnung. Herr Natarajan besuchte einen Cousin, sah ein Photo eines Mannes in roter Robe mit einem schwarzen Haarmop und fragte, wer das sei. Der Cousin war ein Sai-Baba-Devotee, und das Ergebnis war, daß Herr Natarajan in Madras ankam, um Baba zu sehen, der im Hause von Herrn Hanumantha Rao weilte.

Beim ersten Interview zeigte Herr Natarajan den Brief vor, den er von seinem Devotee Cousin mitgebracht hatte, aber Baba wollte ihn nicht nehmen und sagte: „Keine Sorge, ich weiß alles über deinen Fall. Ich werde dich heilen. Aber du mußt dann fünfzehn Tage lang in Puttaparthi bleiben."

Also kehrte er nach Ernakulum zurück, traf alle notwendigen Vorbereitungen und fuhr geradewegs nach Puttaparthi. Dort wurde ihm gesagt, er solle jeden Morgen zu Sai Baba kommen und eine kurze Blumenkette aus Jasmin mitbringen. Baba segnete diese jedesmal und band sie dann fest auf die Augen des Patienten. Dort blieb sie dann tagsüber und die folgende Nacht. Am nächsten Morgen warf Baba die alte Jasminkette fort und legte jeweils die neue auf. Dies ging etwa zehn Tage so.

Dann rief Baba eines Abends nach dem bhajan-Singen Herrn Natarajan in einen Raum, kreiste mit seiner Hand und materialisierte eine kleine Flasche. Daraus träufelte er einige Tropfen Flüssigkeit in das kranke Auge. Die Flüssigkeit stach und reizte das Auge, aber Baba beruhigte ihn und sagte: „Das macht nichts, bald wirst du geheilt sein." Am folgenden Tag ließ Baba ihn wiederum rufen und materialisierte etwas, was die Hindus rudraksha nennen, eine Art Talisman, der aus den Beeren eines Baumes aus dem Himalaja gemacht ist und den man zum Schutz und als Glücksbringer verwendet. Baba überreichte ihm dies mit Anweisungen, wie er zu gebrauchen sei.

Einige Tage später kehrte Herr Natarajan nach Ernakulum zurück. Das Sehvermögen seines kranken Auges war sehr viel besser, und es besserte sich weiterhin. Innerhalb von drei Monaten war es wieder ganz normal, und seit zehn Jahren hat er keinerlei Schwierigkeiten mehr mit seinen Augen gehabt.

Hier sind zwei andere Heilungen, die Baba bewirkt hat:

Ein Beispiel seiner Kraft, böse Geister auszutreiben und Besessenheit zu heilen, wurde mir von Lilly Krishnan gegeben. Sie sagte, daß vor einigen Jahren eine Frau in den Aschram kam, die von einem bösen Geist oder einem Dämon besessen gewesen sei. Die Frau hatte einen irren Blick, schrie drauflos, raufte sich die Haare, benahm sich gewalttätig und aß allerlei Unrat und Schmutz. Baba trieb den Dämon aus, wie, das weiß nur er. „Nach dieser Behandlung gab es keinerlei Zeichen von Wildheit oder Gewalttätigkeit mehr“, sagte Lilly. „Die Frau wurde warmherzig, mild und lieb.“

Dr. D.S. Chander, ein Kieferchirurg aus Bangalore, der schon zwanzig Jahre lang Devotee war, erzählte mir, daß er im Jahre 1948 an starken Schmerzen litt, die von einem Stein in seiner Gallenblase herrührten. Sein ärztlicher Ratgeber sagte, daß eine chirurgische Operation unumgänglich sei. Dr. Chander ging zu Baba, der darauf die scherzhafte Bemerkung machte: „Ihr Chirurgen denkt nur immer an Messer und Gabel.“ Dann nahm er etwas vibhūti aus der Luft und gab es dem Zahnarzt, indem er ihn anwies, jeden Tag etwas davon in Wasser aufgelöst zu nehmen. In kurzer Zeit verschwand der Schmerz, und eine Operation war nicht mehr nötig. Seit zehn Jahren hatte er nun keinerlei Schwierigkeiten mehr mit seiner Gallenblase.

Trotz Babas Scherz über Chirurgen und ihre Vorliebe für Messer, hat er selbst bei zahlreichen Gelegenheiten zur Entfernung von Mandeln oder einem Tumor oder etwas anderem chirurgische Operationen unternommen. Zu diesem Zweck materialisiert er jedesmal mit einem Handkreisen dasjenige chirurgische Instrument, das er gerade braucht. Hinterher läßt er es wieder verschwinden. Viele respektable Bürger Indiens waren Zeugen solcher Ereignisse.

Aber trotz dieser gelegentlichen Operationen und übernatürlichen Materialisationen verschiedener Medikamente ist Babas meist verwandtes Heilmittel sein unerschöpflicher Vorrat an heiliger Asche. Durch dieses wundervolle Medium fließt die göttliche Kraft, um viele Arten von Leiden zu heilen. Es wird auch zur Ersten Hilfe bei Unfällen wirkungsvoll eingesetzt.

Ein bemerkenswerter Fall,[1] bei dem die Anwendung von vibhūti aus der Ferne eine Rolle spielt, ist der eines 14 Jahre alten Jungen namens Siva Kumar, der an einer Herzkrankheit litt. Im November 1964, als Siva Kumar bei seinem Onkel Dr. M.D.V. Raman in

[1] Diese Geschichte wurde erstmalig in der Zeitschrift „Sanātana Sārathi“ (Der Ewige Wagenlenker) veröffentlicht, und vom Herausgeber, Herrn N. Kasturi, M.A., B.L., zuletzt Fakultät für Geschichte und ehemaliger College-Direktor der Mysore Universität, geprüft.

Bombay war, bekam er cerebro-spinale Meningitis mit teilweiser Lähmung der linken Seite und dem Verlust von Sehen und Sprache. Am 30. November wurde er bewußtlos, morgens um 11.45 Uhr kam Zyanose hinzu, und der Junge lief blau an. Die Ärzte gaben ihm nur noch wenige Stunden zu leben.

Aber gegen Mittag schien er Zeichen zu geben, als ob er etwas wolle. Die Anwesenden interpretierten seine Zeichen so, daß er ein Bad nehmen wolle und etwas von dem vibhūti, das an diesem Morgen von einem Freund aus Puttaparthi mitgebracht worden war. Sie taten, was er verlangte, badeten ihn und gaben ihm von der heiligen Asche. Danach machte er Zeichen, daß er ein Photo von Sai Baba wolle. Dies wurde gebracht und vor ihm aufgestellt. Dann massierte Siva sein linkes gelähmtes Bein und seinen Arm mit seiner gesunden rechten Hand.

Plötzlich stieg er aus dem Bett und ging, obgleich schwankend und gestützt, in den pūjā-Raum der Familie. Dort saß er in der Nähe des Altars und schien in einen meditationsähnlichen Zustand zu fallen. Dies dauerte etwa zwei Stunden, dann ging Siva aus dem pūjā-Raum, diesmal ohne Hilfe, schaute umher, ging hinüber zu einem Stuhl und setzte sich hinein.

Offensichtlich hatte er auch seine Sehkraft wiedergewonnen, und dann sprach er. Er erzählte den Anwesenden, daß Sai Baba ihm in einer Vision erschienen sei und ihm gesagt habe, daß sein Leben gerettet würde. Siva habe gebeten, auch Augenlicht und Sprache wiederzubekommen, und Baba hätte ihm diese Bitte gewährt und ihm gesagt, was er dazu tun solle.

Bald danach konnte Siva wieder die Schule besuchen und seine geliebten Studien aufnehmen. Als mir diese Tatsachen mehr als ein Jahr, nachdem diese Wunderheilung stattgefunden hatte, berichtet wurden, befand sich Siva immer noch bei bester Gesundheit.

Im Jahre 1967 traf ich in Prashanti Nilayam Russi C. Patel, einen Parsen aus Bombay, und seine Frau. Sie erzählten mir die Geschichte ihrer kleinen Tochter Ketu.

Im Alter von zweieinhalb Jahren konnte Ketu weder sprechen, gehen noch stehen. Man hatte sie verschiedenen medizinischen Behandlungsmethoden unterzogen, einschließlich moderner Medikamente und Physiotherapie. Aber nichts schien zu wirken. Die Ursache der Krankheit war ein Rätsel. Einige sagten, es sei geistige Spätentwicklung, andere sagten, es sei eine unbekannte, tiefsitzende Nervenkrankheit.

Dies war der Stand der Dinge im Februar 1965, als Herr Patel sich entschloß, nach Puttaparthi zu fahren und Sai Baba aufzusuchen. Seine Frau, die eine sehr orthodoxe Parsin war, war nicht für diese Idee zu gewinnen, sie hielt es für verlorene Zeit und Geldverschwendung.

Als Herr Patel im Aschram ankam, wurde gerade das Shivarātri-Fest gefeiert, und eine große Menschenmasse war da. Obgleich die Leute ihn drängten, sich um ein Interview zu bemühen, war er zu bescheiden dazu – besonders, da er das Gefühl hatte, daß Baba, ohne daß er es ihm sagen mußte, alle seine Sorgen kannte und auch wußte, warum er gekommen war.

Mehrere Male schrieb er eine Notiz, in der Absicht, sie Baba zu überreichen, wenn dieser durch die Menge ging, aber jedesmal, wenn er die kleine Gestalt mit dem leuchtenden Gesicht voller Mitgefühl sah, fand er, daß es nicht nötig war und riß den Brief entzwei. „Wenn Baba mich will, dann wird er mich rufen", sagte Patel zu seinen Freunden.

Aber die Tage vergingen, und er wurde nicht gerufen. Ströme von Menschen gingen hinein, um den großen Heiligen zu sehen, aber Patel nicht. Eines Morgens, einige Tage nach der Produktion des linga, wurde angekündigt, daß es keine weiteren persönlichen Interviews mehr geben würde. Jedoch kam Baba auf den Balkon und gab allen vor ihrer Heimfahrt noch seinen Segen. Herr Patel fühlte, wie das große Mitgefühl Babas auf die Menge ausstrahlte und auch in sein Herz drang.

Jedoch im Zug auf der Heimreise sank sein Glaube und sein Mut auf den Nullpunkt. Er dachte an die Tage, die er dort verbracht hatte, und all die Chancen, mit Baba zu sprechen, die er versäumt hatte. Er dachte an seine arme kleine Tochter, die immer noch nicht stehen bzw. kein Wort sprechen konnte. Er stellte sich die Vorwürfe seiner Frau über die Zeit- und Geldverschwendung vor. Völlig deprimiert kam er zu Hause an.

Aber als er die Tür öffnete, war der erste Anblick die kleine Ketu, die bei seiner Abreise nicht einmal stehen konnte – sie kam den Flur hinunter auf ihn zu und rief laut: „Vati, Vati!" Er nahm sie hoch und umarmte sie; dann umarmte er seine Frau, während sie beide vor Freude über das Wunder weinten, das sich auf irgendeine Weise ereignet hatte.

Als Herr Patel die Fakten zusammen mit seiner Frau überprüfte, fand er heraus, daß Ketu zum ersten Mal am Tage, bevor er zurückkam, zu gehen und zu sprechen angefangen hatte; das war gerade zu dem Zeitpunkt, als Baba den versammelten Devotees seinen Segen vom Balkon aus gegeben hatte. Einige Zeit später nahm Herr Patel seine Frau und Tochter mit, um Baba zu treffen, der gerade zu Besuch in Bombay war. Inmitten der vielen Tausend, die sich in dieser Metropole um ihn drängten, sah Sai Baba sie und, wie Herr Patel sagte: Er grüßte das kleine Mädchen, als ob sie eine alte Freundin sei, die nach langer Abwesenheit zurückgekehrt sei. Er hob sie auf sein Knie, materialisierte etwas vibhūti und tat es ihr in den Mund. Danach verbesserte sich ihr Sprachvermögen erheblich, und sie begann, längere Wörter zu verwenden.

Die nächste Geschichte handelt von unserer Freundin, die unser Erlebnis im Guindy Tempel teilte – Balbir Kaur, die Kanwarani von Ladhran und Enkelin des Raja Gurdit Singh, Retgariha von Patiala. Diese dunkeläugige Sikh-Frau mit der sanften Stimme schätzte ich auf etwa vierzig Jahre, als ich sie das erste Mal im Jahre 1967 in Babas Gesellschaft in Horsley Hills traf. Dort erzählte sie auch meiner Frau und mir die bewegende Geschichte der „unmöglichen Heilung“, die sie zu Füßen Sai Babas gebracht hatte. Der Fall wurde von ihrer Tochter, der Maharani von Jind, bestätigt.

Im April 1966 mußte sich Balbir Kaur einer Operation an einer inneren Geschwulst unterziehen, und ein Test zeigte, daß es sich um Krebs handelte. Ihr wurde dies nicht gesagt, aber der Bericht wurde ihrer Tochter gegeben, die ihn zu einem Spezialisten in Bombay brachte. Im Juli hatte Balbir einen schlimmen Blutsturz und wurde von ihrem Haus im Punjab nach Bombay gebracht und in das Tata Memorial Hospital eingeliefert. Die Blutung wurde durch das Wuchern eines Krebsgeschwürs ausgelöst, das, wie die Maharani von Jind sagte, „so groß wie eine schreckliche Rose geworden war, da die Stammgeschwulst sich schnell vergrößerte, nachdem sie durch die erste Operation stimuliert worden war.“

Die Maharani fuhr fort: „Die Ärzte lehnten es ab, sie noch einmal zu operieren, und sagten, ihr Fall sei hoffnungslos und es gebe keine Chance für sie, eine Operation zu überstehen. Ein Sarkom ist der hartnäckigste und am schnellsten wachsende Krebs; seine Operation daher auch die drastischste und schmerzhafteste. Jedoch nach viel Bitten und Tränen meinerseits erreichte ich, daß die Ärzte einer Operation zustimmten.“

Daraufhin hatte Balbir Kaur ihre zweite große Operation innerhalb einer Zeitspanne von etwas über drei Monaten. Sie war länger als vier Stunden auf dem Operationstisch. Trotz der Befürchtungen der Ärzte überlebte sie, erlangte aber nur schwach das Bewußtsein, mit sechs Schläuchen in ihrem Körper. An diese Schläuche waren elektrische Absaugmaschinen angeschlossen, die die Wundsekrete absaugten. „Mit ihrem fortwährenden schrecklichen Ticken", wie ihre Tochter es beschrieb, „schienen sie noch das letzte bißchen Leben aus Mutters Körper zu ziehen."

Einundzwanzig Tage nach der Operation waren die Absaugschläuche immer noch an ihrem Ort. „Der schnell wachsende Krebs und die den Heilungsprozeß beeinträchtigende Zersetzung, aber auch einige chirurgische Fehler verursachten anscheinend die vielen undichten Stellen am Körper. Sobald eine Stelle heilte, öffnete sich eine andere", sagte mir die Maharani. Balbir wurde so schwach, daß sie sich am äußersten Abgrund des Todes befand. Sie bekam Glukoselösung sowie eine Bluttransfusion. Aber dann entstand durch einen der Schläuche eine neue Wunde. Eine Röntgenaufnahme, die die Ursache zeigen sollte, wies auf ein Loch im Harnleiter. Die Ärzte entschieden, daß eine dritte Operation nötig sei, um entweder das Loch im Harnleiter zu beseitigen oder die Funktion der linken Niere zu stoppen.

Aber Balbir fühlte, daß sie eine weitere große Operation nicht überstehen würde. Sie war mit ihren Kräften am Ende; sie hatte starken Husten, und ihr Mund war als Reaktion auf die Antibiotika so geschwollen, daß sie durch eine Nasenkanüle ernährt werden mußte. Sie wußte, daß eine weitere Operation, ohne daß sie vorher Kraft geschöpft hätte, ihren Tod bedeuten würde.

Durch einen glücklichen Wink des Schicksals hatte einer ihrer Verwandten ihr, kurz bevor sie zur Krebsoperation nach Bombay kam, ein Photo von Sathya Sai Baba und das Buch über sein Leben von N. Kasturi gegeben. Das Portrait hatte sie irgendwie tief berührt, und während sie das Buch las, wuchs ihr Glaube an Sai Baba.

Hier im Hospital in Bombay war sie mit ihrem Leben an einer wichtigen Weggabelung angelangt, und beide Wege schienen völlig hoffnungslos. Sie konnte mit ihrem Körper in dieser hoffnungslosen Situation nicht weiterleben, und andererseits waren ihre Chancen, die zur Besserung notwendige Operation zu überleben, äußerst gering. Sie fühlte, daß ihr Leben an einem seidenen Faden hing. Nur ein Wunder konnte sie retten. Sie hatte schon vorher begonnen, zu dem neu entdeckten göttlichen Wundermann Sai Baba zu beten. Sie betete nun inbrünstiger und unablässig, auch während sie auf dem Tisch lag und zur Vorbereitung der dritten Operation untersucht und geröntgt wurde, die für den nächsten Tag angesetzt worden war. Kurz bevor sie um 4 Uhr nachmittags vom Röntgentisch kam, schien der Wundfluß vom Harnleiter aufzuhören. Aber man hielt dies nur für vorübergehend, so daß die Pläne für die Operation nicht verändert wurden.

In jener Nacht betete sie von ganzem Herzen zu Baba. Sie bat ihn, sie zu heilen und ihr die Operation zu ersparen, die sie nicht überleben zu können glaubte. Der Wundfluß blieb über Nacht aus. So auch am nächsten Tag, und die Ärzte stellten fest, daß das Loch im Harnleiter sich auf wundersame Weise selbst geschlossen hatte.

„Sie wußten, daß ich zu Sai Baba gebetet hatte", sagte sie mir, „und sie waren gezwungen, zuzugeben, daß sich ein Wunder ereignet hatte. Anstelle der Operation an jenem Tage wurden mir die Kanülen abgenommen, und ich befand mich dank Baba auf dem Wege der Besserung."

Schließlich war auch das Krebsgeschwür verschwunden: Die Risse, Operationsfehler und Wunden in ihrem Inneren waren abgeheilt, und Balbir Kaur war bald soweit bei Kräften, daß sie das Hospital verlassen und nach Hause gehen konnte. Es war nun ihr größter Wunsch, nach Puttaparthi zu fahren und den großen Heiligen persönlich zu sehen, der ihr das Leben gerettet hatte. Die ihr Nahestehenden versuchten, sie davon abzuhalten, weil das Leben im Aschram für sie zu beschwerlich sei.

Wiederum wandte sie sich im Gebet an Sai Baba: „Sag mir, was ich tun soll", betete sie. In einem Traum sah sie ihn darauf auf dem Balkon in Prashanti Nilayam stehen, wo sie in ihrem Leben noch nie gewesen war. Seine Worte an sie waren klar und deutlich: „Komm nach Puttaparthi."

Als sie dort ankam, sah sie das Gebäude und den Balkon aus ihrem Traum. Baba sah sie und rief sie alleine in seinen Raum. Sie hatte niemandem im Aschram ihren Namen gegeben. Dennoch kannte er sie sofort und erzählte ihr alles über ihre Operationen, über ihre Todesnähe und ihre Heilung.

Sie hat nun ihren dauernden Wohnsitz in Prashanti Nilayam bezogen, wo Sai Baba sie in seiner unnachahmlichen Art die spirituellen Lektionen lehrt, die sie lernen muß, um ihr Leben, das sie durch seine Gnade wiedergewonnen hat, auf die richtigen

Bahnen zu lenken. Das Wunder der Balbir Kaur war das Mittel, durch das viele Leute zu Sai Baba fanden, einschließlich ihrer Tochter, der Maharani von Jind, die eine eifrige Sai Devotee geworden ist.

In einer alten Ausgabe der Aschram-Zeitschrift las ich eine Reihe von Briefen von H.N. Banerji, der damals Professor für Physiologie an der Medizinischen Hochschule in Gwalior in Nordindien war. Die Briefe waren an Y.N. Narayanayya, einen Wissenschaftler, der in Prashanti Nilayam lebte, geschrieben. Die Briefe betrafen Professor Banerjis Nichte, eine 38-jährige Mutter von sieben Kindern. Der Professor sagte, daß schon im Jahre 1965 die Ärzte in Frau Chatterjis linker Brust Krebs vermuteten. Sobald er davon erfuhr, ließ er sie gründlich in Gwalior und dann im Gesamtindischen Institut für Medizinische Wissenschaften in Delhi untersuchen. Die Untersuchungen bestätigten die ursprüngliche Diagnose auf Krebs.

Im Gesamtindischen Institut operierte dann ein bedeutender Chirurg, Professor B.N. Rao F.R.C.S. (London) Frau Chatterji. Dann schrieb Professor Banerji Herrn Narayanayya in seinem ersten Brief am 6. Februar 1965 aus Gwalior:

> „Der pathologische Bericht des entfernten Gewebes zeigt eine äußerst bösartige Art von Krebs – ein Karzinom. Dr. Ramalingaswami, der berühmte Pathologe des Instituts, hat das Gewebe selbst untersucht. Dieser Karzinomtyp ist äußerst gefährlich; *sie hat jetzt nur noch knapp acht Monate zu leben.*„

Der Brief schließt mit einer inständigen Bitte um Hilfe an Sai Baba.

Der Hilferuf erreichte Babas Ohr. Er materialisierte vibhūti und gab die Anweisung, es an Professor Banerji zu schicken.

Der zweite Brief des Professors wurde am 20. Februar geschrieben. Er habe, schrieb er, die vibhūti-Päckchen bekommen und sei dann damit zur Krankenstation seiner Nichte geeilt. Das vibhūti wurde wie angeordnet verabreicht, und „durch die Gnade seiner Heiligkeit verschwand das Fieber, das sie seit zehn Tagen gequält hatte, teilweise bei 41 Grad Temperatur, begleitet von unerträglichen Hitze- und Fallgefühlen; keines dieser schmerzhaften Symptome ist wiedergekehrt. Welch ein Wunder ist allein schon dies ..."

Achtzehn Tage später, am 10. März, schrieb er den dritten Brief: „Meiner Nichte geht es jetzt viel besser. Sie hat die Anämie überstanden, läuft herum und ißt praktisch wieder ihre normale Kost. Außerdem schlägt das Kobalt 60, daß so viel Rückschläge verursacht hatte, jetzt gut an. Krebs ist für die medizinische Wissenschaft höchst unberechenbar, aber ich bin sicher, daß sie mit dem Segen Bhagavān Shri Sathya Sai Babas noch ein blühendes Leben vor sich hat."

Der letzte Brief des Professors an seinen Freund, der in der Aschram Zeitschrift veröffentlicht wurde, datierte vom 23. April. Hierin sagte er: „Meiner Nichte geht es durch die Gnade Sai Babas sehr gut. Sie sollte sich ursprünglich vorsichtshalber einer Eierstockoperation unterziehen. Aber die Ärzte haben die Idee wieder fallengelassen. Ich bin mir ganz sicher, daß meine Nichte durch die Gnade Sathya Sai Babas gerettet worden ist. Sie wurde vor einem Monat entlassen und fuhr noch am gleichen Tage mit ihrem Ehemann nach Kalkutta. Ich bin zutiefst dankbar usw. usw..."

Eine Reihe führender Mediziner und Wissenschaftler waren mit diesem Fall befaßt, einschließlich Herrn Chatterjis Bruder, einem Medizinalbeamten des Distrikts, und ihrem Bruder, der Elektroingenieur ist. Also fand die Heilung innerhalb einer Gruppe pragmatischer Menschen statt, die man nicht als unzuverlässige Phantasten bezeichnen kann.

Ich habe schon gesagt, daß Professor Banerji im Februar 1965 geschrieben hatte, daß seine Nichte nach Meinung der Ärzte „kaum mehr acht Monate zu leben hatte". Zur Zeit seines letzten Briefes aber, etwa zweieinhalb Monate später, „ging es ihr gut". Aber was war danach? Es war ja möglich, daß die Gesundung nur vorübergehend war und daß der Krebs wiedergekommen war, denn, wie der Professor sagte, Krebs ist eine äußerst unberechenbare Krankheit.

Ich beschloß, in dieser Sache nachzuforschen und schrieb an Herrn Narayanayya in Prashanti Nilayam, den ich persönlich kenne. Als mein Brief eintraf, war Professor H.N. Banerji selbst im Aschram zu Besuch. Bald darauf, im Februar 1968, erhielt ich einen Brief vom Professor, in dem er die medizinischen Details bestätigte, die in der Zeitschrift veröffentlicht worden waren, und er schrieb: „An einem sehr entscheidenden Tag erhielt ich einen Briefumschlag von meinem Freund (Herrn Narayanayya) mit dem vibhūti, das Baba ihm persönlich übergeben hatte... Das Wunder geschah. Die Patientin ist genesen. Es geht ihr gut. Sie wird fast jeden Monat von einem Spezialisten untersucht. Drei Jahre sind vorüber, und durch Bhagavāns Gnade geht es ihr gut. Medizinisch war das Todesurteil gesprochen, und die letzten Hoffnungen waren aufgegeben. Es geschehen eben Wunder, ganz gleich, ob man sie so nennt, oder ob man sagt, es sei nichts anderes als Babas Gnade und Erbarmen."

Der Brief kam aus Patna, denn bald nach der wunderbaren Genesung seiner Nichte zog er sich von der Professur am Medizinischen College von Gwalior zurück und nahm eine Stelle an als Leiter der Biochemischen Abteilung im Rajendra Memorial Institut für Medizinische Wissenschaften in Patna. Er kann, meine ich, als erstklassiger Zeuge für die wunderbare Sai Kraft gelten, die, in ein paar Päckchen vibhūti verpackt, quer durch Indien übermittelt wurde.

Herr P.S. Dikshit aus Bombay ist Produzent von Dokumentarfilmen für die Maharashtra Regierung und ein bekannter bhajan-Sänger. Von der bemerkenswerten Heilung, bei der er beteiligt war, hörte ich zuerst von der Maharani von Kutch und anderen Baba-Devotees; später erzählte mir Herr Dikshit selbst die Fakten.

Seine Schwester litt an Schmerzen in der linken Brust, in der ein verdächtiger Knoten saß. Klinische Untersuchungen im Tata Memorial Hospital von Bombay bestätigten den Verdacht auf bösartigen Krebs, und die Ärzte rieten, die Brust sofort zu entfernen. Der verantwortliche Chirurg erklärte sich bereit, in wenigen Tagen die Operation durchzuführen, und zwar am folgenden Dienstag. Dann verschob aber der Assistent den Termin auf den Mittwoch, weil er sich erinnerte, daß der Dienstag ein Feiertag wäre. In diesen wenigen Tagen versuchte Herr Dikshit, den Aufenthalt von Sai Baba herauszubekommen, um seine Einwilligung und seinen Schutz zu erhalten. Als er erfuhr, daß Baba zu Besuch in Anantapur in Andhra Pradesh war, nahmen er und seine Schwester einen Zug dorthin.

Baba logierte in einem Haus in den Außenbezirken Anantapurs, und wie es der Zufall wollte, war auch ich dort mit seiner Gesellschaft. Herr Dikshit und seine Schwester erreichten das Haus am frühen Morgen und warteten auf der verglasten Veranda, bis Baba sein Bad genommen hatte. Obgleich niemand Baba über ihre Ankunft oder den Grund ihres Besuchs informiert hatte, sagte Baba sofort, als er herauskam, zu Dikshit: „Ich weiß – deine Schwester hat Krebs in der linken Brust. Die Operation sollte erst am nächsten

Dienstag sein, wurde aber dann auf Mittwoch verlegt. Tatsächlich wird sie aber am Donnerstag stattfinden. Ich werde dabei sein, und alles wird in Ordnung sein. Mach dir keine Sorgen."

Dann produzierte Swami etwas vibhūti in seiner üblichen wunderbaren Weise, gab davon der Patientin etwas zu essen und rieb den Rest auf Herrn Dikshits linke Brust, indem er es unter dem Hemd gut in die Haut einmassierte. Zum Schluß gab er einen Klaps auf seine Brust und sagte: „Nun geht." Dann gingen sie.

Sie trafen am Dienstagmorgen wieder in Bombay ein, und Herr Dikshit brachte seine Schwester am Mittwoch zur Aufnahme ins Hospital. Aber die Operation war, wie Baba vorhergesagt hatte, auf den nächsten Tag, Donnerstag, festgesetzt worden.

Am Mittwochabend, kurz vor dem Schlafengehen, während Herr Dikshit noch auf dem Bettrand saß, begann eine wässrige Flüssigkeit stark aus seinem linken Nasenloch zu fließen. Er hatte keine Schmerzen, nur diese ausströmende Flüssigkeit. Innerhalb von zwei Minuten hatte sie den Schlafanzug so gründlich durchnäßt, daß er ihn wechseln mußte. Herr Dikshit und seine Frau waren völlig verdutzt über diesen plötzlichen Fluß, der genauso plötzlich aufhörte, wie er begonnen hatte. Er hatte sich nicht den Kopf erkältet, und warum überhaupt der Fluß aus nur *einem* Nasenloch – und in solcher Menge? Sie vergaßen jedoch diesen Zwischenfall schnell, denn ihre Gedanken waren auf die Krebsoperation am nächsten Morgen gerichtet.

Am nächsten Morgen um neun Uhr wurde Dikshits Schwester in den OP-Raum gebracht. Nach etwa einer halben Stunde kam einer der Ärzte, ein Pathologe, heraus und sagte zu Herrn Dikshit: „Wir können den Knoten, der deutlich auf dem Röntgenbild zu sehen war, nicht mehr finden. Dort ist nur noch wässerige Flüssigkeit. Kein Anzeichen von Krebs. Wir haben die Flüssigkeit abgesaugt und werden sie vierundzwanzig Stunden einfrieren, um eine Biopsie zu machen, um sicher zu sein, daß alles in Ordnung ist."

Am Freitagmorgen kam Herr Dikshit wieder ins Hospital, um den Befund zu hören. Derselbe Pathologe kam zu ihm und berichtete: „Alles in Ordnung, nicht die geringste Spur von Krebs. Irgendwie ist er verschwunden!"

Die betroffenen Ärzte waren verwirrt über das unerklärliche Verschwinden des bösartigen Krebses, der sich unverwechselbar in allen wissenschaftlichen Tests gezeigt hatte. Aber Herr Dikshit war nicht verwirrt; sein Herz war voll tiefer Dankbarkeit für den großen Arzt der Ärzte.

In der Zwischenzeit war der Ehemann der Schwester aus Delhi rechtzeitig zur festgesetzten Operation eingetroffen. Nachdem er hörte, was sich ereignet hatte, fuhr er geradewegs weiter nach Prashanti Nilayam, wohin Baba zurückgekehrt war, und wartete vor der Gebetshalle, um ihm seine tiefste Dankbarkeit auszudrücken. Nach einer Weile erschien Baba auf dem Balkon direkt über ihm und rief zu ihm lächelnd hinunter: „Nichts da, was? Nur Wasser! Ja, du kannst froh sein, daß es deiner Frau gut geht."

Eine fürwahr eigenartige und dazu recht seltene Methode, eine Person durch eine andere zu heilen. Aber wie die moderne Parapsychologie gerade entdeckt, sind die Menschen auf tieferen Ebenen des Geistes und der Emotionen eng miteinander verbunden. Und auf der tiefsten Ebene, so lehrt die spirituelle Philosophie, gibt es keine wirkliche Trennung zwischen uns; wir sind alle eins. Dennoch kann man sich fragen, warum Baba dieses ungewöhnliche Verfahren angewandt hat? Viele seiner alten Devotees bemerken oft: „Wer kann Babas Geheimnisse enträtseln? Wir können nur die Wohltaten annehmen und dafür dankbar sein."

Aber weniger selten als die Heilung eines Devotees durch einen anderen ist die Praxis des Sadgurus (der vollkommene Meister, der mit dem göttlichen Bewußtsein eins geworden ist), seine Devotees durch seinen eigenen Körper zu heilen.

Ich hatte schon von großen Yogis gelesen, die manchmal karmische Leiden und Unfälle auf sich nehmen, die über einen ihrer Anhänger kommen sollen. Es gibt einige Beispiele dafür in Autobiographie eines Yogi von Swami Yogananda, in Leben des Sai Baba von Narasimha Swami und in anderen Berichten über wundertätige Heilige Indiens.

Sathya Sai Baba hat auf ähnliche Weise körperliche Schmerzen seiner Devotees auf sich genommen und erduldet. N. Kasturi erzählt in seinem Buch über Babas Leben, daß ihm einmal ein Arzt aus der Nähe von Madura geschrieben habe, daß er Schmerzen und Blutungen am Ohr gehabt habe, aber daß diese plötzlich und auf wundersame Weise verschwunden seien. Herr Kasturi schreibt weiter, daß der Brief des Arztes ihn erreichte, „gerade als bei Baba eine kleine Blutung aus dem Ohr und Ohrenschmerzen aufgehört hatten, wozu er sagte, daß er sie von einem Devotee übernommen habe, der an diesen Beschwerden litt."

Kasturi sagt weiter, daß „Sathya Sai Baba Mumps, Typhusfieber, Geburts- und Brandwundenschmerzen an Stelle eines Devotees auf sich genommen und darunter gelitten habe.“ Ein eindrucksvolles Beispiel dieser Art des Mitleidens wurde mir von einer Anzahl von Zeugen beschrieben, die im Aschram anwesend waren, als es geschah.

Am Abend des 28. Juni 1963 bat Baba Herrn Kasturi, im Aschram bekannt zu geben, daß eine Woche lang keine weiteren Interviews gewährt würden. Weder Kasturi noch sonst jemand verstand den Grund oder konnte ihn erraten. Aber bald fand man ihn heraus. Am Samstag, den 29. Juni, um 6.30 Uhr morgens wurde Baba bewußtlos. Anfänglich dachten seine engsten Devotees, er sei in Trance gefallen, was er in der Vergangenheit oft getan hatte, wenn er in seinem feinstofflichen Körper reiste, um einem Devotee irgendwo dringende Hilfe zu bringen. Man wußte, daß diese Trancezustände ein paar Stunden dauerten, aber diesmal blieb Swami viel länger bewußtlos.

Seine Devotees bekamen Angst und begannen, sich um medizinische Hilfe zu bemühen. Zusätzlich zu dem Arzt aus dem Aschram-Hospital wurde Dr. Praksannasimba Rao, Vizedirektor des Gesundheitsdienstes des Staates Mysore, aus Bangalore gerufen. Er fährt nach einer ausführlichen Beschreibung der Symptome folgendermaßen fort: „Die Diagnose dieses Zustandes ... ergibt für mich eine tuberkulöse Meningitis, vielleicht mit einem Tuberkulom, das lange Zeit nicht zum Ausbruch kam.“ Als der Arzt versuchte, die angezeigte Behandlung vorzunehmen, kam Baba anscheinend wieder halb zu Bewußtsein und lehnte die Injektionen sowie andere medizinische Hilfe ab. Er sagte später, die Beschwerden wären in etwa fünf Tagen vorüber.

Während dieser fünf Tage hatte er vier schwere Herzanfälle, seine linke Seite war gelähmt – steif, funktionslos, gefühllos; das linke Augenlicht und sein Sprechvermögen waren auch stark in Mitleidenschaft gezogen worden.

Am Donnerstag, den 4. Juli, fünf Tage nach dem Beginn der Erkrankung, war Swami stark und klar genug bei Bewußtsein, um anzukündigen, daß das Gerinnsel in seinem Gehirn sich aufgelöst habe und daß es zu keinen weiteren Herzanfällen mehr kommen würde. Jedoch war seine linke Körperhälfte immer noch gelähmt und seine Sprache war mühevoll und schwach. Seine Anhänger glaubten, es würde mehrere Monate dauern, bis er seine Gesundheit wiedererlangen würde.

Während der Dauer seines Leidens hatte Baba jenen, die ihn betreuten, angedeutet, daß ein Devotee außerhalb des Aschrams gerade von einem so schweren Schlaganfall und von Herzattacken heimgesucht werde, daß sie ihn hätten töten können. Deshalb habe er die Krankheit auf sich genommen, mit allen Symptomen der Lähmung, Herzanfällen, hoher Temperatur, teilweisem Verlust des Augenlichts, starken physischen Schmerzen und so weiter. Seine Jünger verstanden und akzeptierten diese Erklärung.

Aber es nahte gurupūrnimā, ein religiöser Festtag, und viele Besucher versammelten sich schon im Aschram. Die Besucher waren sehr bestürzt und niedergeschlagen über die Berichte, die sie über Babas Zustand hörten. Da sie den Grund nicht kannten – oder nicht glaubten –, begannen sie zu zweifeln. „Wenn Baba Gott in menschlicher Gestalt ist“, sagten sie zueinander, „warum muß er dann auch physisches Leid ertragen? Warum heilt er sich nicht selbst?“

Am Abend des gurupūrnimā Tages, am 6. Juli, kam die Schlußszene. Fast getragen von mehreren seiner Anhänger kam Baba die Rundtreppe von seinem Schlafzimmer in die überfüllte Gebetshalle hinunter. Die ganze linke Körperhälfte war noch gelähmt, und er sprach in einem schwachen, kaum verständlichen Murmeln.

Ein anwesender Arzt beschrieb die Szene so: „Sein Gang war charakteristisch für eine halbseitige Lähmung, das gelähmte linke Bein wurde in einem Halbkreis nachgezogen, die Zehen schleiften am Boden. Sogar die Tapfersten weinten laut, als sie Baba in dieser Verfassung sahen.“

Ein paar Minuten lang saß Swami auf seinem Stuhl auf dem Podest vor der versammelten Menschenmenge, etwa 5 000 an der Zahl, in- und außerhalb der Halle. Dann gab Baba ein Zeichen, daß er Wasser haben wollte. Man brachte ihm etwas in einem Becher, und Reddy Raja hielt es an seine verzerrten Lippen. Baba trank einige Tropfen, dann tauchte er seine rechte Fingerspitze ins Wasser und sprenkelte einige Tropfen auf seine gelähmte linke Hand und auf das linke Bein. Dann strich er mit der rechten über seine linke Hand und darauf *mit beiden Händen* über das steife linke Bein. Die Herzen der Zuschauer hüpften bei diesem Anblick vor neuer Hoffnung.

Herr T.A. Ramanatha Reddy, der Regierungsingenieur, den ich in Horsley Hills kennengelernt hatte, saß in einer der ersten Reihen sehr nahe bei Baba. Er sagte: „Augenblicklich wurden Swamijis Bein, Auge und seine linke Körperhälfte wieder normal. Es war ein Anblick für Götter, seine plötzliche Gesundung mitanzusehen, und die anwesenden Devotees wurden Zeugen der Größe seiner göttlichen Kraft..."

Herr N. Kasturi beschreibt es so: „Er stand auf, und wir konnten seine göttliche Stimme uns rufen hören, so wie immer ... Er hatte seine gurupūrnimā-Rede begonnen. Die Menschen trauten ihren Augen und Ohren nicht. Aber als sie begriffen, daß Baba vor ihnen stand und zu ihnen sprach, hüpften sie vor Freude umher, tanzten, riefen und weinten; einige waren so sehr von ekstatischer Dankbarkeit überwältigt, daß sie hysterisch lachten und wild in die Menschenmenge hineinliefen, die hereindrängte." Baba blieb über eine halbe Stunde auf den Beinen und sprach. Dann sang er eine Reihe von bhajan-Liedern und stieg schließlich ohne Hilfe die Treppe hoch. Er nahm an jenem Abend seine gewohnte Mahlzeit zu sich, und in den folgenden Tagen war er wieder bei voller Gesundheit und erledigte sein gesamtes umfangreiches Tagesprogramm. Der tödliche Schlaganfall, den er nach eigenem Willen auf sich genommen hatte, verschwand innerhalb der Zeitspanne, die er vorausgesagt hatte, und hinterließ keinerlei Spuren.

Es wird berichtet, daß Baba in seinem früheren Leben in Shirdi für nahe Devotees viele Krankheiten und Unfälle auf sich genommen habe – wie zum Beispiel als er in der Shirdi Moschee, wo er lebte, seinen Arm gerade in dem Moment ins Feuer steckte, als das Kind eines Devotees irgendwo in ein Schmiedefeuer fiel. Baba trug die Verbrennungen und Narben auf seinem Arm lange Zeit, aber er bestätigte, daß er auf diese Weise das Leben eines Kindes gerettet habe.

In dem Buch Gospel auf Sai Baba, auch Babas Charters and Sayings genannt, wird eine seiner Reden zitiert, in der er sagt, daß er nötigenfalls sein eigenes Leben hingeben würde, um einen ihm völlig ergebenen Devotee zu retten. Viele glauben, daß er auf diese Weise im Jahre 1918 starb.

13. Errettung vom Tod?

Selbst soll kommen als höchste Krönung des Ganzen
Das Ende des Todes, der Tod der Unwissenheit...
– SHRI AUROBINDO –

Gegen Ende des Jahres 1953 gab es ein Ereignis, das fast so dramatisch war, wie die Auferweckung des Lazarus von den Toten durch Christus. Ich habe von einer Reihe von Leuten darüber gehört, einschließlich des Mannes, der davon am meisten betroffen war, des „Lazarus" dieses Falles, Herrn V. Rhadakrishna. Zum Schluß ließ ich mir die Fakten noch einmal der Reihe nach von seiner Tochter Vijaya schildern. Sie hatte als Augenzeugin alle Vorkommnisse sofort in jenes Tagebuch geschrieben, das sie immer für alle ihre Erlebnisse mit Sai Baba benutzte. Dieses Tagebuch lag aufgeschlagen vor mir, als sie mir von dem Ereignis erzählte.

Herr V. Radhakrishna, Fabrikbesitzer und allseits bekannter Bürger in Kuppam, Andhra Pradesh, war etwa 60 Jahre, als er 1953 einen Besuch in Puttaparthi machte. Er wurde von seiner Frau, seiner Tochter Vijaya, sowie deren Ehemann, Herrn K.S. Hemchand, begleitet. Vijaya war etwa 18 Jahre und noch nicht lange verheiratet. Ihr Vater, erzählte sie mir, habe zu jener Zeit an Magengeschwüren mit verschiedenen Komplikationen gelitten. Sein Gesundheitszustand war in der Tat schlecht, und einer seiner Gründe für den Aschrambesuch war die Hoffnung, Erleichterung von seinen schlimmen Schmerzen zu erfahren. Er kannte Baba seit geraumer Zeit.

Gerade wurde das große religiöse Dasara-Fest gefeiert, und eine ziemlich große Menschenmenge war zu Besuch in Puttaparthi. Herr Radhakrishna bekam ein Zimmer in demselben Gebäude, in dem Swami wohnte, und verbrachte die ganze Zeit dort auf seinem Bett. Einmal, als Baba ihn besuchte, sagte Radhakrishna, daß er lieber sterben wolle, als weiterhin solche Schmerzen zu ertragen. Swami lachte lediglich darüber, machte aber keinerlei Versprechungen, ob er ihn heilen oder sterben lassen wolle.

Eines Abends verfiel Radhakrishna in ein Koma und seine Atmung glich der eines Sterbenden. Alarmiert lief seine Frau zu Swami. Als dieser ins Zimmer kam, sah er den Patienten an und sagte: „Keine Angst, es wird alles gut", und ging wieder hinaus.

Am nächsten Tag war der Patient immer noch bewußtlos. Herr K.S. Hemchand, der Schwiegersohn, brachte einen Krankenpfleger aus dem Distrikt herbei, der, nachdem er vergeblich den Puls gefühlt und andere Untersuchungen gemacht hatte, die Ansicht vertrat, Herr Radhakrishna sei dem Tod so nahe, daß er nicht mehr gerettet werden könne.

Etwa eine Stunde später wurde der Patient sehr kalt. Die drei ängstlichen Verwandten glaubten, das Todesröcheln in seiner Kehle zu hören und beobachteten, wie er blau und steif wurde. Vijaya und ihre Mutter gingen zu Baba, der zu der Zeit oben in seinem Wohnzimmer war. Als sie ihm erzählten, daß Radhakrishna tot zu sein schien, lachte er und ging fort in sein Schlafzimmer. Vijaya und ihre Mutter kehrten in das Zimmer des „toten" Mannes zurück und warteten. Nach einer Weile kam Swami herein, schaute auf den Körper, ging aber wieder hinaus, ohne etwas zu sagen oder zu tun.

Das war am Abend des zweiten Tages, nachdem Radhakrishna bewußtlos geworden war. Die gesamte folgende Nacht verging, während die drei wachten und ängstlich auf irgendein Lebenszeichen warteten. Aber es gab keines. Dennoch behielten sie das Vertrauen, daß Baba auf irgendeine Weise Radhakrishna retten würde; hatte er nicht gesagt, daß alles gut würde?

Am Morgen des dritten Tages glich der Körper mehr denn je einem Leichnam – er war dunkel, kalt und ganz steif und begann bereits zu riechen. Andere Leute, die zu Besuch kamen oder ihr Beileid ausdrücken wollten, rieten Frau Radhakrishna, die Leiche aus dem Aschram bringen zu lassen. Aber sie antwortete: „Nicht bevor Swami es anordnet." Einige gingen sogar zu Baba und schlugen vor, den toten Mann, dessen Körper schon nach Verwesung röche, entweder nach Kuppam zurückzuschicken oder ihn in Puttaparthi zu bestatten. Swami antwortete nur: „Wir werden sehen."

Als Frau Radhakrishna wieder hinaufging, um Baba zu berichten, was die Leute ihr geraten hatten, und ihn um Rat zu bitten, antwortete er: „Höre nicht auf sie und hab keine Angst. Ich bin ja hier." Dann sagte er ihr, daß er bald herunterkäme, um ihren Mann zu besuchen. Sie ging wieder hinunter und wartete mit ihrer Tochter und ihrem Schwiegersohn bei der Leiche. Minuten schlichen dahin, eine Stunde verging, aber Swami kam nicht. Dann, als sie anfingen, völlig zu verzweifeln, öffnete sich die Tür, und Baba erschien in seinem roten Gewand, fülligem Haar und einem strahlenden Lächeln. Es war zu diesem Zeitpunkt halb drei Uhr nachmittags, am dritten Tag. Frau Radhakrishna ging auf Baba zu und brach in Tränen aus. Vijaya begann ebenfalls zu weinen. Sie waren wie Martha und Maria, die Schwestern des Lazarus, die vor ihrem Herrn weinten, der, wie sie dachten, zu spät gekommen war.

Zärtlich bat Baba die beiden weinenden Frauen und den trauernden Herrn Hemchand, aus dem Zimmer zu gehen. Als sie draußen waren, schloß er hinter ihnen die Tür. Sie wissen nicht – kein Mensch weiß es –, was in jenem Raum geschah, in dem nur Swami und der „tote" Mann waren.

Aber nach ein paar Minuten öffnete Baba die Tür und winkte die Wartenden herein. Dort lag Radhakrishna auf dem Bett, sah sie an und lächelte. Erstaunlicherweise war die Totenstarre von ihm gewichen und seine natürliche Hautfarbe zurückgekehrt. Baba ging zu ihm hin, streichelte den Kopf des Patienten und sagte zu ihm: „Sprich zu ihnen; sie machen sich Sorgen."

„Warum Sorgen?" fragte Radakrishna irritiert. „Mir geht es gut. Und du bist doch hier." Swami wandte sich an die Frau: „Ich habe dir deinen Ehemann wiedergegeben", sagte er, „hole ihm nun ein heißes Getränk."

Als sie es gebracht hatte, gab Swami Radhakrishna selbst langsam löffelweise zu trinken. Er blieb noch etwa eine halbe Stunde und stärkte den Mann, den er erweckt hatte. Dann segnete er die ganze Familie, indem er die Hand auf Frau Radhakrishnas Kopf legte, und verließ das Zimmer.

Am nächsten Tag war der Patient stark genug, zum bhajan-Singen zu gehen. Am dritten Tag schrieb er einer seiner Töchter in Italien einen siebenseitigen Brief. Die Familie blieb noch ein paar Tage in Prashanti Nilayam und kehrte dann mit Babas Erlaubnis nach Kuppam zurück. Die schlimmen Magengeschwüre einschließlich ihrer Komplikationen waren für immer verschwunden.

Als ich mit Herrn Radhakrishna persönlich über seine Erlebnisse sprach, fragte ich ihn, ob er irgendwelche Erinnerungen an die Zeit habe, in der er bewußtlos und allem Anschein nach tot gewesen sei. Er antwortete: „Nein. Als ich wieder zu Bewußtsein kam, dachte ich zuerst, daß es immer noch der gleiche Tag sei. Später erzählte man mir, ich sei drei Tage bewußtlos gewesen, und daß ich ‚tot' gewesen sei und tatsächlich schon nach Verwesung gerochen hätte. Aber Swami kann alles vollbringen, was er will. Er ist Gott."

Wann ist einer tot? Weiß es irgendein Mensch? Einige, die nach allen medizinischen Fakten tot waren, sind dann wieder in ihre Körper zurückgekehrt – oft, unglücklicherweise, nachdem sie schon in ihre Gräber gelegt worden waren; dies stellte sich später heraus, nachdem man im nachhinein Bewegungen der „Leichen" festgestellt hatte. Als Jesus die Nachricht von Lazarus' Tod erhielt, sagte er zu seinen Jüngern: „Unser Freund Lazarus schläft; aber ich gehe, ihn aus dem Schlaf zu wecken."

Sai Baba hat selbst in seinen frühen Jahren in Shirdi seinen Körper einmal drei Tage lang verlassen. Er bat einen vertrauten Jünger, den Körper zu bewachen und sagte: „Ich gehe zu Allah. Wenn ich nach drei Tagen nicht zurückkehre, dann begrabe meinen Körper an jenem Ort", und er zeigte dabei auf den heiligen Neem-Baum. Kurz darauf wurde eine amtliche Untersuchung angeordnet. Beamte erklärten Sai Baba für tot und ordneten das Begräbnis des Leichnams an. Aber der Jünger, unterstützt von einigen anderen, verweigerte die Anordnung standhaft und gab den Körper nicht heraus. Dann, am Ende des dritten Tages, kehrte Sai Baba in seinen großen Körper zurück und lebte in ihm weitere 32 Jahre.

Als Herr N. Kasturi vor ein paar Jahren etwas über diesen Fall einer Auferweckung von den Toten schreiben wollte, wies Baba ihn an, das Wort „tot" in Anführungszeichen zu schreiben. Vielleicht also sollten wir hier sagen, daß Herr Radhakrishna dem Tode sehr nahe gewesen sei, die Pforte des Todes schon fast durchschritten hatte, als Baba ihn zurück ins Leben rief. Vielleicht könnte das gleiche von Lazarus gesagt werden.

Einige Leute rettet Baba von schweren Krankheiten oder von der Schwelle des Todes. Andere nicht. Warum wendet er diese wunderbare Heilkraft nur bei einigen und bei anderen nicht an? Warum heilt er nicht alle, rettet nicht alle vor dem Tod? Viele Leute stellen diese Fragen.

Ebenso könnte man fragen, warum Christus zu seiner Zeit nicht alle Kranken um ihn herum geheilt habe. Und warum war Lazarus der einzige, den er aus dem Grabe zurückholte? Hatte Jesus – und später Sai Baba – hier eine besondere Anstrengung gegen die Macht des Todes für eine sehr geliebte Familie von engsten Anhängern unternommen? Vielleicht, aber ich glaube, es geht um mehr.

Als man Jesus berichtete, daß Lazarus tot sei, machte er die bezeichnende Bemerkung: „Diese Krankheit soll nicht für den Tod sein, sondern zum Ruhme Gottes, daß der Sohn Gottes dadurch verherrlicht werde.“ Was also unter normalen Umständen eine tödliche Krankheit ist, mag gelegentlich durch das Werk eines Gottmenschen zum Ruhme Gottes gereichen. Und dann ist da noch die tiefe und komplexe Frage des Karma (Konsequenz von geistiger und körperlicher Handlung; Kette von Ursache und Wirkung). In welchem Ausmaß ist die besondere Krankheit oder die Todesnähe karmisch, und wieweit sollte der Gottmensch in das Karma des Patienten eingreifen?

Es gibt wohl zwei Fälle in derselben Familie, der eine, bei dem anscheinend die Ansprüche des Karma beiseitegeschoben werden können, und der andere, wo es weiser ist, nicht einzugreifen.

Als einmal die Mutter von Herrn G. Venkatamuni fast achtzigjährig dem Tode so nahe war, daß alle Verwandten von ihrem nahenden Ende unterrichtet wurden, nahm seine Frau Sushila eine japamālā, die ihr Sai Baba gegeben hatte, und legte sie der alten Dame auf die Brust. Baba hatte Sushila erzählt, daß die japamālā notfalls zur Heilung verwendet werden könne.

Die Patientin ließ sofort deutliche Zeichen der Besserung erkennen. Dies geschah etwa um 10 Uhr abends. Als am nächsten Morgen eine Anzahl an Verwandten erschien, zusammengerufen, um der alten Dame ein letztes Lebewohl zu sagen, fragte sie mit verwunderter Stimme, warum sie alle gekommen seien. Sie war bald wieder wohlauf und lebte danach noch mehrere Jahre.

Später jedoch, als einer von Herrn Venkatamunis Söhnen, ein Epileptiker, sehr krank wurde und zu sterben drohte, beschloß Sushila abermals, die Sai-Baba-japamālā anzuwenden, um zu versuchen, den Jungen zu retten. Sie wollte sie von dem Ort, wo die japamālā zusammen mit anderen Dingen in einer Schachtel lag, in den pūjā-Raum der Familie bringen. Aber sie kam ohne sie zurück und erzählte enttäuscht und irritiert ihrem Ehemann, daß sie die japamālā nicht fassen könne. Sie hatte mehrfach versucht, sie aufzunehmen, aber jedesmal war sie ihr wieder aus der Hand geschlüpft. Sie konnte sich diese merkwürdige Geschichte von einem Gegenstand, der sich ihrem Zugriff widersetzte, nicht erklären. Was konnte es bedeuten? Sie besprach es mit ihrem Mann, und sie kamen zu der Auffassung, daß, aus irgendeinem Grunde, Baba die heilende Kraft bei dieser Gelegenheit nicht angewendet wissen wollte.

Der Junge starb. Bald danach besuchten die Eltern Baba. Zwar hatten sie seine weisen Worte über die wahre Natur des Todes oft gehört, aber sie waren auch nur Menschen und machten nun traurige Gesichter. Darüber hinaus waren sie etwas verletzt, weil Baba überhaupt keine Trauer zeigte, sondern im Gegenteil fröhlich war und lächelte.

Er sagte zu ihnen: „Ihr braucht über den Jungen nicht zu trauern. Ich habe ihn gerade eben wieder gesehen und er ist ‚dort drüben' sehr glücklich. Er mußte nur noch etwas Karma hier auf der Erde abarbeiten, und als er damit fertig war, konnte er gehen. Es war viel besser für ihn zu gehen, er ist viel glücklicher."

Daraufhin verstanden die Eltern, daß sie ihren Verlust nur um ihrer selbst willen betrauerten. Und sie fanden Trost in dem Wissen, daß der Junge, den sie liebten und der tot schien, in Wirklichkeit lebte, und zwar jenseits seines leidenden physischen Körpers. Herr und Frau Venkatamunis Glaube wankte nicht einen Moment. Aber es gibt einige Devotees, deren Glaube ins Wanken gerät, wenn jemand aus der liebsten Verwandtschaft stirbt. Mehrere haben mir dies berichtet, und sie fügten hinzu, daß die Situation oft durch skeptische Verwandte erschwert wird, die sagen: „Warum hat Baba ihn nicht gerettet?" Unter entsprechend tragischen Umständen kann der Glaube selbst von zutiefst ergebenen und hochintelligenten Anhängern ins Wanken geraten.

Beispielsweise hatte Herr Hanumantha Rao, von dem schon oben die Rede war, einen kranken Sohn, der im Alter von sechs Monaten Kinderlähmung bekommen hatte. Zu allem Unglück war der Junge auch noch das einzige Kind. Herr und Frau Hanumantha Rao trafen Sai Baba, als ihr Sohn vier Jahre alt war. Der junge, liebenswürdige Swami wurde fast zu einem Familienmitglied. Aber er irritierte die Eltern oft dadurch, daß er von ihrem Kind als „mein Junge" sprach, und er nannte den kleinen Buben oft „Shiva", obgleich sein Name in Wirklichkeit „Iswari Prasad Dattatreya" war. Swami pflegte zu ihnen zu sagen: „Shiva ist das Band, das uns zusammengebracht hat und uns zusammenhält."

Die Eltern verstanden dies und viele der Worte des jungen Swami nicht, aber er vollbrachte in ihrer Gegenwart erhebende Wunder, und sie hatten große Hoffnung, daß er ihren Sohn heilen würde.

Der Junge war sehr glücklich, wenn Baba anwesend war, aber trotzdem verschlechterte sich sein Gesundheitszustand. Die

Kinderlähmung griff auf das Gehirn über, er hatte häufig Anfälle, und nach ein paar Jahren starb der kleine „Shiva“. Und mit seinem Tode war das Band zerrissen. Die schmerzlich ihres Kindes beraubten Eltern besuchten Sai Baba nicht mehr. Zweifellos hatten sie das Gefühl, daß er sie irgendwie im Stich gelassen hatte.

Die Zeit indessen, die sie mit ihm verbracht hatten, sein erhebender spiritueller Einfluß, seine schweigenden und seine ausgesprochenen Lehren hatten einen tiefen Eindruck bei ihnen hinterlassen. Bald nach dem Tode seines geliebten Sohnes spendete Herr Hanumantha Rao eine große Summe seines Vermögens zur Errichtung und Unterhaltung eines orthopädischen Zentrums für Kinder in Madras, die durch Kinderlähmung verkrüppelt waren. Dieses Zentrum, eines der wenigen dieser Art in Indien, trägt den Namen des kleinen Jungen, Iswari Prasad Dattatreya. Dort wird den Kindern medizinische, chirurgische und rehabilitierende Behandlung und eine reguläre Ausbildung gegeben. Es liegt genau gegenüber dem Hauptsitz der Theosophischen Gesellschaft, am anderen Ufer des Flusses Adyar, und ich bin einige Male dort gewesen, um Herrn Hanumantha Rao zu besuchen. Ich habe die Freude gesehen, die die Gesichter der jungen Krüppel erhellte, wenn der alte pensionierte Transportkaufmann in die Wohnräume oder Klassenzimmer kam. Auch habe ich sie gesehen, wie sie in Rollstühlen oder von Gestellen und Krücken gehalten, mit tiefer Verehrung die Büste des kleinen Iswari grüßten, die im Hospitaleingang steht. Sie fühlen, daß er irgendwie für sie gestorben ist, daß es sein Geist ist, der ihnen moderne wissenschaftliche Hilfe für ihr Leiden und die Hoffnung auf ein glückliches Leben gebracht hat.

Als dieses Ehepaar seinen großen Schmerz überwunden und ihn in ein großes konstruktives Ziel verwandelt hatte, schien ein Schleier von ihren Augen zu fallen. Sie sahen, wie sehr sie im Unrecht gewesen waren, Baba dafür die Schuld zu geben, daß er ihren Sohn nicht am Leben gehalten hatte. Wie Herr Hanumantha Rao mir sagte: „Es muß Leid in der Welt geben. Es gehört zur Natur der Dinge hier auf Erden, denn der Mensch verursacht es selbst.“ Sie haben verstanden, daß der Göttliche nicht alles Karma von den Schultern der Menschen nehmen kann und daß aus einer Sache viel Gutes kommen kann, die aus unserer beschränkten Sicht als böse erscheint.

So kamen Herr und Frau Hanumantha Rao zu dem zurück,

der für sie heute das Zentrum der Göttlichkeit auf Erden ist, und gehören zu seinen innigsten Verehrern. In ihrem Haus haben sie ein extra Schlafzimmer für Sai Baba eingerichtet. Das Zimmer wird niemals an jemand anderen vergeben, und ihr ständiges Gebet ist, daß Baba sie, wann immer er kann, mit seiner Gegenwart segnen möge.

Meine Frau und ich waren mehrere Male mit einer kleinen Gruppe in Hanumantha Raos Haus, als Baba bei ihnen zu Besuch war. Es ist eine besondere Freude, ihn dort zu beobachten. Wie in den frühen Jahren, scheint er dort ein Familienmitglied zu sein – glücklich, sorglos, jungenhaft und voller Späße. Es ist, als ob er gleichzeitig der Sohn und Vater, Mutter und Gott dieses liebenswürdigen alten Paares ist. Die Seele des Kindes, die sie beide zusammenführte, das Band, das sie zum Lichte zog, ist, scheint mir, irgendwie noch immer unsichtbar vorhanden.

In einer Reihe von Fällen, in denen Sai Baba nicht geheilt oder gerettet hat – also kein äußeres Wunder vollbracht hat –, habe ich ein ähnliches *inneres* und in Wirklichkeit sehr viel bedeutenderes Wunder beobachtet. Er hat vielleicht den Wunsch geheilt, geheilt zu werden und dadurch die Annahme des Leidens bewirkt, er hat die Seelenwunden des Verlustes geheilt und Sinn und Herz zu einem besseren Verständnis des Lebens erhoben. Er hat eine neue, erweiterte Sichtweise über das Leid und den Tod vermittelt.

Es ist heute genau dasselbe Muster, wie vor langer Zeit in Shirdi. Damals heilte er und rettete die Leben von Vielen. Aber einige rettete er nicht. Eine von diesen war die Tochter eines nahen Devotees, H.S. Dixit. Die Leute tuschelten darauf: „Wenn Sai Baba Dixit's Tochter nicht retten konnte, was für ein Nutzen soll dann ein Sadguru haben?"

Zu diesem Punkt schreibt der tiefsinnige Sai-Baba-Jünger B.V. Narasimha: „Wohl mag man sagen, wenn ein Nahestehender stirbt, ‚Was nützt mir nun Gott?' Aber: Der Glaube ist keine Garantie, daß es keinen Tod, kein Böses auf der Welt oder kein Leid im Leben gibt. Aber wie im Falle Dixit kann ein tiefer Glaube dem Menschen bei allen unvermeidlichen Schicksalsschlägen eine Stütze geben, so daß er mehr über Gottes Plan für sein Leben lernt. Das Leben soll kein Rosenbett und kein Hort für Reichtümer sein ... Der Glaube versetzt den Devotee in die Lage zu sehen, was das Leben und was der Plan Gottes ist, damit er so seine eigene Haltung dem Leben gegenüber verbessern kann."

In dieser und in früheren Inkarnationen hat Sai Baba einige Male gesagt, daß die Heilung einer Person, die Rettung vor dem Tode, oder die Entfernung eines angeborenen körperlichen Defektes einen unangemessenen Eingriff in das Karma einer Person bedeuten würde. Und in solchen Fällen hat er die betreffende Person das Kreuz tragen lassen.

Aus alledem können wir schließen, daß einige Krankheiten karmisch sind und andere nicht. Einige sind das Resultat unserer eigenen Handlungen (wahrscheinlich in einem früheren Leben), und sind damit ein Teil des großen moralischen Gesetzes der Wiedergutmachung. Wir müssen unsere vergangenen Missetaten dadurch sühnen, daß wir ihre Folgen zu tragen haben und dadurch lernen. Andererseits werden einige Schicksalsschläge, Krankheiten, Unfälle und so weiter nur in begrenztem Maße, falls überhaupt, durch unsere eigenen Handlungen hervorgerufen. An diesen brauchen wir nicht lange zu leiden, um irgendeine bestimmte Lektion aus unseren begangenen Fehlern zu lernen.

Ebenso verhält es sich mit dem Tod. Im allgemeinen, glaube ich, ist der Todeszeitpunkt nicht genau vorherbestimmt; es gibt, können wir sagen, mehrere Punkte auf unserer Lebenslinie, an denen man auf den Tod treffen kann, aber es ist keine absolute karmische Notwendigkeit, daß man am ersten oder zweiten dieser Punkte sterben muß. Dennoch ist auf der heutigen Stufe des Menschseins der Tod ein essentieller Bestandteil des Lebensmusters, und am Ende muß jeder Mensch sterben. Obgleich Lazarus aus dem Grabe zurückgerufen wurde, mußte er einige Jahre später sterben. Das muß auch jeder andere Mensch, dessen Leben Sai Baba rettet. Wenn aber der Moment kommt, an dem zu sterben am besten wäre, an dem es unklug und schädlich für die Seele wäre, das Leben zu verlängern, welcher erleuchtete Heilige würde hier eingreifen? Die Erleuchteten, Gottmenschen, die großen Yogis, wissen, wann der „richtige Zeitpunkt" für jene gekommen ist, die zu ihnen kamen. Wenn die alten Schriften sagen, daß der Yogi den Tod besiegt, meinen sie nicht, daß er ewig lebt. Sie meinen, daß er über den richtigen Zeitpunkt entscheidet, die Erde zu verlassen, und dann geht er aus freiem Willen, indem er den Körper bewußt verläßt.

Aber wie die Menschheit heute beschaffen ist, können wir nicht von Sai Baba oder irgendeinem anderen Gottmenschen erwarten, die ganze schwere karmische Sündenlast der Menschheit aufzulösen, alle Krankheiten zu heilen, alle Krüppel gehen zu machen, alle Leprakranken zu reinigen, all die Augen der Millionen Blinden, die in Indien leben, zu öffnen. Das, was er höchstens tun wird, ist, manchmal hier und da den Menschen ein bißchen das schwere Karma zu erleichtern und den Weg zu weisen.

14. Ewiges Hier und Jetzt

Dort ist das Wann ein ewiges Jetzt
Das Wo ein ewiges Hier.

– RAVANAS TRAUM –

Herr N. Kasturi beschrieb das folgende Ereignis:

Am 21. Juni 1959, um 13 Uhr 30, waren einige der engsten Jünger Sai Babas sehr beunruhigt, weil Babas Körpertemperatur plötzlich über 40 Grad C angestiegen war.

Fünf Minuten später fiel sie jedoch wieder auf 37 Grad Celsius ab. Da Baba ihnen zu jener Zeit jedoch keine Erklärung dazu gab, blieb die Angelegenheit für sie rätselhaft.

Am Abend nahm er jedoch mit einer Reihe von Devotees die Abendmahlzeit auf einer Terrasse im Mondschein ein. Unter ihnen war ein junger Mann aus Madras, der eine Zeitlang bei Baba geweilt hatte, aber am folgenden Tag abreisen wollte. „Wenn du morgen zu deiner Mutter gehst, sag ihr, sie soll vorsichtiger sein mit dem Feuer."

Diese Worte verursachten beträchtliche Neugier und etwas Ängstlichkeit. Und so sagte Baba ihnen, daß der Sari der Dame an diesem Morgen in Madras Feuer gefangen habe, als sie in ihrem pūjā-Raum war; daß die Flammen aber rechtzeitig gelöscht wurden. Der Sari war ruiniert, aber sie selbst war ohne Verletzung.

Nach dem Essen hatte ein Devotee die Idee, in Madras anzurufen. Baba stimmte zu, und so wurde es gemacht. Die Frau selbst kam ans Telefon und gab dem Anrufer selbst weitere Einzelheiten des Unfalls an. Dann sprach Baba mit ihr, und die zuhörenden Devotees hörten ihn lachen und sagen: „Oh, nein, ich habe mir nicht die Hände verbrannt. Ich hatte nur kurze Zeit eine erhöhte Körpertemperatur."

Einige Jahre später bekam ich von Herrn G. Venkatamuni eine Bestätigung dieser Geschichte aus erster Hand, da seine Frau Sushila die betreffende Person war. Er sagte, ihr Sari habe Feuer gefangen, als sie im pūjā-Raum war, und im Nu war sie von Flammen eingeschlossen. Sie geriet in Panik, aber da sie schon lange Devotee war, waren die ersten Worte, die von ihren Lippen kamen: „Sai Baba". Sofort erloschen die Flammen, und Sushila, die die Kraft Sai Babas über jedwede Entfernung aus Erfahrung kannte, war vollkommen sicher, daß er ihr in dieser Krise irgendwie zu Hilfe gekommen war.

Sie hatte für einen Augenblick vergessen, daß er nicht in seinem physischen Körper zu ihr gekommen war, und hatte ihn daher am Telefon gefragt, ob er sich die Hände verbrannt hätte. Dennoch ist es keine so dumme Frage, wie es auf den ersten Blick erscheinen mag. Seelenforscher haben viele Fälle von Astralreisen herausgefunden, wo eine Verletzung des Astralkörpers auch Wirkungen auf den physischen Körper zeigte, wie Wunden, Verbrennungen und Beulen. Dieses geschieht durch das okkulte Gesetz der Wechselseitigkeit. Babas plötzlicher Temperaturanstieg scheint ein kleines Beispiel dafür zu sein.

In den vierziger Jahren und weit in die fünfziger Jahre hinein ging Baba während seiner Außer-Körper-Reisen oft in Trance. Er wurde dann plötzlich und unerwartet bewußtlos, und jene, die ihm nahe waren, wußten, daß er fort war, wahrscheinlich bei irgendeinem Devotee an einem entfernten Ort. Wenn er zurück war, erzählte er manchmal den Anwesenden, was sich ereignet hatte.

Gelegentlich hatte das reziproke Wirkungen auf Babas physischen Körper, die anzeigten, was er gerade machte. Manchmal kamen einige Wörter über seine physischen Lippen, die er an einem entfernten Ort gerade sagte. Andere Male kam vibhūti aus seinem Körper. Das passierte gewöhnlich, wenn er fort war, um beim Tode eines seiner Devotees anwesend zu sein. Herr Kasturi sagt: „Bei diesen Anlässen, die den Tod, Zerstörung und das Ende des Vergänglichen und Zeitgebundenen anzeigen, kommt heiliges vibhūti aus dem Mund des Körpers, den Sai Baba zurückgelassen hat, um am Totenbett zu sein."

Kasturi gab dazu ein Beispiel. Am 15. November 1958, um 17 Uhr 20, las Baba einigen Leuten um sich einen Brief vor, als er plötzlich „Ha!" ausrief und auf den Boden fiel. Der Körper war 10 Minuten lang bewegungslos, dann schien er zu husten. Vibhūti-Wölkchen kamen aus seinem Mund, die, wie Kasturi sagt, „mehr als 50 Zentimeter weit aus ihm ausgestoßen wurden."

Nach 15 Minuten Bewußtlosigkeit, um 17 Uhr 35, nahm er die Lektüre, dort wo er sie unterbrochen hatte, ganz natürlich wieder auf und zeigte dabei keinerlei Anzeichen von Erschöpfung. Als er gefragt wurde, erzählte er den Devotees, wo er gewesen war: in Dehra Dun im Himalaya. Dort sei gerade, sagte er, die Mutter eines im Aschram bekannten Arztes gestorben. Baba sei fortgegangen, um ihr bei ihrem Hinübergang Hilfe zu leisten. Der Tod trat um 17 Uhr 30 ein. Baba erwähnte auch, daß der Doktor, ihr Sohn, beim Tode der Frau in Dehra Dun anwesend war, und daß die Leute dort in dem Zimmer bhajans sängen. Er beschrieb weiterhin, wie die alte Frau am Ende allen gegenüber verkündet hatte: „Dies ist mein letzter Atemzug", dann habe sie das Leben ausgehaucht.

Zwei Tage später, am 17. November, bekam Baba einen Brief von dem Doktor, dessen Mutter gestorben war. Er schrieb: „Meine Mutter tat ihren letzten Atemzug am Samstag um 17 Uhr 30. Ihrem Wunsch entsprechend sangen wir in ihren letzten Stunden bhajans. Sie dachte fortwährend an dich."

Hier ist ein anderes Beispiel von Babas Wissen über entfernte Dinge und seine Kraft, in sie einzugreifen. In den frühen sechziger Jahren, als Herr K.R.K. Bhat Distriktmanager der Indischen Lebensversicherungsgesellschaft war, gab es einen Fall von Bestechung und Korruption unter seinen Untergebenen. Dies passierte im Zusammenhang mit einer wichtigen Beförderung, und einige anonyme Briefe hatten eine offizielle Untersuchung in Gang gesetzt.

Es stellte sich heraus, daß mehrere Leute in diesen Fall verwickelt waren, aber der Hauptschuldige schien Herrn Bhats Sekretär zu sein, der sich jedoch zu schützen versuchte, indem er die Verantwortung auf seinen Chef abwälzte. Er behauptete gegenüber den Untersuchungsbeamten, daß er in allem nur Herrn Bhats Anweisungen ausgeführt hätte.

Es sah so aus, als würde Herr Bhat trotz völliger Unschuld in die Sache hineingezogen; es stand die Aussage des einen gegen die Aussage des anderen. Herr Bhat sah keinerlei Möglichkeit, seine Unschuld zu beweisen, und er begann, sich große Sorgen zu machen. Falls er in dieser Sache mitschuldig gesprochen würde, wären die Folgen für seine berufliche Laufbahn verheerend gewesen.

Schließlich drehte sich die ganze Sache darum, ob Herr Bhat einen bestimmten Einschreibebrief persönlich in seinem Büro erhalten und dafür unterzeichnet hatte. Der Sekretär sagte aus, sein Chef habe das getan, wohingegen Herr Bhat mit Sicherheit wußte, daß er es nicht getan hatte. Es wäre einfach gewesen, bei dem entsprechenden Postamt nachzuforschen, wessen Unterschrift für den Brief am entsprechenden Datum geleistet worden war. Aber der Postbeamte sagte, er könne nicht helfen, da alles zu lange her sei. Die Belege würden nur sechs Monate aufgehoben und dann vernichtet. Der entsprechende Brief aber war vor mehr als sechs Monaten in Empfang genommen worden.

Zu diesem Zeitpunkt begann Baba in Herrn Bhats Träumen zu erscheinen, der Baba-Devotee war. In einer Traumvision versicherte Baba Herrn Bhat, daß die Belege in Wirklichkeit noch im Postamt seien. Sie waren nicht, wie behauptet, vernichtet worden. Am Ende war der Postbeamte gezwungen zuzugeben, daß das stimmte. Er brachte die Entschuldigung vor, daß sein Vorgänger die alten Unterlagen gestapelt hätte und daß so viele Briefe da seien – ein über drei Jahre angesammelter Stapel –, daß er weder Zeit noch Mittel habe, sie zu vernichten. Er behauptete jedoch, da die Masse an Dokumenten ohne Ordnung auf einem Haufen durcheinanderlägen, sei es ganz unmöglich, das eine kleine Papier zu finden, das für Herrn Bhat so wichtig sei. Es hätte gar keinen Sinn, es zu versuchen, sagte er, denn es käme der Suche nach einer Nadel in einem Heuhaufen gleich.

In jener Nacht erschien Baba wieder seinem Devotee, Herrn Bhat, und sagte, daß ein Mann benannt werden sollte, um die Suche im Postamt aufzunehmen, und daß das wichtige Dokument sehr schnell gefunden würde. Herr Bhat befolgte diese Empfehlung und konnte zum Schluß die Postbehörde überreden, einen Versuch zu machen. Ein Angestellter wurde also damit beauftragt, mit der Suche in dem großen Papierstapel anzufangen. Ganz wahllos nahm er ein Bündel und begann, es durchzusehen.

„Wunder über Wunder“, sagte Herr Bhat, „da befand sich das Dokument, das ich so dringend brauchte – gleich im ersten Stapel.“ Es zeigte deutlich, daß der Sekretär diesen wichtigen Einschreibebrief an Stelle seines Chefs selbst unterzeichnet hatte. Dies befreite letzteren von allem Verdacht. Der Sekretär und mehrere andere Männer wurden der Korruption für schuldig befunden, und die Gesellschaft verhängte entsprechende Strafen. So hatte Sai Babas allsehendes Auge und sein Eingreifen aus der Ferne seinen Anhänger vor Ungerechtigkeit bewahrt.

„Er ist nicht nur jenseits der Grenzen von Raum, sondern auch von Zeit“, erklärte Herr Bhat. „Als wir damals im Jahre 1965 in Prashanti Nilayam waren, erzählte Swami meiner Frau persönlich, daß ich in Pension gehen oder einen langen Urlaub nehmen sollte; auf jeden Fall sollte ich nicht arbeiten und ab 1. Juni des Jahres nicht im Büro sein.“

„Er hatte nicht gesagt, warum, aber ich hatte schon gelernt, Swamis Ratschlägen zu folgen. Es war jedoch für mich ganz unmöglich, alle meine geschäftlichen Angelegenheiten bis zum 1. Juni zu erledigen, meinen Nachfolger einzuarbeiten und bis zum 1. Juni alles zu übergeben. Ich konnte es, so schätzte ich, bis zum 1. Juli schaffen, und so beschloß ich, daß das genügen müßte. Es war zwar einen Monat später, als Swami mir nahegelegt hatte, aber ich hoffte, daß das schon gehen würde. Ich hatte mich geirrt."

„Am 4. Juni hatte ich meinen ersten Herzanfall. Baba hatte ihn offensichtlich vorhergesehen und mich gewarnt. Zweifellos hatte der Arbeitsstreß ihn ausgelöst, aber wenn ich seinen Rat angenommen hätte, hätte ich ihn vermeiden können. Nun, durch seine Gnade bin ich noch am Leben und in der Lage, viele Dinge zu tun, von denen mir meine Ärzte abraten."

Viele andere Menschen haben mir erzählt, daß Baba ihnen wichtige Ereignisse in ihrer Zukunft vorhergesagt habe. Nicht nur Gefahren an Leib und Leben, sondern auch viele Dinge im Bereich des täglichen Lebens – Geburten, Heiraten, neue Arbeit, geschäftliche Möglichkeiten und Examensergebnisse, bis hin zur exakten Note, die einer erreichen würde.

Hier ist ein amüsantes Beispiel seiner präkognitiven Kräfte. Herr G.K. Damodar Row, ein pensionierter Richter, war zur damaligen Zeit Vorsitzender des Lion-Clubs für mehrere Distrikte Südindiens. Er wollte gerade nach Chicago fliegen, um dort einer internationalen Konferenz des Lion-Clubs beizuwohnen. Als er Prashanti Nilayam besuchte und Baba davon erzählte, bat dieser ihn, ein Päckchen mit vibhūti und anderen Dingen für eine Gruppe von Sai Devotees in Kalifornien mitzunehmen. Damodar Row freute sich sehr, das Päckchen abliefern zu dürfen, nicht nur aus Freude, etwas für Baba tun zu dürfen, sondern auch, weil er gerne die befreundeten Devotees aus Kalifornien wiedersehen wollte.

Aber die Schwierigkeit war, daß die indische Regierung ihm nur so viel Geld zum Eintauschen genehmigte, wie er brauchte, um nach Chicago und auf kürzestem Weg, das heißt, über den Atlantik, zurückzureisen. Er fand es ganz unmöglich, offiziell die nötigen Dollar zu bekommen, um einen Abstecher von Chicago zur Westküste Amerikas zu machen.

Zögernd und traurig sagte er Swami, daß die harten Tatsachen der Devisenkontrolle und der Geographie eine solche Mission nach Kalifornien ganz unmöglich machten. Swami schwieg einen Moment und sagte dann: „Trotzdem wirst du nach Kalifornien fliegen; also mach‘ dir keine Sorgen und nimm das Paket.“ In Chicago rief Damodar Row mehrmals im Büro seiner Luftfahrtgesellschaft an, um zu fragen, ob er auf irgendeine Weise seine Rückreise quer über Amerika und den Pazifik machen könnte. Aber vergebens.

Das Mädchen in dem Chicagoer Büro, das er so oft gefragt hatte, kannte ihn allmählich, und als sie das Bild Sai Babas auf seinem Ring bemerkte, fragte sie ihn danach. Er sagte ihr, daß dies sein Guru sei und daß er darüber hinaus gesagt habe, daß er, Damodar Row, nach Kalifornien fliegen würde – also müßte es ja einen Weg geben, dies zu bewerkstelligen.

„Es tut mir leid, Sie und Ihren Guru zu enttäuschen“, antwortete sie offensichtlich bedauernd, „aber es gibt keinen Weg, wie ich es machen könnte. Ich würde Ihnen helfen, wenn ich könnte.“

Dann aber, eines Morgens, grüßte sie ihn erfreut: „Ihr Guru hatte recht“, rief sie, „Sie fliegen nach Kalifornien.“ Als er sie mit freudig klopfendem Herzen fragte, wie das käme, berichtete sie ihm, daß es einen Pilotenstreik bei der Fluggesellschaft gegeben habe, mit der er zurückreisen sollte, und daß sie nun seine Rückreise nach Indien auf eine andere Gesellschaft umbuchen müsse. So könne sie ihn über den Pazifik zurückfliegen lassen, und er könne in Los Angeles einen Aufenthalt einlegen.

Auf diese Weise wurde, wie Baba Wochen vorher zuversichtlich vorhergesagt hatte, das Paket ordnungsgemäß bei der kalifornischen Sai Familie abgegeben. Ich war selbst in Prashanti Nilayam, als Damodar Row geradewegs dorthin von seiner Rückreise aus Amerika ankam. Er war noch ganz gehobener Stimmung, als er die Geschichte erzählte, und alle Zuhörer teilten seine Freude beim Erzählen. Keiner zweifelte, daß Baba den Streik vorhergesehen hatte und auch, inwieweit er Damodars Reise betreffen würde.

Seit dem letzten Jahrhundert, als Baba in Shirdi Anhänger um sich sammelte, hat es viele Berichte gegeben, daß er in einer materialisierten Form an Orten erschien, die weit von der Stelle entfernt waren, an der er sich tatsächlich zu der Zeit aufhielt. Er kann in seiner eigenen oder in einer anderen Gestalt erscheinen, wie z.B. als alter Freund oder Bekannter, als Bettler, als Arbeiter, als sādhu oder Heiliger.

Manchmal, scheint es, als ob er eine zeitweilige māyā oder Illusion dieser Gestalt schafft. Manchmal kann er eine wirklich lebende Person oder ein Tier „überschatten“, indem er sie tun läßt, was er will, während er selbst die Antwort oder Reaktion des betreffenden Devotees beobachtet. Dann erzählt er dem Devotee später davon. Oder er macht eine Bemerkung zu den Leuten, mit denen er gerade zusammen ist, die Aufschluß gibt über Ereignisse, die sich gerade in einiger Entfernung abgespielt haben. Später bestätigt sich dies dann.

Zum Beispiel erhielt H.S. Dixit einen Brief in Shirdi, der besagte, einer seiner Brüder in Nagpur sei krank. Er erzählte Baba davon und sagte bedauernd: „Ich kann ihm nicht helfen." Baba jedoch antwortete: „Ich kann helfen."

Dixit wußte nicht, warum er das sagte und was er meinte. Aber er fand es später heraus, denn genau in jenem Augenblick kam in Nagpur ein sādhu an und gebrauchte genau diese Worte Babas: „Ich kann helfen." Der sādhu heilte den Bruder von seiner Krankheit, und Dixit wurde klar, daß Baba über 1000 Meilen hinweg gesehen hatte, was vor sich ging und tat, was notwendig war.

Es mag vielleicht ein wirklicher sādhu gewesen sein, von Baba „überschattet", aber jener der einem Devotee in Delhi in späteren Jahren erschien, scheint eher eine täuschende Schöpfung, eine zeitweilige Gestalt zu sein, die Baba angenommen hatte.

Diese Geschichte wurde mir von Frau Kamala Sarati, der Ehefrau des verstorbenen Herrn R.P. Sarati, erzählt, der zu der Zeit unter dem indischen Verteidigungsminister V.K. Menon zweiter Staatssekretär war. Das Ereignis betrifft einen Mann namens V.S. Chindambaram, ein Violinist, der Kamalas Musiklehrer war. Da sie sich bei einigen Dingen nicht sicher war, schrieb Kamala freundlicherweise für mich aus Madras, wo sie jetzt lebte, an ihren alten Musiklehrer nach Delhi. Er antwortete, indem er einen vollen Bericht von dem Ereignis gab, und Kamala gab mir den Brief weiter.

Es ereignete sich in Delhi im Jahre 1950, als Kamala und ihr Musiklehrer, Chidambaram, seit etwa zwei bis drei Jahren Sai Baba-Devotees waren. Beide waren etwa fünf bis sechs Mal in Puttaparthi gewesen, und Chidambaram lebte damals in einem Zimmer in Saratis Haus.

Eines Morgens fuhr der Musiklehrer, der damals etwa 45 Jahre war, mit dem Fahrrad die Minto-Straße zwischen Neu- und Alt-Delhi hinunter. Er hatte gerade einige Schüler auswärts unterrichtet und mußte um 11 Uhr morgens wieder zu Hause sein, um Kamala eine Violinstunde zu geben.

Als er so radelte, dachte er über ein Problem nach. Es kostete ihn gewöhnlich eine Menge, bis nach Puttaparthi zu reisen, und obwohl er einige schöne und wundervolle Erfahrungen dort gemacht hatte, begann er zu zweifeln, ob er sich die Reise wirklich leisten könne. Er schreibt: „Ich dachte gerade darüber nach, ob Baba eine wirkliche Inkarnation Gottes sei und ob es sich lohnte, so viel Geld für die Fahrt auszugeben, nur um ihn zu sehen."

In dem Moment kam hinter ihm ein alter sādhu schnell herangeradelt und holte ihn ein. Der Musiklehrer bemerkte, daß der heilige Mann ein Gewand trug und ein Tuch um seinen Kopf gebunden hatte, wie auf den Bildern von Shirdi Baba. Der alte sādhu hielt an, Chidambaram ebenfalls, indem er ihn grüßte. Der sādhu sagte, daß er gern mit dem Musiklehrer allein unter vier Augen sprechen wolle, und da es auf der Straße laut war, schlug er vor, zu einem ruhigeren Platz zu gehen. Chidambaram bemerkte, daß er dann zu spät zu Kamala kommen würde, und äußerte Bedenken, aber der sādhu sagte, daß es sich nur um zehn Minuten handeln würde.

Der Musiklehrer sagte: „Ich hatte das Gefühl, daß dieser sādhu wie Shirdi Baba war, und so war ich einverstanden, mit ihm zu gehen." Nachdem sie, die Fahrräder schiebend, ein Stück die Seitenstraße hinuntergegangen waren, kamen sie an ein altes Grab. Der sādhu setzte sich darauf und legte ein Bein über das andere, wie es die Art Shirdi Babas war. Nachdem der Musiklehrer die üblichen Gesten des Respekts und der Verehrung gemacht hatte, setzte er sich auf den Boden vor den Heiligen Mann.

Sādhu (nach etwa einer Minute des Schweigens): „Wer, glaubst du, bin ich?"

Chidambaram: „Du siehst wie Shirdi Baba aus."

Sādhu: „Gut. Sieh meine Hand an." Er hielt Chidambaram seine Handfläche entgegen. Die Handfläche wurde zu einem Spiegel, in dem sich in strahlenden Farben die Gestalt von Sai Baba von Puttaparthi spiegelte, wie er lächelnd auf einem Stuhl saß. Der Musiklehrer starrte ehrfurchtsvoll auf diese Vision.

Dann knöpfte der sādhu sein Gewand und Unterhemd auf, um seinen Oberkörper zu zeigen. Dort sah Chidambaram wiederum eine Vision des Puttaparthi Baba. Diesmal saß er strahlend und überglücklich mit einer Girlande geschmückt.

Der Musiklehrer war vollkommen überwältigt. Er fing an zu zittern und „vergoß Freudentränen". Dann rieb der sādhu seinen

Rücken mit vibhūti ein, wie Sathya Sai Baba es so oft bei Devotees macht, die Kummer haben, und gab ihm Süßigkeiten zu essen. Beides war auf Sai Babas unnachahmliche Weise aus der Luft materialisiert.

Der sādhu versicherte dem Musiklehrer, daß die beiden Sai Babas einer seien und sagte: „Laß unter keinen Umständen den Mut sinken. Ich bin nur aus Liebe zu dir gekommen. Nun laß uns gehen."

Als sie fortgingen, bat Chidambaram den sādhu, von dem er nun glaubte, daß er der Sai Baba sei, den er kannte und verehrte, mit ihm in Saratis Haus zu kommen. Aber der Heilige Mann lehnte ab. Chidambaram schreibt: „Ich sah, wie er eine ruhige Seitenstraße hinauf davonradelte. In zwei Minuten waren er und das Fahrrad völlig verschwunden." Der Musiklehrer war so sehr von seinen Gefühlen überwältigt, daß er selbst nicht mehr fahren konnte, und so, sagte er, „lud ich mein Fahrrad auf eine tonga (Karren) und fuhr nach Hause."

Kamala erzählte mir: „Er kam sehr spät, und ich wunderte mich, was wohl passiert sein möge. Dann kam er auf dem Karren an – und in was für einem Zustand! Ich dachte, er sei krank. Als er zusammenhängend sprechen konnte, erzählte er mir alles, was er erfahren hatte. Seitdem hat er keine Zweifel mehr und ist Baba sehr ergeben."

Die folgende Geschichte betrifft Herrn V. Kuppam, den Baba offensichtlich so lange wie möglich hier auf Erden am Leben erhalten will. 1960, zwei Jahre nachdem er von den „Toten" zum Leben erweckt worden war, wurde Radhakrishna wieder krank und litt heftige Schmerzen.

Er erzählte mir: „Eines Nachts gab der Arzt mir eine Morphiumspritze, und ich fiel in tiefen Schlaf. Aber anscheinend stand ich später auf und wanderte in einem Zustand von Bewußtlosigkeit umher. Ich kann mich an nichts erinnern, aber ich muß in den Brunnen nahe am Haus gefallen sein. Der Brunnen war offen, hatte etwa 3 Meter Durchmesser, war 15 Meter tief und hatte etwa 9 Meter hoch Wasser. Die Seiten waren aus glattem Stein, und es war nichts, woran man sich hätte festhalten können, oder worauf man hätte stehen können."

Seine Tochter Vijaya, die zur Zeit des Unfalles in Kuppam war, gibt die Geschichte folgendermaßen aus ihren Tagebuchnotizen wieder:

„Meine Mutter wachte um etwa 3 Uhr morgens auf und sah, daß Vater nicht im Bett lag; sie ging ihn deshalb suchen. Sie rief draußen seinen Namen und hörte sofort eine Stimme rufen ‚Ich bin im Brunnen'. Sie rannte hin und leuchtete mit einer Taschenlampe hinunter. Da war er. Er schien bis etwa zur Hüfte im Wasser zu stehen, aber sie wußte, daß es darin nichts gab, worauf er hätte stehen können. Sie rief zu ihm hinunter, erhielt aber keine Antwort, er blieb einfach so im Wasser.

Sie lief ins Haus und weckte meine beiden Brüder und mich. Dann gingen wir zum Brunnen, wußten aber nicht, wie wir ihn herausholen sollten. Quer über der Brunnenöffnung lag eine Steinplatte mit einer Lücke auf beiden Seiten, durch deren eine er gefallen sein mußte. Mein älterer Bruder Krishna Kumar versuchte, meinen Vater von der Platte aus zu erreichen, aber mein Vater befand sich viel zu weit unten. Wir müssen ziemlich viel Lärm gemacht haben, denn plötzlich erschien der Polizeichef auf der Bildfläche. Er erzählte uns später, daß er gerade zufällig diesen Weg von der Bahnstation zu seinem Büro herunterkam, als er uns hörte. Es war nicht sein normaler nächtlicher Heimweg gewesen, und er wußte auch nicht, warum er den Weg gegangen war. Zufällig war er ein Freund unserer Familie.

Mit Seilen, einem Flaschenzug und einem Korb fischten sie schließlich meinen Vater heraus. Ich kann nicht genau sagen, wie, denn ich blieb aus dem Wege. Aber es schien mir damals, daß Krishna Kamur übermenschliche Kräfte hatte, um meinen Vater herauszuziehen. Doch jetzt glaube ich, daß ihm durch eine Kraft von unten geholfen wurde. Nun, Sie wissen, was ich meine ...

Mein Vater schien halb bewußtlos, als sie ihn herausgefischt hatten. Er wurde ins Haus gebracht und aufs Bett gelegt. Wir ließen einen Arzt rufen. Dann, als wir warteten, hörten wir Vater sagen ‚Wann sehe ich dich wieder, Baba?' – so als ob Sai Baba dort im Raum stünde. Zweifellos war er auch da, nur wir konnten ihn nicht sehen.

Als der Arzt kam und Vater untersuchte, wollte er nicht glauben, daß er im Brunnen gewesen sei, aber der Polizeichef war immer noch da und bestätigte die unglaubliche Geschichte. Der Arzt sagte, der Patient habe keinen Schock bekommen, und tatsächlich ging es ihm viel besser als vor seinem Unglücksfall. Er brauche keinerlei Behandlung oder Medizin, sagte er, eine Tasse starken Kaffees sei alles, was er benötige."

Radhakrishna selbst sagte mir: „Ich wußte, daß es Babas Werk war, mich über Wasser zu halten, deshalb mietete ich noch am selben Tag einen Wagen, und wir fuhren nach Puttaparthi. Kaum kamen wir an, da grüßte uns Baba vom Balkon aus. Dann rief er lachend herunter: „Meine Schultern tun weh, weil ich dich letzte Nacht so lange hochgehalten habe, Radhakrishna.“ Vorher an jenem Morgen hatte er anderen Devotees erzählt, daß er während der Nacht fort gewesen sei, um Radhakrishna zu helfen, der in Schwierigkeiten gewesen sei.“

Was kann man dazu sagen? War Baba in Kuppam in feinstofflicher Form, so daß nur Radhakrishna in einem anderen Bewußtseinszustand ihn sehen konnte? Und benutzte er dabei seine gewaltige psychokinetische Kraft, eine Eigenschaft der Psyche, die bisher nur von der Parapsychologie ansatzweise erkannt worden ist, um im Brunnen Radhakrishnas Körper über der Wasseroberfläche zu halten?

Heute sind in Indien an vielen verschiedenen Orten psychokinetische Kräfte am Werk, die oft mit dem Namen Sai Babas verbunden sind. Ihre häufigsten Manifestationen sind die Produktion von vibhūti auf Heiligenbildern, hauptsächlich auf Photos von Baba, aber auch auf Bildern von Göttern und Avataren im gleichen Altarraum. Die Asche klebt entweder auf der Außenseite oder unter dem Glas des Bildes. Es kann beginnen als kleiner Fleck, der allmählich wächst, bis er fast wie eine Reifschicht das gesamte Bild bedeckt. Oder aber sie erscheint plötzlich, und das Bild ist in kürzester Zeit bedeckt.

Dr. D.S. Chander, ein Zahnarzt aus Bangalore, ist einer der vielen, die dieses seltsame Phänomen erfahren haben. Er erzählte mir, daß plötzlich vibhūti auf allen Bildern seines Altarraumes erschien, einen Monat später verschwand es wieder vollständig. Er war über das Verschwinden bekümmert, so als ob möglicherweise die göttliche Gnade zurückgenommen worden war, weil er vielleicht etwas Schlechtes getan oder etwas ungetan gelassen hätte, was er hätte tun müssen.

Seine Frau half ihm oft in der Praxis, und gewöhnlich klingelte er, wenn er sie für irgendetwas brauchte. Eines Morgens, als er klingelte, war seine Frau gerade dabei, Blumen im Altarraum zu arrangieren. Alle Bilder dort, sagte sie, waren deutlich ohne Spur von Asche. Sie war sich dessen sicher, denn nach dem plötzlichen

Verschwinden der Asche schaute sie immer hoffnungsvoll nach jedem Anzeichen, ob sie wiederkommen würde.

Sie ließ die Blumen zurück und ging schnell in die Praxis, um zu schauen, was ihr Mann benötigte, und als sie nach wenigen Minuten zurückkam, waren alle Bilder im Altarraum wieder mit vibhūti bedeckt. Sie eilte zurück, um dies ihrem Mann zu erzählen, und als sie durch das Wohnzimmer kam, sah sie, daß auch hier Babas Photos Ascheflecken hatten.

Der Großteil des vibhūti verschwand wieder nach ein oder zwei Monaten. Aber etwas blieb, um dem Doktor die Freude zu lassen, und es war noch da, als ich ihn besuchte.

Meine Frau und ich waren in vielen Häusern in verschiedensten Städten gewesen, wo dieses seltsame Phänomen stattfindet. Ich stellte fest, daß die Asche auf der Vorderseite fest auf der Oberfläche des Glases klebt, obgleich etwas abfällt und sich am unteren Bilderrahmen sammelt.

Eine Frau in einem der Häuser erzählte uns: „Zuerst erschien es auf der Vorderseite des Glases, und einige Leute sagten, daß wir es aus Publizitätssucht oder ähnlichen Motiven selbst aufgetragen haben müßten. Dann begann es, sich darunter zwischen Glas und Bild zu bilden."

Ich untersuchte einige Bilder, wo die Asche sich unter dem Glas befand. Die Rückseiten der Bilder waren in den meisten Fällen fest verklebt und sahen ohne Zweifel so aus, als ob sie die ganze Zeit unberührt waren. Abgesehen davon waren die Personen und alle anderen, die wir in Verbindung mit diesem Aschephänomen trafen, nicht vom Typ derer, die sich mit Aufschneidereien abgeben. Sie waren ergebene, religiöse Leute, erfüllt, wie mir schien, nicht von Egoismus und spirituellem Stolz, sondern von Demut, Verehrung und Ehrfurcht in bezug auf die wohltätige Macht, die ihre Spur in ihren Häusern hinterlassen hatte.

In einigen Häusern erschienen verschiedene Dinge zusätzlich zur Asche: andere Pulver, die man zu rituellen Handlungen benutzt, Tropfen von amrita, kleine Statuen von Hindu-Gottheiten, Blumen und manchmal Girlanden, die um die Bilder gelegt werden.

Die dynamische psychokinetische Kraft, die mit dem Namen Sai Baba in Verbindung steht, arbeitet auch auf andere unglaubliche Weise. Hier dazu ein Beispiel:

Herr K.E. Kulkania aus Poona besuchte gewöhnlich jeden Donnerstag den lokalen städtischen Shirdi-Tempel. Einmal hatte er einige Schriften und Photos von Sathya Sai Baba mit in den Tempel genommen. Er hatte in der Tasche sechs Schriften in Hindi, sechs in Englisch und die gleiche Anzahl Photos von Sai Baba.

Er begann, diese an die Verehrer im Tempel auszuteilen. Diese Aktion zog etwa 100 Menschen an. Alle wollten die Hindu-Schrift und die Photos – anscheinend konnte keiner Englisch. Kulkani begann, die wenigen, die er hatte, auszuteilen und wollte gerade mit Bedauern sagen, daß er nächste Woche mehr bringen wolle für diejenigen Leute, die leer ausgingen.

Dann aber, als er mit seiner Hand in die Tasche faßte, um das letzte Exemplar herauszuholen, war er völlig perplex, daß er sie nicht leer, sondern halb voll vorfand. Er schaute hinein und sah ein dickes Bündel Schriften in Hindi und ein weiteres Bündel Photos. Wie sich dann herausstellte, war es genau die benötigte Anzahl, um jedem je eines zu geben. Jeder wurde zufriedengestellt, und nicht ein einziges Exemplar der Hindi-Schriften blieb übrig. Nur die sechs englischen Schriften blieben in der Tasche zurück. Diese wurden ja nicht benötigt, und es war auch keines auf seltsame Art hinzugekommen.

Andere psychische Phänomene, die von hier und da berichtet wurden, beziehen sich auf automatisches Schreiben und schriftliche Botschaften, die von Hellsichtigen entweder in rangoli-Pulver oder an der bloßen Wand bzw. Decke gesehen werden. Diese Botschaften erwecken den Eindruck, als seien sie von Sai Baba. Die Leute, die mit diesen Phänomenen direkt in Berührung kamen (wenigstens diejenigen, die ich persönlich kennenlernte), scheinen seriös und von ausgezeichnetem Charakter. Sie beschreiben enthusiastisch, wie die Botschaften dazu dienen, Kranken zu helfen, ethische Hilfe im Handeln zu geben, um Leuten in Not in ihren persönlichen Beziehungen, im Beruf usw. zu helfen. So scheint also die Kraft, die da am Werk ist, eine gute, mitfühlende zu sein.

Aber es gibt natürlich eine Gefahr bei diesen kommunikativen Phänomenen. Einmal, wie Okkultisten wissen, gibt es auf der unteren astralen Ebene viele Betrüger, Täuscher und noch Üblere, die immer bereit sind, die Gelegenheit zu ergreifen, mit dieser Welt in Kontakt zu kommen. Daher können psychische Kräfte, die nicht so gut, nicht so wohlwollend sind, sich leicht in der Verkleidung des großen spirituellen Namens verstecken. So könnten die Leute genarrt und in die Irre geführt werden, und das Ergebnis wäre, daß der Stolz des Menschen, sein Egoismus und seine niederen Begierden und nicht seine höheren spirituellen Bestrebungen gefördert würden.

Es gab Anzeichen, daß Gier und Publizitätssucht sich unter manchen von Babas Anhängern zu regen begannen. Zu dieser Zeit erschien auf Anweisung Babas eine Notiz im Aschrammagazin. Dort hieß es: „Einige Leute mißbrauchen den Namen Babas und verkünden, daß Baba mit ihnen spreche, indem er ihnen Botschaften gebe, Fragen beantworte und Interviews gewähre; ihr Ziel ist nur, zu Ruhm und Geld zu kommen." Die Notiz sagt weiter, daß solche Phänomene entweder als Manifestationen von Geistern oder als blanke Schwindeleien von Gaunern und Halunken zu erklären sind: „Es ist die Pflicht der Devotees, allen solchen Schwindeleien mit weisem Rat und fester Ablehnung zu begegnen."

Baba macht hiermit deutlich, daß der Empfänger die Echtheit solcher psychischen Geschehnisse selbst beurteilen müsse, aber daß man sie niemals zum Zwecke gebrauchen dürfe, Menschen um sich zu scharen, um Aufmerksamkeit, Ruhm und Geld zu erlangen.

15. Das Gleiche und doch anders

In meines Herzens Nacht hinein
auf engem Pfade tastete ich mich;
und siehe da! Das Licht –
ein unendliches Land des Tages.
– RUMI –

Die Leute, von deren Erfahrungen in den vorhergehenden Kapiteln berichtet worden ist, sind hochangesehene Bürger, von denen viele bedeutende Positionen im heutigen Indien einnehmen.

Aber die Wahrheit, die diese Menschen bezeugen, ist für den modernen Geist, und besonders im Westen, schwer zu akzeptieren. Nicht nur enthüllen jene Zeugnisse, daß es mehr Dinge zwischen Himmel und Erde gibt, als der weitverbreiteten materialistischen Philosophie bekannt ist, sondern diese Dinge scheinen häufig auch den naturwissenschaftlichen Gesetzen und der allgemeinen Erfahrung – wie wir sie kennen – zu widersprechen. Genauer gesagt heißt das, daß heute in Indien ein Mann lebt, der Gegenstände, und zwar viele verschiedene Sorten von Objekten, aus dem „Nichts" holen kann; sie nicht nur *scheinbar* dorther nimmt, wie ein Zauberer auf einer Bühne, sondern *tatsächlich*, in Wirklichkeit; und daß er dies täglich tut, wo immer er gerade ist. Weiterhin bestätigen diese Menschen, daß dieser Mann Gedanken lesen kann, nicht nur, wenn man in seiner Nähe ist, sondern daß er bei dir sein kann, wo immer du bist, und er weiß, was du denkst, tust und planst; daß er entweder unsichtbar nahe sein kann oder irgendeine geeignete Form annehmen kann, um da zu sein, um zu führen, zu beschützen und zu lehren. Darüber hinaus bestätigen ihre Zeugnisse, daß er in die Zukunft sehen kann, chirurgische Operationen mit „materialisierten" Instrumenten vornehmen und viele tödliche Krankheiten mit wundersamen Mitteln heilen kann und – was viel mehr ist – seine Anhänger zum spirituellen Ziel ihres Lebens zu führen vermag.

Millionen von Leuten glauben – oder glauben es vielleicht nur halb – solche Dinge von Christus oder Krishna. „Aber", mag mein Leser sagen, „das ist alles lange her. Dies ist das Jahrhundert der Naturwissenschaft, nicht der Wunder. Du willst mich glauben machen, daß ein lebendiger Mensch heute solche Dinge tut und sie ununterbrochen die letzten 25 Jahre lang getan hat?“

Meine Zeugen bitten niemanden, etwas zu glauben. Sie stellen nur fest, was sie gesehen und erfahren haben. Und ich, der ich selbst vom modernen skeptizistischen Geistesklima geformt worden bin, werde gewiß nicht erwarten oder hoffen, daß irgendein eingefleischter Zweifler diese Dinge akzeptieren wird, bevor er, wie der Heilige Thomas, selbst gesehen, gehört und gefühlt hat.

Trotzdem gibt es Millionen, die niemals das Glück haben werden, zu Sai Babas Füßen sitzen zu dürfen, weder in Prashanti Nilayam noch anderswo auf der Welt, wohin er in den kommenden Jahren reisen mag. Deshalb, zum Nutzen der vielen unter ihnen, die glauben können, obgleich sie nicht gesehen haben, und deren Glauben, Hoffnung und Verstehen davon profitieren mögen, bringe ich weitere Zeugen in den Zeugenstand. Unter denen, deren Geschichten in den nächsten Kapiteln wiedergegeben werden, sind führende Männer der Wissenschaft, des Geschäftslebens und staatlicher Einrichtungen. Es handelt sich dabei nur um einige der vielen Devotees, die einem großen Teil der Öffentlichkeit in und außerhalb Indiens wohl bekannt sind. In ihr Leben ist die gleiche geheimnisvolle Sai-Kraft getreten, aber für jeden ist ihre Manifestation unterschiedlich und einmalig gewesen.

Eines Nachmittags saßen meine Frau und ich in einem Zimmer in Madras und unterhielten uns mit einer Frau, die aus dem Norden Indiens gekommen und unterwegs nach Prashanti Nilayam war, um das Shivarātrifest zu besuchen. Sie kannte Sai Baba seit Ende der vierziger Jahre, und sie ist eine seiner treuesten, aufrichtigsten und reinsten bhaktas oder Devotees. Sie hat mir nicht die Erlaubnis gegeben, ihren Namen zu verwenden, so nenne ich sie einfach Frau B. Unter anderen waren noch Dr. C.T. Chari dabei, Professor für Philosophie am Madras Christian College, sowie Mitglied der Londoner Gesellschaft für Psychische Forschung und in parapsychologischen Kreisen der ganzen Welt bekannt. Frau B. wurde überredet, uns einige von ihren wunderbaren Erfahrungen mit Sai Baba zu erzählen, und ich werde hier zwei oder drei davon wiedergeben.

Sie erzählte, daß 1952 ihr Sohn Jawahar, der damals etwa 5 Jahre alt war, plötzlich krank wurde, hohes Fieber bekam und ins Delirium fiel. Ihr Mann, ein Arzt, war zu jener Zeit abwesend, so daß sie einen anderen Arzt rufen mußte. Dieser glaubte zuerst, es sei Malaria, und behandelte das Kind entsprechend. Aber nach dem sechsten Tag mit hohem Fieber entschied der Arzt, daß er sich mit seiner Diagnose geirrt habe. Nun dachte er, daß es Typhus sei; am nächsten Tag wollte er einen Bluttest machen, um sicher zu gehen.

Zu jenem Zeitpunkt war Frau B. schon seit einigen Jahren Anhängerin Sai Babas gewesen. Sie hatte gesehen, wie er Wunder wirkte, aber obgleich sie zu ihm als zu ihrem höchsten Guru betete, war sie sich noch nicht über das Ausmaß seiner Kräfte im klaren und dachte daran, ihn zu „testen". Sehr besorgt über den Gesundheitszustand ihres Sohnes, begann sie nun ernsthaft zu Baba zu beten, er möge helfen.

Nach einer Weile bemerkte sie, daß Jawahar etwas besser aussah; sie maß seine Temperatur und stellte fest, daß sie einige Grade gefallen war. Außerdem war er nicht mehr im Delirium. War das die Antwort auf ihre Gebete, oder hatte sich dies ganz natürlich abgespielt? Sie wollte es unbedingt wissen – aber wie? Dann aber fühlte sie sich sicher, daß Baba ihr in ihren Zweifeln und Fragen helfen würde, und sie überlegte sich einen Weg, die Sache zu prüfen. Im Geiste sprach sie zu Baba: „Wenn seine Temperatur morgen früh genau 36,7 Grad ist, will ich glauben, daß es *Dein* Werk ist." Am nächsten Morgen maß sie die Temperatur, und sie war genau 36,7 Grad. Als etwas später der Arzt kam, erklärte er, daß der Junge in Ordnung sei und daß er den geplanten Bluttest nicht mehr vorzunehmen brauche.

Frau B. erfuhr einige Zeit später, daß Sai Baba in der Nacht, in der sie inbrünstig zu ihm betete, im Venkatagiri-Palast weilte. Während er dort in einem Raum mit einigen Devotees saß, fiel er plötzlich in Trance. Nach einer Weile kehrte er in seinen Körper zurück und erzählte dann den Anwesenden – unter ihnen dem Kumaraja (Prinz) von Venkatagiri, daß eine Devotee (er nannte den Namen von Frau B.) in Schwierigkeiten gewesen sei, ihr Sohn krank sei, und er sei ihr zu Hilfe gekommen. „Nun geht es Jawahar wieder gut", hatte Baba gesagt.

Der Kumaraja war begierig, diesen Jungen zu sehen, zu dem Baba „geflogen" war, um ihm zu helfen. Einige Wochen später, als Frau B., der Junge Jawahar und der Prinz gleichzeitig zu Besuch bei Baba waren, konnte dieser die Neugier des Prinzen befriedigen.

Einige Jahre später war der gleiche Junge Opfer eines Unfalls, wurde schlimm verletzt und bekam zu einem unglücklichen

Zeitpunkt, als ihr Mann wiederum abwesend war, ein plötzliches Wundfieber. Es war schwer für sie, die dringend notwendigen Medikamente zu bekommen. Ihre Gebete zu Sai Baba schienen diesmal einen derartig günstigen Einfluß auf die Umstände auszuüben, daß sie alles erhielt, was sie brauchte, und der Junge sich bald wieder erholte. Wiederum dachte sie, es könne auch alles Zufall gewesen sein, bis sie von ihrer Schwester Lilli aus dem Süden etwas erfuhr.

Frau B., die Hunderte von Kilometern weit entfernt im Norden lebte, hatte weder Lilli noch irgendjemand sonst von dem Unfall ihres Jungen geschrieben. Aber nicht lange nach dem Ereignis hörte Lilli in Puttaparthi die Geschichte von den Lippen Sai Babas selbst. Er erzählte ihr alle Einzelheiten des Unfalls und sagte, er sei dabei gewesen. Was er ihr sagte, legte den Schluß nahe, daß es Frau B.'s treue Ergebenheit und ihre inbrünstigen Gebete gewesen seien, die die Verbindung hergestellt und die rechtzeitige Hilfe gebracht hatten. Obgleich Frau B.'s Verstand zweifelte und vieles in Frage stellte, waren wohl ihr Glaube und ihre Hingabe auf tieferen Ebenen sehr stark.

Als Frau B. ihre Geschichten zu Ende erzählt hatte, bemerkte Dr. Chari, daß er sie schon mehrmals über diese übernatürlichen Ereignisse habe berichten hören, sowohl kurz nachdem sie geschehen waren, als auch einige Male später gegenüber verschiedenen Leuten. Er kannte diese Frau seit vielen Jahren. Ihre Beschreibungen sagte er, hätten sich in keinem Detail verändert, seitdem sie sie zum ersten Mal erzählt habe; keine Hinzufügungen, keine Ausschmückungen, was er als ein erfahrener Forscher der psychischen Phänomene als außergewöhnlich erklärte.

„Sie ist eine erstklassige Zeugin", versicherte er mir.

„Haben Sie selbst auch gesehen, wie Baba etwas materialisierte?" fragte ich ihn.

„Ja, vibhūti bei mehreren Gelegenheiten", antwortete er und fügte hinzu: „Sie dürfen gerne meinen Namen nennen, wenn es nützlich ist." Woraufhin ein ironischer Herr aus der Gesellschaft scherzte: „Man wird Sie dafür aus der G.P.F. hinauswerfen!"

Dr. D.K. Banerjee ist Doktor der Naturwissenschaften und Professor für organische Chemie am Indischen Institut für Naturwissenschaften in Bangalore. Seine Frau ist die Tochter eines Physikprofessors. Beide sind Bengalen, und beide sind ohne formelle Religion aufgewachsen.

Meine Frau und ich besuchten sie eines Nachmittags in ihrem Haus auf dem schönen Gelände des Instituts. Sie waren gern bereit, über ihre wunderbaren Erfahrungen mit Sai Baba zu erzählen. Tatsächlich sprachen wir etwa vier Stunden lang kaum über etwas anderes, während der Tee serviert und wieder abgetragen wurde, die Sonne sich im Westen neigte und die Dunkelheit schon den Garten einhüllte.

Dr. Banerjee erzählte mir, daß er mit der Vedanta-Philosophie aufgewachsen sei.

Diese macht die Wissenschaft zwar nicht zur Religion, aber sie nimmt eine wissenschaftliche Haltung zur Religion ein. Sie versucht gewiß nicht, den Geist für solche Dinge wie Wunder oder die Idee der göttlichen Inkarnationen geneigt zu machen. Der Doktor gab jedoch zu, daß er ein spirituelles Vorbild hatte. Dies war sein Onkel, Soham Swami, der als heiliger Mann mit enormen physischen Kräften berühmt wurde und der mit wilden Tigern Ringkämpfe veranstaltete. Später als junger Mann las Banerjee einige der spirituellen Bücher seines Onkels. Dennoch war er weiterhin Vedanta-Anhänger und ein vorsichtiger Wissenschaftler, als er das erste Mal von Sai Baba hörte.

Im November 1961 machte er – hauptsächlich aus Neugierde – einen Besuch in Puttaparthi. Man sollte annehmen, ein Wissenschaftler, der wiederholt von Dingen hört, die den Gesetzen von Physik und Chemie zu spotten scheinen, mache es sich zu seiner Aufgabe, dies selbst zu überprüfen. Gleichgesinnt mit Dr. Banerjee waren Professor Iyer von derselben Fakultät und ein Offizier der Indischen Luftwaffe, der zufällig Meister im Fallschirmspringen war.

Die unerklärlichen Erfahrungen, die der Doktor bei jenem Besuch und bei den folgenden Kontakten mit Baba machte, erstrecken sich über eine Reihe verschiedener Typen von Phänomenen, wie Visionen, Heilungen, die Produktion von Gegenständen aus einer unsichtbaren Dimension und die Verwandlung eines Objekts in ein anderes vor den Augen des Betrachters. Wenn ich einige von seinen vielen Erlebnissen hier wiedergebe, habe ich sie nach Gruppen geordnet, obgleich sie in gewissem Grade miteinander verquickt waren.

Die erste der merkwürdigen Visionen von Dr. Banerjee hatte mit Lord Krishna zu tun. Obgleich Millionen von Indern Krishna als göttliche Inkarnation verehren, war er für Banerjee immer ein Playboy und Lüstling gewesen. Tatsächlich nannte er jeden leichtlebigen Wüstling „Krishna des Kali Yuga".

Als Banerjee bei seinem ersten Besuch im Aschram mit Baba zusammen im Zimmer war, sah er, wie Babas Gesicht sich in das Gesicht Lord Krishnas verwandelte. Dies geschah dreimal, jedes Mal nur für wenige Augenblicke. Er war verwirrt, aber es sollte noch mehr kommen.

Obgleich der Neffe von Soham Swami nicht mit Tigern ringt, legt er Wert darauf, sich körperlich fit zu halten. Jeden Morgen in der Frühe macht er seine Übungen in dem Park rund um sein Haus. Um fünf Uhr morgens, am Tag nach seiner Rückkehr aus Puttaparthi, als er seine Lockerungsübungen auf dem Rasen machte, erschien plötzlich vor ihm eine Vision Krishnas. Dann schien diese kleine dunkelblaue Figur auf Banerjee zuzukommen und direkt in ihn einzugehen. Einige Tage lang fühlte der Arzt sich, als ob er von demjenigen „besessen" war, den er immer für den Prototyp eines Lüstlings hielt. Aber das hatte nicht zur Folge, daß er sich wie ein Mister Hyde fühlte. Tatsächlich war die Wirkung genau das Gegenteil. Er schien vollständige und absolute Kontrolle über seine Sinne zu gewinnen. Es war die wundervollste Erfahrung, die er je gemacht hatte. „Ich fühlte mich wie ein König", sagte er.

In diesem erhobenen Zustand machte er eine weitere Reise in den Aschram, um Sai Baba davon zu berichten und um herauszufinden, was los war. Baba lächelte nur und sagte nichts; dann legte er eine Hand an Banerjees Kopf und die andere auf seine Schulter und ließ sie dort eine Weile liegen. Daraufhin verschwand die Besessenheit und der Professor war wieder normal.

Aber diese Erfahrung brachte Banerjee zu der Erkenntnis, wie er sich über den Charakter und die Bedeutung Lord Krishnas getäuscht hatte – der göttliche Kuhhirte, der große König und Staatsmann, der „ewige Wagenlenker", der die goldenen Worte der Bhagavad-Gītā zu Arjuna und der ganzen Menschheit sprach. Baba hatte seinen neuen Devotee eine wichtige Lektion im Verstehen Gottes gelehrt.

Die zweite Vision, auch eine Verwandlung, ist mit einem Materialisationsphänomen gekoppelt. Sie fand in Brindavan, Whitefield, statt, wo Dr. Banerjee und seine Familie zu Besuch bei Baba weilten. Plötzlich, als der Doktor mit Baba zusammen in einem Raum war und sich den einzigartigen Kopf Sais anschaute, verwandelte dieser sich in den Kopf Shivas, dem die Wasser des Ganges ins strähnige Haar fielen. Wiederum war es nur eine kurzzeitige Vision. Etwas später materialisierte Baba ein Medaillon, hielt es auf seiner Handfläche und zeigte es Banerjees Sohn mit der Frage: „Was ist das?" „Es sieht wie Shiva aus", sagte der Junge. Baba sagte nichts, aber einen Augenblick später hielt er es wieder hoch und stellte dieselbe Frage. Diesmal antwortete der Junge „Es sieht aus wie Shirdi Baba." Der Vater ärgerte sich, daß sein Sohn anscheinend die Gestalt von Shiva und Shirdi Baba nicht auseinanderhalten konnte.

Sathya Sai gab dem Jungen das Medaillon, und als Dr. Banerjee es später untersuchte, bemerkte er, daß es ein Bild von Shirdi Baba auf der einen Seite und von Shiva auf der anderen Seite trug – Shiva, mit dem strähnigen Haar, in das die Wasser des Ganges fielen, genau wie bei der Verwandlung, die er gerade mit eigenen Augen gesehen hatte.

Die Materialisationen begannen bei Banerjees erstem Besuch. Abgesehen von dem vibhūti, das für jeden in der Gruppe materialisiert worden war, nahm Baba für Dr. Banerjee aus der Luft ein goldenes Medaillon. Der Professor zeigte es meiner Frau und mir, als wir ihn besuchten. Auf der einen Seite ist Shirdi Baba mit der Inschrift „Shirdi Sai Baba" in Sanskrit, auf der anderen Seite ist eine offene Hand zu sehen, auf deren Handfläche das Sanskritwort OM mit der Aufschrift „abhayam" in Telugu und einigen Schriftzeichen in Tamil verschlungen ist, die bedeuten: „Wozu die Furcht, wenn ich doch hier bin?"

Jedoch für Skeptiker, die auf der Lauer nach Taschenspielertricks sind, gehört vielleicht zu den überzeugendsten Phänomenen dasjenige, das Dr. Banerjee gesehen hatte, kurz nachdem er Sai Baba zum ersten Mal begegnete. Damals war er selbst noch etwas skeptisch und nicht sicher, ob diese Produktion extrem geschickte Bühnenzauberei oder wirkliche Wunder waren.

Bei dieser Gelegenheit waren außer Banerjee noch zwei Frauen und drei Kinder anwesend. Baba ließ in gewohnter Weise die Hand in der Luft kreisen, drehte die Handfläche nach oben und öffnete sie, um zu zeigen, daß Asche wie eine dünne Lage Pulver seine Handfläche bedeckte. Nun fuhr er vor ihren staunenden Augen mit einem Finger durch das Aschepulver, wobei er die Handfläche weiterhin nach oben gewandt hielt. Daraufhin erschienen in seiner Handfläche fünf große runde Pralinen – eine für jede anwesende Person. Der Professor sagte, daß diese Süßigkeit hauptsächlich aus

Käse gemacht würde und zu einer Sorte Konfekt gehöre, die in Indien nicht sehr bekannt sei und nur in gewissen Teilen Bengalens, also der Heimat Banerjees, zu finden sei.

Frau Banerjee, so sagt ihr Ehemann, sei das „Mädchen für alles" im Hause. Ihre praktischen Fähigkeiten reichten vom Nägeleinschlagen bis zum Reparieren eines Verbrennungsmotors. Sie sei ohne formelle Religion aufgewachsen und habe noch nie ein Buch über spirituelle Themen aufgeschlagen, als sie Sai Baba traf.

Beim ersten Interview segnete Sai Baba sie, indem er seine Hand über ihren Kopf hielt. Hinterher sah ihr Mann einen Streifen vibhūti auf ihrem Kopfscheitel. Seltsamerweise sah er wenige Tage später seine Frau Bücher lesen mit Babas Vorträgen und später auch andere spirituelle Literatur.

Einige Zeit später ging Baba auf ihr neues Leseinteresse ein und segnete sie wiederum. Dabei hielt er seine Hand wieder über ihren Kopf, aber diesmal ein bißchen höher, und jene, die zuschauten, sahen, wie vibhūti-Schauer aus seiner Handfläche ihren ganzen Scheitel bedeckten. Ihr Interesse an spirituellen Schriften wurde stärker und tiefer, und wie ihr Mann wurde auch sie eine treue Anhängerin Sai Babas.

Dr. Banerjee erzählte mir von drei Wunderheilungen, mit denen er persönlich in Kontakt gekommen sei. Die erste betraf ihn selbst; es war eine kleine, aber immerhin erstaunliche Heilung. Auf der Zugreise nach Penukonda, unterwegs nach Prashanti Nilayam, hatte er sich seinen kleinen Finger im Abteilfenster eingeklemmt. Er war schwarz, angeschwollen und schmerzte sehr.

Im Aschram saß er mit einer Gruppe vor der Gebetshalle und wartete auf das Erscheinen Babas. Dann erschien die ersehnte Gestalt und wanderte wie gewohnt den schmalen Gang zwischen den sitzenden Leuten entlang. Banerjee saß in der ersten Reihe, und als Baba diesen Platz erreichte, hielt er an. Aber anstatt Banerjee anzuschauen, drehte er ihm seinen Rücken zu, beugte sich vor und sprach dann mit jemandem in der gegenüberliegenden Reihe. Als er sich vorbeugte, streifte der hintere Saum seines Gewandes die Hände des Doktors und bedeckte sie, denn er saß auf dem Boden mit übereinandergeschlagenen Beinen, und die Hände ruhten vor ihm. Dann, einen Moment später, ging Baba weiter, ohne ein Wort zu Banerjee zu sagen.

Kurz danach bemerkte der Doktor, daß der pochende Schmerz in seinem Finger praktisch aufgehört hatte. Er schaute ihn an und sah mit Erstaunen, daß die Schwärze und die Schwellung vollständig verschwunden waren. Der verletzte Finger war tatsächlich ganz in Ordnung, geheilt durch die Berührung von des Meisters Gewand.

Die andere Heilung betraf den Meister im Fallschirmspringen, der Dr. Banerjee 1961 bei seinem ersten Besuch in Prashanti Nilayam begleitet hatte. Dieser Luftwaffenoffizier litt seit langer Zeit an einer „unheilbaren" Krankheit und konnte daher, obgleich verheiratet, keine Kinder zeugen.

Baba produzierte etwas vibhūti, gab es dem Offizier zum Einnehmen und sagte ihm, daß er geheilt würde und einen gesunden Sohn bekäme. Ob es durch das vibhūti oder die Gegenwart und den Willen des großen Heilers – oder durch beides – geschah, das Unmögliche ereignete sich. Die „unheilbare" Krankheit wurde geheilt und – wie Baba versprochen hatte –, bekam der Fallschirmspringer später einen gesunden Sohn.

Die dritte Heilung ist genauso „unwissenschaftlich", aber der ehrenwerte Wissenschaftler aus Bangalore erzählt sie ohne Bedenken und mit offensichtlichem Vergnügen.

Der Sohn eines Freundes, eines wohlhabenden Chemiefabrikanten, litt an Asthma. Wenigstens schien es dem Hausarzt Asthma zu sein. Aber als Dr. Banerjee den Jungen nach Prashanti Nilayam in die Gegenwart Sai Babas brachte, sagte Baba, daß es sich gar nicht um Asthma handele, sondern um einen Mangel in der Knochenstruktur, der die Atemschwierigkeiten verursache. Dann ließ Baba wieder seine magische Hand kreisen und brachte aus dem Sai-Vorrat, wie er manchmal seine mysteriöse Quelle nennt, ein goldenes Medaillon mit einem Bild von Shirdi Baba hervor. Baba sagte, der Junge solle es als Talisman um seinen Hals tragen, und er würde keine Atemnot mehr haben. Von diesem Tag an, sagte Banerjee, zeigte der Junge keine Symptome von Asthma mehr. Nach einiger Zeit löste sich das Medaillon von der Kette, und als man Baba davon erzählte, sagte er, es habe seinen Dienst getan, und es bestünde keine Notwendigkeit mehr, es zu tragen. Es könne nun in einer Schachtel verwahrt werden.

Wenn ein Wissenschaftler über eine Reihe von Jahren immer wieder Erfahrungen macht mit Phänomenen außerhalb der Gesetze und Theorien der modernen Wissenschaft, was sollte er dann tun? Sie ignorieren und sich wütend verteidigen, oder zugeben, daß die Wissenschaft nur einige wenige Kieselsteine und Muscheln gesammelt hat, die neben dem gewaltigen und unerforschten Ozean des Unbekannten liegen?

Dr. Banerjee hat zusammen mit einigen seiner wissenschaftlichen Kollegen den zweiten Weg eingeschlagen. Er ist nun ein ergebener Anhänger von Sai Baba und versäumt keine Gelegenheit, die über 100 holprigen Meilen zu ihm nach Puttaparthi zu fahren – oft mit dem Motorroller – oder die zwölf Meilen nach Whitefield.

Dort oder in seinem Haus, das Baba manchmal für eine Mahlzeit oder ein Gespräch aufsucht, hört der alte Vedantist nicht selten und nicht ohne Vergnügen das von den Lippen Sai Babas, was er als die „Quintessenz der vedānta-Philosophie" bezeichnet.

Dr. Y. J. Rao, Leiter der Geologischen Fakultät an der Osmania Universität in Hyderabad, war die richtige Person, um Zeuge für die Umformung eines festen Felsblocks in eine andere Substanz zu sein – wobei obendrein eine wertvolle spirituelle Lektion erteilt wurde.

Eines Tages hob Baba in Puttaparthi ein rauhes Stück Granit auf, reichte es Dr. Rao und fragte ihn, was es enthielte. Der Geologe nannte einige der Mineralien in dem Gesteinsbrocken.

Baba: „Die meine ich nicht – etwas tiefer."

Dr. Rao: „Nun, Moleküle, Atome, Elektronen, Protonen."

Baba: „Nein, noch tiefer."

Dr. Rao: „Ich weiß es nicht, Swami!"

Baba nahm von dem Geologen den kleinen Klumpen Granit, hielt ihn mit seinen Fingern hoch und blies darauf. Dr. Rao hatte ihn niemals aus den Augen verloren, und dennoch, als Baba ihn ihm zurückgab, hatte sich seine Gestalt total verändert. Statt eines unregelmäßigen Brockens war es eine Statue Lord Krishnas, der Flöte spielte, geworden. Der Geologe bemerkte auch einen Farbunterschied und eine leichte Veränderung in der Struktur der Substanz.

Baba: „Siehst du? Jenseits deiner Moleküle und Atome ist Gott in dem Felsen. Und Gott ist Süße und Freude. Brich den Fuß ab und koste ihn."

Dr. Rao fand es nicht schwer, den „Granitfuß" der kleinen Statue abzubrechen. Er nahm ihn, wie geheißen, in seinen Mund und stellte fest, daß er aus Zucker war. Die ganze Figur, soeben aus einem Stück Granit erschaffen, war nun aus Zuckerguß.

Daraus habe er, sagte Dr. Rao, etwas gelernt, was jenseits von Worten und noch weiter jenseits der modernen Wissenschaften ist; tatsächlich liegt es auch jenseits der Grenzen des rationalen Verstehens der heutigen Menschen. Er ist aber Wissenschaftler und Mensch genug, zu erkennen, daß die Wissenschaft nur das erste Wort gibt. Das letzte Wort hat nur der große spirituelle Wissenschaftler.

Der Raja von Venkatagiri ist ein Prinz der alten Schule. Er wurde in England erzogen, bewegte sich in internationalen Gesellschaften, jagte Großwild und spielte Polo. Er besitzt einen Palast in Venkatagiri in seinem alten Königtum und einen weiteren in der Stadt Madras. Er ist von kräftiger Statur, hat die Haltung eines Prinzen und gleicht in Sprache und Umgangsformen einem englischen Gentleman. Doch in religiösen Dingen hat er den Ruf, ein orthodoxer Hindu zu sein, und seine Frau, die Rani, geht noch in prudah (verschleiert).

Ich habe den Raja bei mehreren Zusammenkünften mit Sai Baba getroffen, und er hat uns in unserer Residenz in Adyar besucht, um mir von seinen seltsamen und wundervollen Sai-Erfahrungen zu erzählen. Ich glaube, der Grund dafür war, mich korrekt – wie er es sah – über die Wunder zu informieren. Im Laufe der Jahre haben er und die Mitglieder seiner Familie viele davon erlebt. Hier sind einige Beispiele.

Einmal fuhr der zweite Sohn des Rajas in einer Männergesellschaft im Auto von Madras nach Puttaparthi. Nicht weit von Chittoor, in Andhra Pradesh, hielten sie an, um am Straßenrand zu picknicken. Nachdem sie den Hauptgang gegessen hatten, fragte Baba, welche Frucht sie zum Nachtisch wollten. Sie erwiesen sich als eine schwierige Gesellschaft; einer wollte eine Mango, ein anderer einen Apfel, ein dritter eine Orange und ein vierter eine saftige Birne.

„Ihr findet sie alle an jenem Baum dort drüben“, sagte Baba und zeigte auf einen wilden Baum, der in der Nähe stand. Voller Aufregung gingen sie hin, denn sie hatten gelernt, daß bei Baba alles möglich war. An einem Zweig dieses wilden Baumes hingen die Früchte, die sie genannt hatten – eine Mango, ein Apfel, eine Orange und eine Birne. Sie pflückten sie und erklärten, daß der Geschmack jeweils einzigartig sei.

Einmal, bevor das Hospital in Puttaparthi eingerichtet war, litt ein Besucher an einer akuten Blinddarmentzündung. Es gab meilenweit keinen Arzt. Einer der Söhne des Rajas war unter den Dutzend Leuten, die dabei waren, als Baba seine Hand kreisen ließ, ein Chirurgenmesser materialisierte und in den Raum hineinging, in dem der Patient stöhnte.

Keiner war in dem Raum, der gesehen hätte, wie Baba die Operation ausführte, aber er zeigte ihnen den entfernten Blinddarm und den Operationsschnitt, der schon zu einer schmalen Narbe verheilt war. Wie gewöhnlich hatte er vibhūti und die göttliche Kraft verwendet, die es repräsentiert, sowohl als Anästhetikum als auch als Sofortheilmittel bei chirurgischen Wunden.

Der Raja hat selbst eine Menge dieser göttlichen Wunder gesehen. Eines, das ihn sehr beeindruckte, fand 1950 in Venkatagiri statt, nicht lange nachdem er Sai Baba zum ersten Mal gesehen hatte. Es war einer der ersten Besuche des jungen 24-jährigen Swami in Venkatagiri.

Eine Gesellschaft von etwa 20 bis 30 Leuten verließ den Palast in einer Autokolonne zu einer Ausfahrt aufs Land. Baba, der niemals vorher in dieser Gegend gewesen war, bat den Raja, an irgendeinem Sandflecken zu halten, den sie zufällig sehen würden. Einige Meilen weiter kamen sie an ein trockenes, sandiges Flußbett. Hier hielten sie an, und alle setzten sich in den Sand um den jungen Swami. Nachdem sie eine Weile geredet hatten, rollte er seinen Ärmel bis zum Ellbogen hoch und steckte seinen Arm tief in den Sand vor ihm. „Dann“, erzählte mir der Raja, „hörten wir alle ein seltsames, sägendes Geräusch – wenigstens schien es sich so anzuhören. Ich fragte Baba, was das für ein Geräusch sei, und er antwortete rätselhaft, daß die Sachen gerade in Kailāsa hergestellt würden.“

Kailāsa ist übrigens die Wohnstätte Shivas, der Gott des Yoga, der yogischen Kräfte, und der, der den Sterblichen göttliche Gnade erweist. Viele Sai-Anhänger glauben, daß Baba selbst eine Inkarnation des Shiva-Shakti-Aspektes der Gottheit ist.

Als der junge Gottmensch seinen Arm aus dem Sand herauszog, konnte man einen großen Strahl blauen Lichts sehen, der sich in einem Umkreis von etwa drei Metern ausbreitete. Dann sahen sie alle, daß Baba etwas in der Hand hielt, das etwa 25 Zentimeter hoch war und aus schneeweißem Spatika gemacht war. Es stellte sich heraus, daß es eine Statue von Rāma war, einem der Avatare, zusammen mit seiner Gefährtin Sītā. Nachdem jeder dies „Geschenk vom Kailāsa“ gesehen hatte, reichte Baba es der verschleierten Rani von Venkatagiri und sagte ihr, sie solle es in Seide einwickeln und es so bis zum nächsten Tag bedeckt lassen.

Als es am folgenden Tag ausgepackt wurde, war der weiße Stein blau geworden. Die kleine Statue steht nun im Schrein-Raum des Raja; sie hat, sagt er, noch immer die Farbe des blauen Lichtes, das in dem Augenblick aufgeblitzt war, als sie aus dem Sand gezogen wurde.

Der Raja hatte selbst schon, wie so viele andere Inder, wunderbare Phänomene bei dieser oder jener magischen Zeremonie der tantrischen oder anderer okkulter Künste gesehen.

„Aber", sagte er mit Nachdruck, „die Sai-Baba-Wunder gehören einer ganz anderen Ebene an, und das Wort ‚Wunder' ist wirklich unpassend. Es könnte einige Menschen in die Irre führen."

„Welches andere Wort könnte man nehmen?" fragte ich.

„Ich weiß es nicht, aber man muß sie zumindestens ‚göttliche Wunder' nennen", antwortete er.

Wie andere nahe Devotees betrachten der Raja und seine Familie Sai Baba als einen göttlichen Avatar.

Dr. A. Rango Rao ist einer der führenden Augenchirurgen von Madras. Am Anfang seiner Karriere hatte er einige Jahre in der Gemeinde Ghimavaram als praktischer Arzt gearbeitet, träumte aber davon, eines Tages ein bekannter Chirurg zu werden.

Er glaubte, daß die Erfüllung dieses Traumes mit dem Tag begann, an dem er einen Krankenbesuch bei einem alten Mann machte, einem Devotee von Shirdi Baba, der Shirdi Sai noch in Fleisch und Blut gesehen und ihm einen Tempel errichtet hatte. Der Arzt war so berührt von der Heiligkeit und Hingabe dieses alten Mannes, daß er selbst anfing, zu Shirdi Baba zu beten, und sein Devotee wurde.

Von diesem Tage an lebte Sai in seinem Herzen. „Im Laufe der Jahre", sagte er, „wurde Sai immer tiefer in mir verwurzelt. Ich ging durch das Leben mit lächelndem Gesicht. Im Jahre 1954 wurde mir angeboten, mich an der Universität von Iowa für weiterführende Studien einzuschreiben ... Durch seine Gnade konnte ich die Titel erwerben und kehrte als erstklassiger Chirurg zurück. Ich begann, als Augenchirurg in Bhimavaram zu praktizieren."

Eines Tages kam eine Frau in seine Klinik, die über Sehschwäche klagte. Sie litt an grauem Star, verschlimmert durch Rheuma und Irisentzündung. Der Arzt sagte ihr und ihren Verwandten, daß sie nicht für eine Operation geeignet sei. Dann sagte sie: „Ich bin Devotee von Sathya Sai Baba aus Puttaparthi. Er schickte mich nach Bhimavanam mit den Worten ‚In Bhimavanam ist ein

Augenchirurg, der seit vielen Jahren mein Devotee ist. Geh zu ihm und sage ihm, daß ich will, daß er dich operiert. Er wird es tun, und du wirst dein Augenlicht zurückbekommen'." Baba hatte ihr genau gesagt, wer dieser Devotee war, und ließ dabei erkennen, daß er Details aus Dr. Ranga Raos Vergangenheit wußte.

Der Arzt war erstaunt und verdutzt. Die Frau erzählte ihm, daß Sathya Sai eine Reinkarnation von Shirdi Sai sei, und aufgrund der Worte, die Baba zu ihr gesprochen hatte, vertraute er auch dieser Information. Er unternahm die Operation entgegen seinem professionellen Urteil. Sie war erfolgreich, und die Frau gewann sofort ihr Augenlicht wieder.

Der Arzt wollte daraufhin sofort nach Puttaparthi, um die Gottheit in ihrer realen menschlichen Gestalt zu sehen und um sich vor ihr niederzuwerfen. Einige Monate später hatte er die Gelegenheit, nach Madras zu ziehen und dort eine Praxis als Augenchirurg einzurichten. Wenige Tage nach seinem Umzug hörte er, daß Sathya Sai Baba die Stadt besuchte und in der Surya-Rao-Straße Nr. 3 (dem Venkatamuni-Haus) wohnte. Er fuhr dorthin, war aber entmutigt, als er die großen Menschenmassen sah. Da aber sprach ihn ein junger Mann an, es war Ishwara, der älteste Sohn des Hauses: „Sind Sie Dr. Ranga Rao? Baba möchte, daß Sie und Ihre Familie hereinkommen. Er ist in der ersten Etage."

Mit klopfendem Herzen stieg der Doktor die Treppe empor und fiel sofort Baba zu Füßen. Die kleine Gestalt mit dem safrangelben Gewand klopfte ihm auf die Schulter und zog ihn zu sich hoch.

„Doktor", sagte Baba, „ich bin mit dir und du mit mir schon seit langer Zeit. Ich habe dich nach Madras gebracht. Ich bin immer bei dir. Du brauchst dir keine Sorgen mehr zu machen ..." Es war, sagte der Doktor, ein „seelenerschütterndes Erlebnis", das ihn über alle Maßen glücklich machte.

Von da an hatte der Arzt in seiner Klinik viele seltsame Erlebnisse. Es schien manchmal, als ob seine Hand geführt wurde, wenn er schwierige Operationen machte. Wenn der Patient ein Devotee war, den Sai Baba geschickt hatte, sah dieser (der Patient) manchmal Baba selbst dort. Einer sagte, als Rango Rao gerade operierte: „Baba, Du bist gekommen, ich sehe Dein Gesicht. Deine Finger bewegen sich. Du operierst selbst."

Gleichzeitig fühlte der Chirurg ein seltsames Phänomen, als ob andere Finger sich in ihm bewegten und all die Arbeit taten. „Es war in wenigen Minuten vorbei ... es war ein Wunder. Mein Ego verschwand“, sagte der Doktor, „ich kniete nieder vor dem, der alle Dinge tut. Ich schluchzte von Herzen, denn ich konnte das Gesicht des Herrn und seine Kleider nicht so klar sehen wie mein Patient.“

Aber später war Dr. Ranga Rao in der Lage, die Gegenwart des Chirurgen aller Chirurgen sowohl zu sehen als auch zu fühlen. Lassen wir es ihn mit seinen eigenen Worten sagen:

„Baba führte einen anderen Patienten, Chaganlal aus Santi Kuteer, Royapuram, zwecks einer Star-Operation zu mir. Er hatte auch die Zeit festgelegt – 10.30 Uhr vormittags. Diesem Patienten war von vielen Chirurgen die Operation verweigert worden, so auch von mir. Es war ein sehr komplizierter Fall. Sein Blutdruck lag bei 200; sein Herz war sehr schwach, er war schwer zuckerkrank; darüber hinaus hatte er Leberzirrhose und einen doppelseitigen Leistenbruch. Jeder vernünftige Augenchirurg hätte eher seine Klinik geschlossen und Urlaub gemacht, als diesen Patienten zu operieren. Aber ... er wurde angenommen. Die Vorbereitungen im Operationssaal wurden eingeleitet. Ich war in der Praxis, nervös, bedrückt, in Sorge, den Patienten und zugleich meine Reputation zu verlieren.

Plötzlich fühlte ich, wie Baba meine Hand ergriff und mich aufforderte, mit ihm nach oben in den Operationssaal zu gehen. Ich folgte ihm und sah deutlich sein safrangelbes Gewand vor mir die Treppe hochgleiten. Ich wusch und bürstete meine Hände routinemäßig, legte Kittel und Handschuhe an. Der Patient lag auf dem Tisch.

Aber sein Blutdruck stieg. Sein Herz raste. Er fühlte sich, als müsse er ersticken. Es schien, als ob er direkt auf dem Tisch sterben würde. Niemals vorher hatte ich eine derartige Angst gehabt. Ich fühlte mich hilflos. Ich schrie „Sai Ram, Sai Ram!“ (Dies ist ein Mantra, das viele Sai Devotees benutzen.) Mein Assistent stimmte im Chor ein – „Sai Ram, Sai Ram!“. Der Patient wiederholte auch „Sai Ram, Sai Ram!“

Zum Erstaunen aller im OP und zu meiner eigenen Überraschung wurde die weiße Schürze, die ich trug, plötzlich safranfarben. Meine Finger in den Handschuhen gehörten nicht mehr mir. Sai, der mächtige Chirurg, hatte sich in mir manifestiert, und er führte die Operation aus. In wenigen Sekunden war es vorüber, die letzten Handgriffe wurden noch von der Hand des Meisters gemacht, und er war fort. Der Kittel des Arztes war wieder weiß. Genau um diese Zeit informierte Baba in Prashanti Nilayam seine ihn umgebenden Devotees: „Changanlals Operation ist vorüber!“

16. Ein Wort aus dem Westen

Wenn wir an Deiner Liebe unsre Lampe entzünden,
steht das Haus unsres tiefsten Seins in Flammen;
und von dieser hellen inn'ren Glut
steigt ein Rauch auf ins Himmelreich.

– IRAQI, ein persischer mystischer Poet –

Pilger auf spiritueller Reise aus allen Teilen des Erdballs haben ihren Weg zu der „Stätte des großen Friedens" gefunden, die in den wilden Hügeln versteckt liegt. Einige haben nur eine Stippvisite machen können. Baba hat sie mit Erstaunen und Freude erfüllt und fast immer den Weg in die tiefsten Winkel ihrer Herzen gefunden. Andere konnten monatelang in der Nähe dieses Mannes voller Kraft und Liebe verbringen und sind so durch einen tiefen Wandel gegangen; ihr Leben ist nicht mehr dasselbe.

Im Laufe der Jahre ist das, was zuerst nur ein Tröpfeln von entfernten Orten her war, zu einem beständigen Strom geworden. Der Strom wird genährt aus Amerika (besonders aus Kalifornien), aus Australien, Europa, Afrika, dem fernen Osten und Südostasien. Normalerweise kommen Menschen aus bloßer Neugier nicht von so weit her. Sie kommen mit großen persönlichen Problemen oder suchen den Pfad der Erleuchtung. Sie kommen mit Hoffnung oder wenigstens mit etwas Vertrauen, sonst wären sie nicht da.

Wer kann das innere Glühen beschreiben, wenn die eigene Lampe an der Flamme von Babas Liebe entzündet wurde? Denn, wie der alte persische Poet sagt, wenn „das Haus des tiefsten Seins in Flammen steht", treten lediglich einige Rauchsignale hervor. Diese streben zum Himmel und erzählen etwas – aber nur ein wenig – von der Geschichte. Sie zeigen die Grenzen der Verständigung mit Worten. Und so handeln auch diese „Rauchfetzen", die Geschichten, die erzählten Erfahrungen normalerweise von den äußeren Wundern und berühren selten die großen brennenden inneren Wunden.

Aber es ist interessant, ein wenig von den Reaktionen jener Westler zu erfahren, die mit einem engeren spirituellen Horizont als dem des Hinduismus und insbesondere Sai Babas aufgewachsen sind. Hier kann ich nur ein paar Leute nennen, die ich persönlich kennengelernt und die längere Zeit mit Sai Baba verbracht haben.

Am Anfang des Buches habe ich von Gabriela Steyer erzählt, die im Aschram lebte, als ich Swami zum erstenmal begegnete. Sie blieb dort viele Monate, und als ich Prashanti Nilayam zum ersten Mal besuchte, erzählte sie mir von den vielen herrlichen Wundern, die sie selbst mit angesehen hatte. Sie machte reiche Erfahrungen an diesen äußeren Zeichen von Macht und Gnade. Aber wie immer war der wichtigste Faktor Babas Liebe; dies war der Magnet, der sie monatelang an den Unbequemlichkeiten und Entbehrungen des Aschramlebens festhalten ließ. Gabriela mußte sich schließlich fortreißen und in ihr eigenes Land und ihren Beruf zurückkehren. Aber ich bezweifle, daß ihr Leben jemals wieder das gleiche sein konnte, nachdem es einmal von der Großen Flamme angezündet war. Es gab viele äußere Zeichen der inneren Glut.

Zwei andere Menschen, die wir in unseren frühen Sai-Tagen kennenlernten und die seitdem gute Freunde von uns sind, sind Bob und Markell Raymer aus Pacific Palisades, Kalifornien. Bob, ein Flugzeugpilot, war der rothaarige Amerikaner, der bei meinem ersten Besuch so nett war, Baba für mich zu suchen.

Bevor sie sich in Prashanti Nilayam niedergelassen hatten, hatte dieses Paar seine eigene „Suche nach dem geheimen Indien" betrieben, indem sie viele Aschrams besucht und einige große Yogis getroffen hatten. Sie hatten hier und da etwas spirituelle Nahrung erhalten, aber es scheint, daß sie nun ihren Sadguru und ihre wahre Herrlichkeit gefunden haben. Ich kann hier nicht von ihren inneren Erfahrungen sprechen, obgleich mir einige persönlich anvertraut worden sind. Ihre äußeren Erfahrungen umfassen eine große Vielfalt von Phänomenen von der Art, wie sie auf diesen Seiten beschrieben wurden. Sie haben oft gesehen, wie die magische Hand im Sand grub oder in der Luft kreiste, um irgendein entzückendes persönliches Geschenk hervorzubringen oder etwas Süßes zur Freude aller in dem magischen Kreis; und sie haben die gleiche Hand eine Substanz in eine andere verwandeln sehen. Einst rollte Baba beiläufig einen Fetzen Papier in seinen Fingern, während Bob als einer der Gruppe nahe bei ihm saß. Plötzlich bat er Bob, seinen Mund zu öffnen und schnippte das Papierröllchen hinein. Aber es hatte keinen Papiergeschmack, das Röllchen hatte sich in ein Stück Bonbon verwandelt.

Wie viele Westler, so haben auch die Raymers gelernt, daß Babas tägliche Wunder echt, vielseitig und doch immer unerwartet sind. Sie haben sie schließlich als Bestandteil seiner göttlichen Natur akzeptiert.

Bald nach unserem Kennenlernen kehrten die Raymers nach Amerika zurück, aber seitdem sind sie mehrere Male wieder zu Baba geflogen und waren zusammen mit ihm auf einer Tour durch Ostafrika von Indien aus, im Jahre 1968. Kurz vorher sah ich sie auf der Sathya Sai Welt-Konferenz in Bombay, nach der sie und meine Frau und ich eine Weile mit Swami auf Reisen waren. Während dieser schönen Zeit hatte ich die Gelegenheit zu erleben, was für treue Sai-Devotees und ernsthafte sādhakas (Sucher auf dem spirituellen Pfad) sie wirklich sind.

Unter den nichtindischen Anhängern Sai Babas ist einer der bekanntesten Namen Madame Indra Devi, die international bekannte Yoga-Lehrerin und Autorin mehrerer Bücher über Yoga.

Eines Tages, als sie zu Besuch im Hauptsitz der Theosophischen Gesellschaft in Adyar war, erzählten meine Frau und ich ihr einige unserer Erfahrungen mit Baba. Dies war anscheinend das erstemal, daß sie seinen Namen hörte, aber sie fühlte sofort seine große Bedeutung. Es schien, als ob sie spontan keinen Zweifel hegte, daß dies ein Mann in Indien war, den sie unbedingt sehen mußte, gleichgültig, was es an Zeit und Mühe koste. Sie hatte für eine Vortragsverpflichtung einen Flug nach Saigon gebucht und hatte ursprünglich vorgehabt, direkt aus Vietnam zu ihrer Yoga-Stiftung in Südkalifornien zurückzufliegen. Aber nun änderte sie ihre Absicht und kam zurück über Indien, um Sai Baba zu treffen.

Nach einer Menge Schwierigkeiten, weil Baba unterwegs und seine Route ungewiß war, begegnete sie ihm schließlich in Prashanti Nilayam, wo sie in der glühenden Hitze des indischen Sommers ankam. Sie scheint vom ersten Treffen an, seine spirituelle Größe erkannt zu haben und wurde sofort eine begeisterte und aktive Anhängerin.

Zu jener Zeit hatte sie gerade ihre Mission angefangen, in der ganzen Welt Meditation zu fördern und zu lehren. Baba gab dieser Arbeit seinen Segen, ihrer Mission „Licht in der Dunkelheit“. Seither hat Indra Devi die lange Reise von Kalifornien nach Indien mehrere Male im Jahr gemacht, um eine Zeitlang bei Baba in Prashanti Nilayam oder anderswo zu verbringen. Da sie selbst Schriftstellerin ist, möchte ich es ihr überlassen, zu erzählen, was immer sie von ihren spirituellen und wunderbaren Erfahrungen berichten will. Aber von den vielen Materialisationen, die Baba für sie gemacht und die sie mir beschrieben hat, möchte ich doch wegen ihrer Bedeutung und Beweiskraft zwei hier berichten, da sie ja von einer weltbekannten Zeugin stammen.

Die erste ist diese: Vor den Augen Indra Devis und einer Gruppe amerikanischer Besucher „nahm" Baba für sie aus seinem „Niemandsland" eine lange, schwere japamālā, eine Kette mit 108 Perlen. Sie trug sie, als ich sie etwas später in Adyar sah, in Gesellschaft jener Amerikanerinnen, die ihre Entstehung mitbeobachtet hatten.

Zahlreiche Leute haben zugesehen, wie Baba ganz offen ein Objekt in ein anderes oder eine Substanz in eine andere verwandelt hat, ohne ihre Blicke abzuschirmen oder abzulenken. Ich persönlich sah es zum Beispiel auch, als er in Horsley Hills ein Stück harten Felsen in Bonbons verwandelte.

Das zweite Ereignis in Verbindung mit Indra Devi betrifft ein dramatisches Beispiel dieser Art von Umwandlung durch sankalpa oder göttlichen Willen. Auch das Gedankenlesen spielt dabei eine Rolle.

Eines Tages materialisierte Baba für sie einen verzierten Ring, besetzt mit vielen farbigen Steinen. Indra Devi erzählte mir, daß sie keinen Gefallen an Schmuck finde, insbesondere nicht an der auffälligen dekorativen Art, wie sie die dunkelhäutigen indischen Frauen gern tragen. Sie selbst ist eine in Rußland geborene amerikanische Staatsbürgerin, deren Name, Indra Devi, aus einer Verbindung mit Indien in früheren Jahren zurückgeht. Sie ist sehr hellhäutig.

Jedenfalls war sie nicht sehr glücklich mit dem Ring. Es war ein Geschenk von Baba, und sie hatte das Gefühl, daß sie es aus diesem Grunde tragen sollte, aber er paßte nicht zu ihr und sie mochte ihn nicht.

Dieses Dilemma bereitete ihr einen ganzen Tag und eine Nacht lang Sorgen, sagte sie. Dann wurde sie wieder zu einem Gruppeninterview eingeladen, und mit Babas irritierendem Geschenk am Finger erwartete sie mit mehreren anderen Leuten sein Erscheinen.

Bald nachdem er den Raum betreten hatte, bat er sie, ihm den Ring zu geben und machte eine Bemerkung, aus der sie sicher entnehmen konnte, daß er vollkommen über ihr Dilemma im Bilde war. Dann hielt er den Ring zwischen Daumen und Zeigefinger mit dem Steinschmuck nach oben, und alle konnten ungehindert sehen, wie er auf den Stein blies, so wie man ein Streichholz auspustet. Plötzlich, während alle es beobachteten, verwandelten sich die leuchtend farbigen Steine in einen einzelnen funkelnden Diamanten. Baba reichte ihr den Ring mit dem Solitär zurück. Nun war es etwas geworden, was sie mit Freuden und immer tragen konnte.

Hier in geraffter Form die Geschichte, wie ein Mann aus dem Westen zu Sai Baba kam, und wie sein Leben dadurch verändert wurde.

Herr Alf Tidemand-Johannessen aus Oslo, Norwegen, kam nach Indien mit nichts außer einer Schreibmaschine, seinem eigenen Können, Verstand, Energie und dem Ehrgeiz, Geld zu verdienen. Innerhalb von 12 Jahren, das heißt bis zum Jahr 1962, hatte er eine der größten Schiffahrtsagenturen Indiens aufgebaut, die mehr Schiffe im Jahr abfertigte, als jede andere einzelne Gesellschaft in Indien. Seine Agentur wurde in Indien führend in der Getreideverladung. Sie fertigte mehr als die Hälfte der Getreideschiffe ab und brachte somit enorme Lebensmittelmengen nach Indien, um dort Hungerkatastrophen zu vermeiden. Sein großer Erfolg blieb nicht unbemerkt. Manche Gemüter wurden neidisch und planten, sein Geschäft in ihre Gewalt zu bringen. Bestimmte Schlüsselfiguren aus seiner eigenen Geschäftsleitung wurden bald hinter den Kulissen sehr aktiv und mißbrauchten ihre Macht, indem sie die Gewinne der Gesellschaft in ihre eigenen Taschen leiteten.

„Als ich herausfand, daß Schiebereien stattfanden“, erzählte mir Alf Tidemand, „wußte ich, daß mir ein heftiger Kampf gegen einen skrupellosen Feind bevorstand. Sobald ich Schritte unternahm, das Leck zu stopfen, stellten die betroffenen Angestellten ihren Dienst ein und gründeten eine Konkurrenzfirma. Ihr Ziel war es, mir mein gesamtes Geschäft zu nehmen.“

Teil ihres Planes war, anonyme Briefe an Finanzamt, Bank und Zoll zu schicken, die behaupteten, die Tidemand-Gesellschaft mißachte Gesetze und Verordnungen des Landes. Anscheinend ist es bei diesen Behörden Usus, auf solch anonyme Briefe hin tätig zu werden. Sie fanden bald die Absender heraus und es folgten monatelange Untersuchungen, in denen Alf Dokumente über all die vergangenen Jahre vorlegen mußte, um zu beweisen, daß alle Anschuldigungen gegen ihn falsch waren.

Seine Geschäftspartner waren natürlich beunruhigt über den

plötzlichen Auszug seiner Führungsmannschaft und über die Gerüchte, die im Umlauf waren. Um noch mehr Öl ins Feuer zu gießen, schickten seine planvoll arbeitenden Feinde Briefe an alle seine Klienten, mit der Information, daß seine Gesellschaft Schwierigkeiten mit der Regierung hätte. All dies legte seine geschäftliche Handlungsfähigkeit weitgehend lahm; es stand um seine Firma wirklich sehr schlecht.

Aufgrund seiner früheren Integrität verließen ihn seine Kunden jedoch nicht sofort, und die von seinen abtrünnigen Angestellten gegründete Konkurrenzgesellschaft lief nicht gut. Dann unternahmen seine Feinde einen weiteren Schritt, einen Schritt, der anscheinend nicht ungewöhnlich ist im Betondschungel des modernen Indien. Sie engagierten einen Schwarzmagier, der gegen Alf arbeiten sollte.

Alf sagte: „Die anderen Angriffe konnte ich abwehren, aber auf diese Angriffe okkulter Schwarzmagie war ich nicht vorbereitet, noch hatte ich zu jener Zeit die geringste Ahnung, daß solche Methoden überhaupt angewandt wurden. Selbst wenn ich davon gewußt hätte, hätte ich darüber als über bloßen Aberglauben gelacht."

Aber Alfs Rechtsanwalt in Bombay, der mit den Schwierigkeiten der Gesellschaft beauftragt war, bekam bald Wind von der Schwarzmagie. Er hatte schon mit ähnlichen Fällen zu tun gehabt. Da der Rechtsanwalt ein guter Freund Tidemands war und seine Unschuld und Integrität kannte, nahm er ihn mit zu einem Parsen-Priester, der in einem alten Tempel in Bombay lebte. Der Priester war hellsichtig und hatte noch andere Kräfte und bestätigte, daß starke dunkle Kräfte gegen Alf Tidemand angewendet wurden. Dieser blieb nun mit dem alten Parsen-Priester in regelmäßigem Kontakt und „mit vielen merkwürdigen Methoden begann er mich und mein Geschäft durch das unruhige Gewässer zu führen, das durch den Schwarzmagier aufgewühlt worden war", sagte er.

Der Schwarzmagier kam daraufhin selbst aus seinem Versteck hervor. Als er entdeckte, daß mit Erfolg Gegenkräfte gegen ihn arbeiteten, entschloß er sich, nun kühn und direkt zuzuschlagen. Er erschien in Alfs Büro und versuchte mit verschiedenen Methoden, die den Schülern der Hexerei wohlbekannt sind, sein Opfer in seine Gewalt zu bringen. Aber Tidemand war von dem Parsen-Priester vor dieser Möglichkeit gewarnt worden und erkannte den alten

Inder mit den bösen Augen sofort, der sich geschickt Eintritt in seine Büroräume verschafft hatte.

Alf brachte es fertig, nicht in die gestellten Fallen zu tappen und lockte den Hexenmeister in sein Auto, mit der Absicht, ihn zu dem alten Parsen-Priester zu bringen. Unterwegs erkannte der Magier Tidemands Stärke und Offenherzigkeit und entschied sich, den Meister zu wechseln. Er gab unfreiwillig zu, daß er von Alfs Feinden beauftragt worden war, ihn, seine Familie und die Agentur zu zerstören. Aber, sagte er, er habe es sich anders überlegt, und falls Tidemand ihn ordentlich bezahlen würde, würde er für ihn arbeiten. Er würde dafür sorgen, daß alle Feinde von Alf vollständig vernichtet würden.

„Schwarzmagier sind sehr mächtig", drohte er und fügte bedeutungsvoll hinzu: „Sie können sogar ein Kind im Mutterleib töten." Alf hatte gerade an jenem Morgen ein Telegramm aus Norwegen erhalten, daß seine Frau ihr Kind im 7. Monat verloren hatte. Nun kam es ihm vor, daß dies mehr als nur ein Zufall sei.

Im Tempel erkannte der Parsen-Priester den Hexer sofort als solchen und jagte ihn davon unter der Androhung, daß er ihn der Polizei melden würde. Er warnte Alf vor jedem Kontakt mit diesem Mann mit den negativen Kräften.

Bald danach wurde Alf Tidemand von einem Geschäftsfreund, seinem Steuerberater, mit nach Shirdi genommen. Dort hatte er „das Gefühl, daß Gott eine Tür geöffnet hätte, um mich seine Größe für einen Augenblick fühlen zu lassen, in dem die große Last von meinen Schultern fiel und meine Sorgen verschwanden". Er erfuhr, daß der alte Parsen-Priester, der ihm geholfen hatte, ein Devotee von Shirdi Baba war, und er begann zu verstehen, daß es in Wahrheit die Sai-Kraft gewesen war, die ihn durch die Riffe und Untiefen des fremden, gefährlichen Wassers geführt hatte.

Bald gab der Schwarzmagier seinen ungleichen Kampf auf; die Behörde der Regierung entschied, daß die Anschuldigungen falsch und ohne Grundlage waren, und alle Intrigen der heimlichen Feinde von Alf brachen in sich zusammen. Die Schwierigkeiten, die ihn zu vernichten drohten, waren vollkommen überwunden, und die Jahre der Sorgen waren zu Ende.

Zu Beginn des Jahres 1963 kam die Tidemand-Gesellschaft wieder auf die Füße, und es ging wieder bergauf. Obgleich der Kampf an Alfs Kräften gezehrt hatte, hatte er ihm auch ein Licht gezeigt. Dieses Licht und eine Kraft, die Friede und Erquickung in seinem Geist und Sinn mit sich brachten, kamen aus dem Dorf Shirdi, über dem der Geist des alten Sai Baba zu walten schien. Es lag nur wenige Stunden Autoreise von Bombay entfernt, und Alf besuchte es während der nächsten drei Jahre regelmäßig.

Am 26. Februar 1966 war er mit jenem Freund in Shirdi, der ihn damals zum ersten Mal mitgenommen hatte, und mit dem Parsen-Priester, den er nun mit „Vater" anredete. Vor dem Tempel kam ein kleiner Mann mit blauem Hemd auf ihn zu und fragte: „Haben Sie schon Shri Sathya Sai Baba getroffen?" Alf verneinte, und der Mann fuhr fort: „Sie müssen ihn sehen; er kommt am 14. März nach Bombay. Wenn es einen Gott auf Erden gibt, ist er es." Dann gab er aus einem Silbergefäß jedem der Gruppe vibhūti, und Alf gab er ein kleines Medaillon mit einem Bild Sathya Sais in einem blauen Hemd.

„Vergessen sie nicht, ihn am 14. März in Bombay zu sehen", wiederholte er und ging fort. Später, als sie gerade Shirdi verlassen wollten, sahen sie den Mann wieder an der Straßenseite. Er grüßte sie und wiederholte den Rat an Alf, daß er Sathya Sai am 14. März sehen sollte.

Der Norweger steckte zu dieser Zeit tief in einem anderen Problem. Seine Frau konnte wegen ihrer angegriffenen Gesundheit nicht in Indien leben. Sie brauchte ihn nun bei sich und ihren Kindern in Norwegen. Er hatte das Gefühl, daß er das Geschäft irgendwie verkaufen und dann zurückkehren müsse. Aber wie konnte er einen guten Käufer finden?

Er hatte das Geschäft auf seiner eigenen persönlichen Integrität und Leistungsfähigkeit aufgebaut. Er wußte, daß es sehr abhängig war vom dem Vertrauen, das das weltweite Schiffahrtsgewerbe ihm persönlich entgegenbrachte. Potentielle Käufer könnten meinen, daß es ohne Tidemand selbst nicht mehr viel wert wäre. Er hatte in seinem Leben viele große Hindernisse überwunden, aber dies war eines der größten.

Er hatte aber gelernt, daß die Sai-Kraft sehr stark war. Wenn Sathya Sai wirklich eine Reinkarnation von Shirdi Sai und, wie die Leute sagten, ein göttlicher Avatar war, konnte er auch dies und jedes andere Problem lösen. Alf beschloß, diesen Mann um ein Interview zu bitten, wenn er in Bombay sei, wie der Mann im blauen Hemd angekündigt hatte. Aber sich zu so etwas entschließen und es auch zu bekommen, sind zwei verschiedene Dinge. Die meisten Menschen müssen hart arbeiten und Schwierigkeiten überwinden, um zu Sai Baba zu kommen. Einige müssen durch Herkulesarbeiten hindurch; Alf war einer von ihnen.

Natürlich war Sathya Sai am 14. März in Bombay, wie der Mann im blauen Hemd vorhergesagt hatte. Tag für Tag saß der Norweger mit gekreuzten Beinen in der Sonne zusammen mit der großen Menschenmenge vor dem Haus, wo Sai Baba wohnte; zuerst vor dem Gwalior Palast und dann vor dem Haus von Herrn Savant, dem Ernährungsminister der Maharashtra-Regierung. Oder er saß mit noch größeren Menschenmengen im Stadion und hörte Babas Vorträge in Telugu mit einer Übersetzung in Hindi durch Dr. B. Ramakrishna Rao. Alf verstand keine dieser Sprachen.

Während dieser Zeit sah er die kleine Gestalt von Sathya Sai mit seinem leuchtenden Gewand und dem schwarzen Haarturm, wie sie unter den Menschen umherspazierte, Photos signierte, Objekte mit seiner Hand segnete und hier und da vibhūti produzierte. Der große blonde Norweger erhielt die Gunst eines Nickens, eines freundlichen Lächelns und eines gelegentlichen Grußes, aber es gab keine Zeichen für das ersehnte Interview.

Da er einer der wenigen Europäer war, wurde Alf bei der Sai-Anhängerschaft bald sehr bekannt. Er wurde in die Häuser von Devotees eingeladen und hörte wunderbare Geschichten über Babas Liebe, Gnade und wunderwirkenden Kräfte. Dies war alles sehr inspirierend, aber es löste nicht seine Probleme. Nachdem er vier Tage alles versucht und nichts erreicht hatte, war er kurz davor aufzugeben.

In dem Moment sagte ein fremder Mann mit gebogener Nase und schwarzem Bart zu ihm: „Möchten Sie Sai Baba treffen?" Der Fremde sagte, daß er ein Interview arrangieren könne, und Alf entschloß sich, es noch einmal zu versuchen.

Er mußte allerdings immer noch einige Hindernisse überwinden. Unter der Anleitung dieses bärtigen Fremden mußte Alf Gras für eine Kuh kaufen, Bettlern Geld geben, einen Tempel besuchen, dort vor einem Standbild mit der Stirn den Boden berühren, Blumengirlanden kaufen, sowie kan-kans (kleine Ringe) aus Morga-Blumen. Vielleicht halfen all diese Rituale, oder vielleicht kannte der Fremde die richtigen Leute in Babas Nähe. Wie auch immer: Am Morgen des 18. März ging Alf zu seiner ersten Verabredung. Er stieg aus seinem Auto vor Herrn Savants Haus, zog seine Schuhe aus und begann mit einer Blumengirlande und kan-kans in der Hand, die

Treppen hinaufzusteigen. Plötzlich schaute er auf, und da stand Baba vor ihm, als ob er auf ihn gewartet hätte.

„Ich freue mich, dich zu sehen", sagte Baba mit schlichter Freundlichkeit. Normalerweise läßt Swami sich keine Girlanden umlegen, er nimmt sie nur in die Hand und legt sie beiseite. Diesmal aber, vor den Ministern und Honoratioren, die sich im Eingang versammelt hatten, ließ er sich von dem großen Norweger mit einer Girlande schmücken.

„Bitte steh auf!" sagte er und klopfte Alf auf den Rücken. Bald war er im ersten Stock des riesigen Hauses des Ernährungsministers. Dort saß er mit etwa 20 Leuten auf dem Teppich und hörte Swamis Vortrag zu – wieder in Telugu mit Übersetzung in Hindi. Aber viele Male während seiner Rede hielt Baba inne, um ein Materialisationswunder auszuführen.

In eine Pause materialisierte er vibhūti, in einer anderen ein kleines Medaillon mit einem Bild von Shirdi Baba. Diese waren für Alf, der schreibt, daß „sie direkt vor den Augen der Minister unmittelbar aus der Luft genommen wurden, wobei alle das als eine für Sai Baba ganz normale Prozedur ansahen". Dann lehrte der Meister weiter, meist in Parabeln, die später für Tidemand ins Englische übersetzt wurden. In einer anderen Pause signierte er für eine der Frauen ein Photo und materialisierte für sie ein Medaillon mit dem Bild Vishnus. Dann stand er auf und machte auf die Stirn eines jeden ein vibhūti-Zeichen. Während seiner Rede hatte er mit Alfs kan-kans gespielt. Dann gab er dem großen Norweger noch einen freundlichen Klaps und ein paar ermutigende Worte, bevor er den Raum verließ.

Obgleich Alf schließlich regulären Zugang zum Haus hatte, in dem Swami wohnte, schien es noch immer schwer, das langersehnte Privatinterview und die Lösung für sein großes Problem zu bekommen. Aber es ereigneten sich andere Dinge. Weiterhin gedrängt von dem Mann mit der gebogenen Nase, der Alf auch eine gute Vorahnung für Babas Schritte zu haben schien, besaß er sogar die Kühnheit, den großen Meister in sein Obergeschoßappartment einzuladen. Dieser nahm dankend an und kam am 24. März mit einer kleine Gruppe vertrauter Devotees; das war 10 Tage nachdem Alf ihn zum erstenmal in Gwalior Palace gesehen hatte.

Sorgfältige Vorbereitungen wurden unter der Leitung und Aufsicht jenes Mannes getroffen. Dazu gehörten verschwenderische Blumendekorationen, eine Kinderkapelle, eine junge Frau (es sollte eine Jungfrau sein und war es wahrscheinlich auch), die auf einer Muschel blasen und bei seiner Ankunft Babas Füße waschen sollte. Sie blies die Muschel erfolgreich, aber Swami wollte sich die Füße nicht waschen lassen. Er war mehr interessiert an einigen kranken Leuten, die herbeigebracht worden waren, als an der Pracht der Dekoration. Aber er lauschte mit Vergnügen der Musik der Kinder und „nahm“ für jedes vibhūti und für den Leiter einen neunsteinigen Ring aus der frischen Seeluft, die die Blumen im Dachgarten bewegte. Am wichtigsten jedoch war, daß er Alf einlud, am nächsten Morgen zu einem privaten Interview zu ihm zu kommen.

Während dieses hart erkämpften und endlich erreichten Interviews entdeckte Alf Tidemand, wie viele vor und nach ihm, daß Baba seine Probleme und seine Vergangenheit schon kannte.

„Ich hatte daran gedacht, mein Unternehmen zu verkaufen“, sagte Alf. „Ich hatte gleichfalls daran gedacht“, antwortete Swami. Dann begann der Norweger, seine Schwierigkeiten zu erzählen.

„Mach dir keine Sorgen“, sagte Swami, „ich werde dir helfen, einen verläßlichen Käufer zu finden und auch einen guten Preis zu bekommen“. Er sagte weiter, daß es nun für Alf das richtige sei, dieses Leben in den Geschäftskreisen Bombays, mit allem, was dazu gehörte, zu verlassen und sich mit seiner Familie in Norwegen niederzulassen. Auf diese Weise würde sich auch der Gesundheitszustand seiner Frau bessern. Vielleicht, um ihm mehr Vertrauen einzuflößen und Zweifel bei dem geplagten Schiffsmakler zu zerstreuen, sagte Baba: „Erinnerst du dich an den Schwarzmagier? Ich habe dir damals geholfen.“

In seinen Aufzeichnungen über dieses Interview, den Wendepunkt seines Lebens, schreibt Alf: „Er gab mir überzeugende Beweise seiner göttlichen Kraft, und ich wurde dazu gebracht, den Sinn meines Lebens zu verstehen. Ich wußte, daß alle Gebete, die ich in meinem Leben an Gott gerichtet hatte, und alle Hilfe, die ich darauf erhalten hatte, Baba bekannt waren. Ich wußte auch, daß – obgleich es in der letzten Phase, bevor ich ihn erreichte, viele Hürden gegeben hatte, viele Prüfungen für meinen Glauben und meinen Mut – in Wirklichkeit Er mich auf eigenartige und wundersame Weise zu sich *gerufen* hatte. Wer mag beispielsweise der Mann mit dem blauen Hemd in Shirdi gewesen sein? Ich hatte auf Nachfrage herausgefunden, daß keiner von Sai Babas engsten Devotees, nicht einmal Herr N. Kasturi, wußten, daß Baba am 14. März nach Bombay kommen würde.

Swami schien zu wissen, daß ich lange nach einem spirituellen Lehrer gesucht hatte, und in diesem ersten Interview sagte er: ‚Du brauchst nicht mehr nach einem Guru Ausschau zu halten. Von nun an werde ich dich führen.' Am Schluß materialisierte Baba für mich ein Medaillon mit seinem Bild, einige Süßigkeiten und etwas vibhūti.

Am nächsten Tag rief mich der Manager der Bombay-Niederlassung von einer der größten Firmen in Indien an, er habe gehört, daß ich möglicherweise meine Firma verkaufen wolle. Er würde gern mit mir darüber sprechen.

Während der folgenden Verhandlungen war ich in ständiger Verbindung mit Swami und sah ihn häufig. Und in meinen frühen morgendlichen Meditationen, die Swami mich regelmäßig auszuführen geheißen hatte, erhielt ich erstaunliche Inspirationen zur Lösung der komplizierten Probleme im Zusammenhang mit dem Verkaufsvertragsentwurf, für den es keinerlei vergleichbaren Präzedenzfall gab. Nach einem Monat schwieriger Verhandlungen, unterstützt durch die immerwährend führende Hand Babas, kristallisierte sich ein sehr günstiger Vertrag für den Verkauf meiner Schiffahrtsgesellschaft in Indien heraus."

Alf Tidemand kehrte zu Frau und Familie nach Oslo zurück. Sein früher Traum war wahr geworden; er hatte sein Vermögen gemacht. Aber etwas sehr viel Wichtigeres hatte sich mit ihm in Indien ereignet. Er hatte seinen Sadguru, seinen spirituellen Führer und Mentor gefunden, der Sinn in das Chaos und die Leere des Lebens bringt, das nur auf der materiellen Ebene gelebt wird.

Als ich vor kurzem mit ihm sprach und dabei einiges über seine ereignisreiche und heroische Geschichte erfuhr, kam ich zu dem Schluß, daß mein Freund Alf Tidemand-Johannessen immer schwierige Probleme zu lösen haben wird, denn er ist der Typ, dessen spirituelle Muskeln durch das Lösen solcher Probleme wachsen. Er ist in erster Linie ein Mann der Tat. Aber in der Zukunft wird sein Karma, glaube ich, das nishkāmakarman sein, die Aktion ohne Verlangen nach den Früchten der Handlung. Es wird ein Handeln sein, das in Übereinstimmung mit seinem eigenen dharma dazu beitragen wird, den Ruhm Gottes und die Botschaft des Lichtes in diesem Zeitalter zu verbreiten. All dies geschieht durch die Gnade Sai Babas.

17. Zwei überragende Verehrer

> Vielleicht muß ich von Gesetzen und Kräften sprechen,
> die der Verstand oder die Naturwissenschaft
> nicht erkennen.
>
> – SHRI AUROBINDO –

Ein Mann mit einer ziemlich außergewöhnlichen Karriere war Dr. B. Ramakrishna Rao, der im September 1967 starb. Die Todesanzeigen in der Presse bestätigten damals, daß er mehrere wichtige Positionen im öffentlichen Leben und in der Verwaltung innehatte. Er war zum Beispiel Anfang der fünfziger Jahre Premierminister des alten Hyderabad-Staates und war als solcher daran beteiligt, im Jahre 1956 den modernen Staat Andhra Pradesh aufzubauen. In späteren Jahren hatte er das Amt des Gouverneurs zweier verschiedener indischer Staaten inne, Kerala und Uttar Pradesh. Was die Zeitungen jedoch nicht erwähnten, war für Dr. Ramakrishna Rao der wichtigste Faktor in seinem Leben: seine Anhängerschaft an Sai Baba.

Der kleine Doktor, wie wir ihn wegen seiner kleinen Statur oft nannten, war ein erstklassiger Linguist und fungierte oft als Übersetzer für Sai Baba. In dieser Rolle begegnete ich ihm zum erstenmal in Herrn G. Venkateswara Raos Haus in Madras. Bei dieser Gelegenheit saßen er, Alf Tidemand-Johannessen, meine Frau und ich mit Baba auf dem Teppich, während dieser dem Norweger, der in Kürze Indien verlassen wollte, einige Ratschläge gab. Der kleine Doktor übersetzte, wo es nötig war.

Das war zur Zeit meiner frühen Bekanntschaft mit Baba, der auf telepathische Weise wußte, daß ich immer noch halbwegs die Echtheit seiner mysteriösen Produktionen bezweifelte. In seiner großzügigen, verständnisvollen Art schien er diese Gelegenheit – wie viele andere – nutzen zu wollen, mir dabei zu helfen, einige meiner Zweifel zu beseitigen.

Es war eine heiße Nacht, und er trug kurze Ärmel, so daß sein Unterarm vom Ellenbogen abwärts bloß war. Wir saßen mit gekreuzten Beinen auf dem Boden, so daß mein Knie praktisch seines berührte, und geraume Zeit ließ er seine rechte Hand auf meinem Knie liegen, statt auf seinem. Ich konnte so zweifelsfrei sehen, daß seine Hand leer war, als sie locker, mit der Handfläche nach oben, unter meinen Augen lag – und direkt aus dieser Position bewegte sich die Hand empor, um vor unseren Nasen wie ein Zauberstab zu kreisen und dabei aus der Luft eine Reihe von Dingen zu produzieren, einschließlich des üblichen vibhūti für uns alle und eines großen neunsteinigen Ringes für Alf Tidemand-Johannessen.

Ich entwickelte Bewunderung und Zuneigung für den kleinen Doktor mit der Ghandi-Kappe, der zugleich distinguiert und kultiviert war als auch wahre Demut besaß. Zum Glück konnte ich etwa einen Monat, bevor er starb, ein ausführliches Gespräch mit ihm führen, als wir Nachbarn im Gästehaus des Aschrams waren. Das war im August 1967, und Dr. Ramakrishna Rao war gerade in Prashanti Nilayam, weil die Erhebung zur Gemeinde gefeiert wurde. Ich hatte eine Menge Einzelheiten über seine wundersamen Erfahrungen mit Sai Baba gehört, und ich ergriff die Gelegenheit, diese Dinge aus seinem eigenen Mund zu hören. Er wußte, daß ich diese Informationen für eine Veröffentlichung verwenden wollte und hatte keine Einwände dagegen, auch nicht gegen die Verwendung seines Namens, der in Indien und zum Teil auch im Ausland sehr bekannt ist.

Hier ist seine bemerkenswerte Geschichte, die er mir erzählte. Im Jahre 1961, als er Gouverneur von Uttar Pradesh war, reiste er mit seiner Frau in einem Schnellzug von Bareilly nach Nainital im Himalaya. Sie waren die einzigen Insassen ihres 1. Klasse-Abteils, und der Zug hatte keinen Korridor, über den irgendjemand hätte in das Abteil einsteigen bzw. es verlassen können.

Um etwa 11 Uhr abends bemerkte der Gouverneur, wie Funken aus dem elektrischen Ventilator kamen. Diese breiteten sich so schnell aus, daß er und seine Frau sehr geängstigt waren und glaubten, das ganze Abteil würde jeden Moment Feuer fangen. Er suchte nach einer Zugleine oder Glocke, um Alarm zu schlagen und den Zug zum Halten zu bringen, aber er konnte nichts dergleichen finden. Es sah so aus, als müßten der Gouverneur und seine Frau in den Flammen umkommen, bevor irgendjemand ihre Notlage bemerken konnte. Sie konnten nichts tun außer beten, was sie auch aus ganzem Herzen taten.

Darauf hörten sie ein Klopfen an einer der Außentüren. Das war sehr überraschend, denn die Türen führten nur ins Freie, und der Zug brauste mit ziemlicher Geschwindigkeit dahin. Der Doktor ging hin und öffnete die Tür. Aus der Dunkelheit der Nacht kam ein

Mann herein, der die Khaki-Uniform eines Elektrikers trug. Ohne ein Wort zu sagen, machte er sich an die Arbeit an dem defekten Ventilator, aus dem die Funken nur so flogen wie „die Spreu vom Dreschboden“.

Etwa eine Viertelstunde später sagte der Elektriker zu ihm: „Die Gefahr ist vorüber. Sie können zu Bett gehen und schlafen.“ Daraufhin setzte er sich auf den Boden bei der Tür.

Die Frau des Gouverneurs legte sich aufs Bett und schloß die Augen. Aber sie blinzelte immer mal wieder, um den Mann an der Tür zu beobachten. Denn, wie sie später ihrem Mann sagte, sie glaubte, daß einer, der sein Leben aufs Spiel setzt, indem er auf dem Trittbrett eines fahrenden Zuges herumlief, wahrscheinlich ein Einbrecher sei, der sie im Schlaf berauben wollte. Der Gouverneur hegte diesen Argwohn nicht, sondern war in ein Buch vertieft.

Plötzlich schreckte er hoch, als er fühlte, wie die Hand des Arbeiters ihn berührte und eine Stimme ruhig fragte, ob der Doktor wohl die Abteiltür hinter ihm zumachen könne, da er jetzt ginge. Der kleine Doktor war überrascht, daß der Elektriker nicht mit dem Aussteigen bis zur nächsten Station wartete, aber bevor er etwas sagen konnte, hatte die Gestalt im Khaki-Anzug die Tür geöffnet und die Nachtluft pfiff ins Abteil. Dr. Ramakrishna Rao sprang hoch und gelangte rechtzeitig an die offene Tür, um zu sehen, wie der Mann einen Augenblick auf dem Trittbrett stand und dann in der Dunkelheit verschwand.

Es war alles ziemlich geheimnisvoll. Wie konnte er überhaupt gewußt haben, daß der Ventilator nicht in Ordnung war? Wie kam er zum Abteil, und warum verschwand er wieder über das Trittbrett dieses schwankenden, schnellfahrenden Expresszuges, wo er doch leicht bis zur nächsten Haltestelle hätte warten können? Entweder lebte er gern gefährlich oder er war einfach verrückt, aber in beiden Fällen mußte er auch noch hellsichtig sein, um von dem Fehler im elektrischen Ventilator Kenntnis zu haben. Mit einem Achselzucken legte sich der kleine Doktor schlafen.

Etwa einen Monat nach diesem Vorfall reiste der Gouverneur wieder; diesmal mit dem Flugzeug, das er für dienstliche Zwecke zur Verfügung hatte. Außer seiner Frau und dem Piloten begleiteten ihn sein persönlicher Assistent und die Frau des Piloten. Sie flogen von Kawnpur nach Benares.

Über Benares bemerkte der Gouverneur, daß sie lange Zeit über dem Flugplatz kreisten, ohne zu landen. Er fragte, ob irgendetwas los sei, und erfuhr, daß das Fahrgestell festsaß; die Räder kamen nicht heraus. Außerdem hatten sie kaum noch Benzin im Tank. Mit Dr. Ramakrishna Raos Einverständnis beschloß der Pilot, eine Notlandung auf der Grasfläche des Flugplatzes zu versuchen. Er benachrichtigte die Bodenkontrolle. Sie ließen die Feuerwehrfahrzeuge ausfahren und alles fertigmachen für den Landeversuch. Alle wußten natürlich, daß dies eine höchstgefährliche Operation war, und der Doktor und seine Frau schickten inbrünstige Gebete zum Schutz zu ihrem höchsten Guru, Sai Baba.

Vielleicht betete der persönliche Assistent auch, denn auch er war ein Baba-Devotee. Wie der Doktor trug er an seiner Hand einen Ring, der von Sai Baba materialisiert worden war. Der Pilot wußte das, und als letzte Zuflucht, bevor er eine Bruchlandung versuchte, bat er den Assistenten, er solle versuchen, den Hebel zum Lösen des Fahrgestells zu betätigen. Der Assistent legte die Hand auf den Hebel und drückte, wie ihm gesagt wurde. Das Fahrgestell kam ohne Schwierigkeiten heraus. Sie konnten eine normale Landung ausführen.

Am nächsten Tag rief Frau Ramakrishna Rao Baba aus Benares an – sie wußte, daß Baba im Süden, in Bangalore, war – um ihm für seine Gnade und seinen Schutz zu danken, die sie, so glaubte sie, aus der gefährlichen Situation im Flugzeug gerettet hatten. Sie erfuhr, ohne überrascht zu sein, daß er alles über den Vorfall wußte, und er nannte ihr sogar Einzelheiten. Dann sagte er: „Aber du hast ja gar nichts über den Zwischenfall mit der Eisenbahn gesagt."

„Welchen Zwischenfall mit der Eisenbahn, Swami?" fragte sie, denn sie hatte ihn aus dem Gedächtnis verloren.

„Nun, als der Ventilator beinahe in Flammen aufging und du dachtest, daß ich ein Dieb sei", lachte Baba.

Dr. Ramakrishna war sicher, daß die Geschichte mit dem Zug Baba nicht auf normale Art übermittelt worden sein konnte, denn weder er noch seine Frau hatten zu irgendjemandem darüber gesprochen. Da sie niemanden aus ihrem Team beunruhigen wollten, hatten sie sich am folgenden Morgen gehütet, den Vorfall auch nur zu erwähnen. Darauf war er im arbeitsreichen Alltag in Vergessenheit geraten.

Nichts Übermenschliches, das Baba tat, konnte jemals den kleinen Doktor überraschen; er hatte im Laufe der Jahre so viel gesehen und erfahren. Zum Beispiel hatte seine Frau eines Abends im Jahre 1962 eine Dinnerparty für 60 Leute arrangiert, als er

Gouverneur von Kerala war und Baba mit einigen Devotees im Gästehaus in Trivandrum zu Besuch war. Aber wenn Baba da ist, haben Menschenmassen gewöhnlich die Tendenz, sich zu verdoppeln, und etwa 150 Leute erschienen. Es war zu dem Zeitpunkt unmöglich, noch mehr Lebensmittel zu bekommen. Frau Ramakrishna Rao geriet in Sorge und fragte Baba, was sie tun solle.

„Speise sie alle", sagte Baba ihr, „es wird ausreichen – keine Sorge."

So wurden also weitere Gedecke aufgetragen, und die ganze Menge setzte sich. Baba bewegte sich unter den Gästen und Dienern, segnete die Mahlzeit, schaute, daß alle zufrieden waren und verwandelte so die Mahlzeit wie immer in ein Bankett. Keiner kam wegen der zusätzlichen 90 Personen zu kurz. Irgendwie vermehrte Baba die Lebensmittel, und es war für alle reichlich da.

Ich wußte, daß es auf dieser Reise in den Süden war, als eines jener dramatischen Wunder stattfand, das in Herrn Kasturis Buch beschrieben worden ist. Zahlreiche Anhänger Babas wanderten mit ihm am Strand von Kanyakumari, wo drei Meere sich treffen und um den südlichsten Zipfel Indiens spielen. Plötzlich rollte eine königliche Welle hoch auf den Strand hinauf und um Babas Füße, und als sie zurückwich, hinterließ sie um seine Knöchel herum eine wunderbare Kette aus 108 feinen Perlen auf einem Goldfaden.

Ich habe mit zahlreichen Männern gesprochen, einschließlich Dr. Sittaramiah, die zugegen waren und das Erscheinen des Schatzes aus der Tiefe mit eigenen Augen gesehen haben, und ich fragte Dr. Ramakrishna Rao, ob er auch dabei gewesen sei. Er antwortete, daß ihn an jenem Tage unglücklicherweise Verpflichtungen anderswo festgehalten hätten. Tatsächlich hatte er ein Treffen mit Dr. S. Radhakrishnan, der gerade zum Präsidenten Indiens ernannt worden war. Aber er sagte, daß eine Reihe seiner Freunde und Bekannten, einschließlich des Chefs der Sicherheitspolizei, mit Baba am Strand gewesen waren und sahen, wie es geschah. Sie hatten ihm das Ereignis am folgenden Tage beschrieben und die Perlenkette gezeigt. Baba gab sie später einem alten Devotee, den der Doktor kannte.

Als er noch Gouverneur von Uttar Pradesh war, sah Dr. B. Ramakrishna Rao die wundersamen Ereignisse, die ihn am tiefsten bewegten.

Im Sommer 1961 reiste Sai Baba mit einer Gruppe Devotees im Norden umher und beschloß, den berühmten Tempel in Badrinath hoch im Himalaya zu besuchen. Dr. Ramakrishna stieß in Hardwar am Ganges zu der Gruppe hinzu, um den knapp 300 km langen Gebirgstreck nach Badrinath zu begleiten. Die Devotees sagten, der Zweck von Babas Reise sei nicht nur der, sie zu diesem geheiligten Ort zu bringen, sondern ihn neu mit spiritueller Kraft zu erfüllen. Er wurde etwa vor 1200 Jahren von Adi Shankara gegründet, einem der größten spirituellen Führer aller Zeiten. Er war es, der die Upanischaden ans Tageslicht brachte, nachdem sie jahrhundertelang in Höhlen und Klöstern unbeachtet verstaubt waren. In Joshimath schrieb er seine berühmten Kommentare zu den Upanischaden der Bhagavad-Gītā und den Brahmasūtras, und machte damit diese spirituellen Klassiker einem größeren und immer wachsenden Publikum zugänglich und verständlich.

Adi Shankara bereiste nicht nur ganz Indien und lehrte die Menschen, sondern er organisierte und richtete Zentren im Norden, Süden, Osten und Westen ein, von denen er hoffte, daß sie zu Leuchttürmen des Lichtes würden und sein Werk nach seinem Tode fortführten. Badrinath war eines jener spirituellen Kraft-Zentren.

Aber im Laufe von zwölf Jahrhunderten – obgleich Millionen von verehrungsvollen Pilgern ihre Anbetung dort verrichtet hatten – hatte die Kraft nachgelassen, und das Leben war gegenüber der alten Form verflacht. Zwar braucht eine priesterliche Kaste nicht korrupt zu sein, doch kann sie viele menschliche Schwächen haben, so daß sie das hohe Niveau nicht halten kann, das von einem Gottmenschen wie Adi Shankara gesetzt worden war. Das einzige, was die spirituelle Batterie eines solchen Ortes wieder aufladen kann, ist die Anwesenheit und Kraft eines anderen Gottmenschen.

Jedoch schien es ein Hindernis zu geben. Der Doktor erzählte mir, daß traditionell die einzigen Leute, die jemals Einlaß in das Allerheiligste des Tempels erhielten, um Gottesdienst (pūjā) abzuhalten, Angehörige einer speziellen Sekte der Kerala Brahmanen waren. Seit den Tagen Adi Shankaras hatte diese Priesterkaste diese Position und seine exklusiven Rechte innegehabt. Die Bitte des Dr. B. Ramakrishna Rao, des Gouverneurs ihres Staates, wurde abgelehnt; sie hatten von Sai Baba, dem Wunder-Täter gehört; manche hielten ihn für einen Avatar, einen Gottmenschen, aber sie wollten selbst für ihn keine Ausnahme machen. Selbst Gott in menschlicher Form würde hier nicht hineinkommen, denn welche menschlichen Augen können die Insignien des Göttlichen schon erkennen?

„Macht nichts", sagte Baba, „laßt sie an ihren Traditionen festhalten."

Jedoch vor etwa 200 Leuten außerhalb des Tempels materialisierte er eine Statue Vishnus. Diese war etwa 30 Zentimeter hoch und – wie man sagt – eine Nachbildung der großen Statue im Inneren des Tempels. Mit einem weiteren Handkreisen produzierte er ein silbernes Tablett, worauf er das kleine Vishnu-Idol stellte. Dann erschuf er auf gleiche Weise einen tausendblättrigen Lotos aus Gold. Alle starrten auf diese Schönheit, und während sie sich wunderten, wofür sie sei, kreiste Baba abermals mit der Hand und produzierte ein Shiva-linga. Dies war etwa 10 bis 13 Zentimeter groß, aus schönstem kristallinen Material, und er setzte es in das Zentrum des goldenen Lotos.

Mit dem Idol, Lotos und linga auf dem Silbertablett gingen Baba und seine Anhänger vom Tempel zum Gästehaus, wo sie wohnten. Während sie alle bhajans sangen, trug Baba das linga herum und zeigte es allen, wies auf die Schönheit des Materials hin und die Form eines Auges, das geheimnisvoll in seinem Inneren abgebildet und eingeschlossen war.

Dann materialisierte Baba ein Silbergefäß, das mit heiligem Wasser gefüllt war, 108 goldene Bilva-Blätter, die wie Regen aus seiner Hand auf das Tablett fielen, und ein Häufchen Thumme-Blüten, noch mit frischem Tau benetzt. Diese werden beschrieben als „kleinste wohlduftende Teilchen, von hundert kleinen tropischen Pflanzen gepflückt".

All dies war Material für Gottesdienstrituale. Baba führt das abhisheka aus (heiliges zeremonielles Bad), und dann wurde in seiner Gegenwart, so schreibt N. Kasturi, im Namen aller Anwesenden von Dr. B. Ramakrishna Rao „pūjā" abgehalten, wobei die Devotees die entsprechenden Mantras sangen.

Danach gab Baba alle materialisierten Gegenstände der Frau des Gouverneurs, Frau Ramakrishna Rao, und wies sie an, sie gut zu verwahren, denn sie sei verantwortlich, wenn irgendetwas verlorenginge. Die arme Frau war verständlicherweise sehr besorgt über eine solche Verantwortung. Sie schloß die kostbaren Artikel in einem Schrank in ihrem Schlafzimmer ein und trug den Schlüssel bei sich.

Einige Zeit später bat Baba sie, das linga zu holen. Sie schloß den Schrank auf und sah, daß es fehlte; alles andere war da, aber das linga war verschwunden. In großer Bestürzung lief sie zu Baba und erzählte ihm von dem Verlust.

Zuerst tadelte er sie dafür, daß sie nicht richtig aufgepaßt habe, aber dann lachte er und sagte, daß er nur einen Spaß mit ihr gemacht habe. Er erklärte allen Anwesenden, daß er das linga zurückgeschickt habe, und zwar an den Ort, von dem es durch seine Kraft her apportiert worden war, zum Fuße des Standbildes im Tempel. Dieses „netralinga vom Kailāsa", wie er es nannte, war von Adi Shankara in eine geheime Nische des Allerheiligsten gelegt worden.

Dort hatte es viele Jahrhunderte hindurch gelegen, bis zu jenem Tage, dem 17. Juni 1961, an dem er es hervorgeholt hatte, um es neu zu weihen und mit spiritueller Kraft aufzuladen. So wurde das Werk, für das er hierher gekommen war, getan, trotz der sie behindernden Traditionen des Ortes.

Baba fragte später nach den anderen Artikeln aus dem Schrank. Er verteilte die 108 Gold-Blätter unter den 200 oder mehr Menschen um ihn, und wie gewohnt war genug für alle da. Frau Ramakrishna Rao wurde dann für die wenigen Momente der Angst, die sie beim Verlust des lingas ausgestanden hatte, königlich belohnt. Sie bekam das materialisierte Vishnu-Idol geschenkt, dazu den goldenen Lotos und das Silbertablett, auf dem beide standen.

Der Doktor erzählte mir, daß diese heiligen Gegenstände immer noch in seinem pūjā-Raum in Hyderabad seien, wo der regelmäßige Familiengottesdienst abgehalten wird.

Es mag für viele Leute überraschend sein – obgleich zu Unrecht –, daß ein Wissenschaftler vom Format eines Dr. S. Bhagavantam, M.Sc., Ph. D., D.Sc., ein ehemaliger Direktor des Gesamtindischen Instituts für Wissenschaften, ein treuer Anhänger eines Meisters auf dem Gebiet der höchsten transzendentalen Magie ist, welche die Wissenschaftler zu verhöhnen geneigt sind.

Als ich ihn in Prashanti Nilayam traf, lebte er in einem Raum, der nur mit zwei Bettrollen und einigen Kissen auf dem Boden ausgestattet war. Wie alle Inder, war er ganz zufrieden, den gekachelten Boden als Schlafstätte, Stuhl und Tisch zugleich zu haben. Mit ihm im gleichen Raum war einer seiner Söhne, Dr. S. Babakrishna, Assistenzdirektor des Nationalen Geophysikalischen Forschungsinstituts Indiens. Beide besuchten den Aschram für ein paar Tage.

Ich saß mit diesen beiden kultivierten Wissenschaftlern und charmanten Herren zusammen, neugierig, von ihren Erfahrungen mit Sai Baba zu hören. Vor den offenen Türen und Fenstern brannte die Julisonne auf den sandigen Boden, die weißen Gebäude und die felsigen Hügel. Hier drinnen sprach Dr. Bhagavantam mit seiner ruhigen, freundlichen, knappen Art, während sein Sohn viele der merkwürdigen Ereignisse bestätigte, die auch er mit eigenen Augen gesehen hatte. Dr. Babakrishna hatte auch einige eigene wundervolle Erfahrungen mit Baba gehabt, aber hier beschäftigten wir uns mit den bemerkenswerten Berichten seines berühmten Vaters.

Bei Dr. Bhagavantams erster Begegnung mit Baba im Jahre 1959 gingen sie am Chitravathi-Fluß spazieren. Es waren noch andere Leute dabei, aber Bhagavantam ging an Babas Seite. Nach einer Weile bat Swami ihn, einen Platz im Sand zum Hinsetzen zu suchen. Als der Doktor zögerte, insistierte Baba, und erklärte ihm, daß nur auf diese Weise sein naturwissenschaftlicher Geist ganz sicher sein könne, daß Baba ihn nicht an einen Ort geführt habe, wo ein Gegenstand im Sand versteckt worden sei.

Nachdem der Wissenschaftler eine Stelle ausgesucht hatte und die Gesellschaft sich auf den Sand gesetzt hatte, begann Baba, den Doktor ein wenig zu necken; er machte sich lustig über den selbstgefälligen, „all-wissenden“ Habitus vieler Naturwissenschaftler und beklagte ihre Unwissenheit bzw. Indifferenz gegenüber den alten Weisheiten, die die großen Hindu-Schriften enthielten.

Der Stolz des Doktors wurde verletzt. Er antwortete, daß nicht alle Wissenschaftler diese materialistische Auffassung hätten. Er selbst zum Beispiel sei durch Familientradition im Sanskrit unterrichtet und hätte tiefes Interesse an den spirituellen Klassikern Indiens.

Dann, mit einem Versuch, das Ansehen seiner Wissenschaftskollegen zu retten, erzählte er Baba, daß Oppenheimer, als er nach der Explosion der ersten Atombombe von einem Pressereporter nach seiner Reaktion gefragt wurde, mit dem Zitat einiger Verse aus der Bhagavad-Gītā geantwortet habe, und so gezeigt habe, daß er dieses große Werk studiert habe. „Möchtest Du ein Exemplar der Bhagavad-Gītā haben?“ fragte Baba ihn plötzlich, indem er eine Handvoll Sand aufnahm. „Hier ist es”, fuhr er fort, „strecke deine Hände aus.“

Bhagavantam hielt die Hände auf, um den Sand aufzufangen,

den Baba hineinfallen lassen würde. Aber als er die geöffneten Handflächen des Wissenschaftlers erreichte, war es nicht mehr der goldene Sand des Chitravathi. Es war ein rot eingebundenes Buch. Völlig sprachlos vor Erstaunen öffnete der Doktor es und sah, daß es ein Exemplar der Bhagavad-Gītā in Telugu war. Baba fügte hinzu, daß er dem Verehrer auch eine in Sanskrit hätte schenken können. Da dieser es aber nur mit Mühe lesen könne, hätte er ihm lieber eins in Telugu, seiner Muttersprache gegeben. Bhagavantam hatte seine beschränkten Fähigkeiten in Sanskrit nie erwähnt, Baba wußte dies einfach.

Sobald er konnte, untersuchte Bhagavantam den auf wunderbare Weise produzierten Band eingehend. Er schien ganz neu und war schön gedruckt, aber wo? Die Namen des Druckers und Verlages, die normalerweise angegeben werden, waren nirgendwo zu finden.

Eines Tages, im Jahre 1960, besuchte Baba das Haus des Wissenschaftlers in Bangalore. Damals war Dr. Bhagavantam Direktor des gesamtindischen Instituts für Wissenschaften in jener Stadt. Er kannte Sai Baba nun etwa ein Jahr und kämpfte darum, das unglaubliche Phänomen, dessen Zeuge er gewesen war, mit seinen wissenschaftlichen Anschauungen in Einklang zu bringen.

Bei einer öffentlichen Veranstaltung sagte er einmal: „Ich fühlte mich ziemlich verloren damals, denn all dies stand im äußersten Gegensatz zu den Gesetzen der Physik, für die ich damals und heute eintrete ... Da ich die Gesetze der Physik in meiner Jugend gelernt hatte und später jahrelang die Unverletzbarkeit dieser Gesetze andere Menschen gelehrt hatte – zumindest soweit sie irgendeine menschliche Situation betreffen – befand ich mich natürlich in einem Dilemma."

Einer von Dr. Bhagavantams Söhnen, der damals etwa 11 Jahre alt war, schien geistig behindert zu sein. Einige Mediziner hatten als Behandlung empfohlen, in die Lumbalregion des Rückgrats zu stechen, um Rückenmarksflüssigkeit zu entnehmen und so den Druck aufs Gehirn zu vermindern. Andere waren gegen diese Behandlung und meinten, daß es den Zustand des Jungen nur verschlechtern würde. Dr. Bhagavantam entschied, es nicht machen zu lassen.

Baba, der Kinder liebt und versteht, sah den Jungen und stellte eine mitfühlende Frage über ihn. Der Wissenschaftler begann über den Fall seines Sohnes zu sprechen, und dann führte Baba die

Darstellung seinerseits fort und erzählte alles, was sich ereignet hatte, einschließlich der medizinischen Debatte über die Ratsamkeit der Punktierung der Lumbalregion. Er sagte weiter, daß sie in der Tat nicht schaden könne, sondern im Gegenteil dem Jungen helfen würde und seinen Zustand im Laufe der Zeit erheblich verbessern würde. Dann, ganz nebenbei, als ob es gar nichts wäre, sagte er, daß er die Behandlung selbst, hier und jetzt, vornehmen würde.

Der Wissenschaftler war perplex. Zweifel und Furcht bewegten ihn. Er begann sich zum Beispiel zu fragen, ob Baba dafür überhaupt die berufliche Qualifikation habe. Aber bevor er überhaupt ein Wort sagen konnte, hatte Baba seine Hand kreisen lassen und vibhūti materialisiert. Er machte den Rücken des Jungen frei und rieb es auf die Lumbalregion. Dann, mit einer weiteren Handbewegung, nahm er aus der Luft eine hohle chirurgische Nadel, die 10 Zentimeter lang war.

Der Vater fühlte sich in der Gegenwart einer Kraft jenseits seines Verstehens, so daß er nichts sagen konnte; er konnte nur warten, zusehen und das Beste hoffen. Der Junge schien halb bei Bewußtsein zu sein, war anscheinend durch Sai Babas vibhūti anästhesiert. Ohne Zögern führte Baba die Nadel ein und zeigte damit, daß er genau die Stelle kannte, an der so ein Einstich gemacht werden mußte. Dem zuschauenden Vater schien es als ob die Nadel völlig verschwand, und er begann sich Sorgen zu machen, wie sie wieder herauskommen würde.

In der Zwischenzeit massierte Baba den Rücken und entfernte die Flüssigkeit, die durch die Nadel herauskam; er schien etwa einen Kubikzentimeter dieser Flüssigkeit zu entnehmen, sagte der Wissenschaftler. Dann massierte Baba stärker und anders und brachte die Nadel so aus dem Rücken heraus. Er hielt sie in die Luft, als ob er sie einer unsichtbaren Schwester reichte. Sofort verschwand sie.

„Habt ihr einen chirurgischen Verband?“ fragte Baba dann die staunenden Leute im Raum. Es waren Bhagavantam, ein weiterer Sohn von ihm mit dem Namen Ramakrishna und ein Freund namens Sastri, der ein Sanskritgelehrter war. Der junge Ramakrishna antwortete, daß er in 10 Minuten einen Verband bekommen könne, wenn er das Institut anriefe.

„Zu lange!“ lachte Baba, kreiste mit seiner Hand noch einmal und nahm einen Verband von der richtigen Sorte, wie von einem geübten Assistenten aus einer anderen Dimension, entgegen.

Sorgfältig legte er ihn auf den Rücken des Jungen und erweckte ihn dann zu vollem Bewußtsein. Der Patient schien keine Schmerzen oder Unannehmlichkeiten gespürt zu haben, weder vor noch nach der Operation.

„Und geht es ihm jetzt besser?“ fragte ich den guten Doktor.

„Ja, sein Zustand hat sich gebessert, obgleich nicht bemerkenswert“, antwortete er vorsichtig, „aber wer weiß, wie es ihm ohne Operation jetzt gegangen wäre. Swami sagt, daß es ihm besser gehen wird, je älter er wird.“

Dr. Bhagavantam hat Baba viele Dinge durch magisches Handkreisen materialisieren sehen, einschließlich Medizin in Flaschen und andere Päckchen, ordnungsgemäß versiegelt, aber ohne Namen und Hersteller darauf. Er hat gesehen, wie Sai Baba einen Stein oder eine dekorative Figur, in Juwelen eingefaßt, vollständig verwandelt hat, nur indem er mit seinem Finger über die Oberfläche fuhr. Das betreffende Schmuckstück war während dieser Operation keinen Moment außer Sicht gewesen. Einmal sah er, wie Baba in einem Gefäß amrita produzierte, das der Physiker aufgrund seiner Erfahrung mengenmäßig so einschätzte, daß es etwa genug für 50 Leute fassen würde, wenn Baba jedem einen Löffelvoll austeilen würde. In Wirklichkeit aber speiste Baba mit dieser ambrosischen Flüssigkeit etwa 500 Leute, so daß es offensichtlich auf wunderbare Weise um das 10-fache seines ursprünglichen Volumens vermehrt worden sein mußte.

Ein anderes Mal saß der Doktor mit einer Gruppe von Devotees um Sai Baba herum am Strand Südindiens. Das Gespräch kam auf die vielen Namen, mit denen der Ozean in der indischen Mythologie benannt wurde. Jemand erwähnte den Namen „Ratnakara“, welches bedeutete, wie er sagte, „Herr der Diamanten oder kostbaren Steine“. „In diesem Fall“, bemerkte Baba scherzhaft, „sollte der Ozean einige Diamanten für uns herstellen.“ Er streckte seine Hand in das Wasser und zog ein funkelndes Diamanthalsband heraus.

Alle waren von dieser Reihe großer Steine begeistert, und jemand bat Baba, sie anzulegen. Bhagavantam konnte deutlich sehen, daß sie nicht über Babas Kopf ging, da sie zu klein war und offensichtlich keinen Verschluß zum Öffnen hatte.

Aber solche Probleme existierten für den Wundermann nicht. Er zog sie einfach mit beiden Händen auseinander, so wie man einen Gummiring auseinanderzieht. Er vergrößerte sie auf die richtige Größe, aber dennoch gab es keine Lücke zwischen den Steinen.

Dann, um seinen Devotees einen Gefallen zu tun, zog Baba die Diamantengirlande von „Ratnakara“ über seinen Kopf und trug sie eine Weile.

Dr. Bhagavantam hat auch persönliche Erfahrungen mit der Fähigkeit Babas gemacht, zu wissen, was sich über tausend Meilen weit entfernt abspielt, ohne daß Radio oder Telefon vonnöten wären.

Als Dr. S. Balakrishna, Bhagavantams Sohn, in ein neues Haus in Hyderabad zog, willigte Baba ein, dort eine Haussegnungszeremonie durchzuführen. Der entsprechende Tag für das Ritual wurde von Baba festgesetzt, und er versprach, an diesem Tage zu kommen. Dr. Bhagavantam selbst war auf einer Regierungsmission in Moskau, aber er sollte planmäßig am Morgen des Tages der Zeremonie in Hyderabad zurück sein. Die Zeremonie sollte am Nachmittag stattfinden. In der Nähe von Taschkent hatte das Flugzeug jedoch einen Motorschaden, und so mußte er notgedrungen die Nacht in dieser Stadt verbringen. Dies war die Nacht vor der Zeremonie, und Baba, der in Balakrishnas Haus in Hyderabad war, informierte die Familie, daß es einen Maschinenschaden gegeben habe und Dr. Bhagavantam die Nacht in Taschkent verbringe; er würde aber am folgenden Tag nach Neu Delhi weiterfliegen.

Niemand sonst wußte um diese Schwierigkeiten oder daß Bhagavantam in Taschkent war. Kein Wort davon war durch normale Kanäle gedrungen. Auf seine Weise wußte Baba jedoch davon und sah voraus, daß der Fehler am nächsten Tag wieder behoben sein würde.

Am Nachmittag des festgesetzten Tages führte Sai Baba, wie verabredet, die Haussegnungszeremonie durch. Dabei produzierte er in seiner gewohnten, wunderbaren Art eine schöne Statue von Shirdi Baba, die, wie die zwei Wissenschaftler mir sagten, ca. 6 Zentimeter hoch sei und aus purem Gold zu bestehen scheint. Baba sagte, sie solle im Schreinraum des Hauses in Hyderabad aufbewahrt werden, wo sie materialisiert wurde. Und dort ist sie noch.

Allen tat es leid, daß das Oberhaupt der Familie, Dr. Bhagavantam, bei dieser wichtigen Zeremonie nicht anwesend sein konnte, und an jenem Abend sprachen sie darüber, wo er sich wohl gerade aufhielt. Sie fragten Baba, ob er schon in Delhi sei. „Ja“, sagte Baba, „im Moment ist er gerade im Büro des Verteidigungsministers in Neu Delhi.“

Dann meldete Baba in dem Büro des Ministers ein persönliches Telefongespräch mit dem wissenschaftlichen Berater, Dr. Bhagavantam, an. Zu jener Zeit, sagte man mir, habe es für angemeldete Gespräche über solche Entfernungen immer erhebliche Wartezeiten gegeben. Aber Babas Anruf kam in wenigen Minuten durch.

Dr. Bhagavantam war im Büro, so wie Swami vorhergesagt hatte. Er war mit dem Minister hinter verschlossenen Türen inmitten einer wichtigen Konferenz. Der Minister hatte seinen Beamten vorher strikte Anweisung gegeben, ihn nicht zu stören, gleichgültig, wer anriefe oder ihn sprechen wolle. Dennoch, und keiner weiß warum, unterbrach ihn eine der Sekretärinnen und sagte, daß ein Telefonanruf von Hyderabad für Dr. Bhagavantam da sei. Mit Einwilligung des Ministers verließ der Doktor den Raum und nahm den Anruf entgegen. Er hörte Swamis liebliche Stimme, die ihm sagte, daß mit der Haussegnung alles gut verlaufen sei. Baba erfreute ihn darüber hinaus mit der Nachricht, daß er in Hyderabad bei seiner Familie bleiben würde, bis Bhagavantam am nächsten Morgen zurückkehren würde. Freudig ging der Wissenschaftler zurück, um mit dem damalig verantwortlichen Minister, V.K. Krishna Menon, die Verteidigungsprobleme seines Landes zu besprechen.

Als ich Dr. S. Bhagavantam fragte, ob ich seinen Namen verwenden könne, um die unglaublichen Dinge, die er mir erzählt hatte, zu belegen, antwortete er prompt: „Ja, ich stehe zu jedem Wort." Sein früheres Dilemma, der Konflikt zwischen seiner wissenschaftlichen Ausbildung und der Evidenz seiner eigenen Sinneswahrnehmung hatte sich gelöst. Er sagt: „In unseren Laboratorien mögen wir Wissenschaftler auf die Vernunft schwören, aber wir wissen, daß jedesmal, wenn wir unserem Wissen ein wenig hinzugefügt haben, wir auch über die Existenz vieler anderer Dinge hinzugelernt haben, deren wahre Natur wir nicht kennen. In diesem Prozeß kommen immer weitere riesige Gebiete in unser Bewußtsein, die zu verstehen wir noch größere Anstrengungen unternehmen müssen. So vergrößern wir, während wir unser Wissen erweitern, gleichzeitig unsere Unwissenheit. Was wir wissen, wird zu einem immer kleineren Teil dessen, was wir nicht wissen." Er sagte weiter: „Sai Baba transzendiert die Gesetze der Physik und Chemie; und wenn er das Gesetz transzendiert, wird diese Tatsache zu einem neuen Gesetz. Er selbst ist das Gesetz."

In Madras sagte der ehrwürdige Doktor einmal vor einem

Publikum von 20 000 Menschen, die gekommen waren, um Sai Babas Botschaft zu hören: „Wissenschaftler sind sich dessen bewußt, daß Wissen nicht dasselbe wie Weisheit ist. Weisheit bekommt man von Bhagavān (Sai Baba) und seinesgleichen, die von Zeit zu Zeit zu diesem Zweck zu uns kommen ... Er ist ein Phänomen. Er ist transzendent. Er ist göttlich. Er ist eine Inkarnation. Er ist unser nächster Freund und Verwandter. Wendet Euch an ihn, um die ewige Botschaft zu erlangen. Allein dies kann uns retten."

18. Realität und Bedeutung des Wunderbaren

Flamme im Weltenfeuer, Funke des Göttlichen,
erhebe Deinen Geist und Herz in die Herrlichkeit.
Sonne in der Dunkelheit, erneure Dein Leuchten.
– SHRI AUROBINDO –

Die Fülle an wunderbaren Dingen, die ich mit eigenen Augen gesehen habe, ermöglicht es mir, ähnliche Dinge zu akzeptieren, die ich nur gehört habe. Unterstützt wird dies durch mein Wissen um die Integrität, Intelligenz und den hohen moralischen Charakter vieler Zeugen. Aber obgleich für viele bedeutende Persönlichkeiten des öffentlichen Lebens und für viele Durchschnittsmenschen wie mich die Sai-Wunder unbestreitbare Tatsachen darstellen, repräsentieren die Augenzeugen nur einen Bruchteil der Menschheit. Was ist aber mit jenen Millionen, die nicht das Glück gehabt haben, mit eigenen Augen zu sehen? Was ist mit den Massen der Materialisten und Atheisten, die durch die oberflächliche Philosophie des modernen technischen Fortschritts geprägt sind? Gibt es die geringste Wahrscheinlichkeit, daß sie die Wahrheit der unbeschreiblichen Ereignisse erfassen können, die auf diesen Seiten beschrieben werden?

Vor fast hundert Jahren, als ein Theosoph, A.P. Sinnett, Herausgeber des britisch-indischen ‚Pionier', die westliche Öffentlichkeit durch seine Schriften davon überzeugen wollte, daß ähnlich wunderbare Phänomene sich ereigneten, schrieb ihm ein großer Eingeweihter aus dem Himalaya: „Keiner von denen, die nicht mit eigenen Augen sehen, wird jemals glauben ... Aber solange die Menschen zweifeln, wird es Neugier und Suchen geben."

Der menschliche Geist betrachtet aufgrund seiner Natur alles, was außerhalb eines gewöhnlich akzeptierten, rationalen Rahmens liegt, als unmöglich und weist es ab. Ein Materialisationsphänomen beispielsweise hebt sich so stark von der Alltagserfahrung ab, daß es einem nicht leicht fällt, zu glauben, daß es tatsächlich stattgefunden hat. Und doch hat man dem Ereignis selbst zugesehen. Man scheint irgendwie auf seltsame Weise außerhalb von Raum und Zeit gewesen zu sein. Wenn man wieder in die normale Dimension vom Raum und Zeit zurückgekehrt ist, scheint die Realität eines

Wunders zu verschwinden. Sie vergeht so, wie die Realität eines Traumes beim Aufwachen verschwindet.

„Hat sich das Wunder tatsächlich ereignet?“, fragt der denkende Geist. Aber das glitzernde Juwel, das von nirgendwo kam, liegt in der Hand; der Geschmack des Bonbons, der im Augenblick vorher Granit oder Papier war, ist unleugbar auf der Zunge. Die Wirkungen sind offenkundig, es fehlen die vorstellbaren Ursachen, und diese sind von unserem rationalen Denken nicht aufzufinden.

Natürlich ist der Apport, d.h. das Bewegen eines Gegenstandes ohne ein bekanntes materielles Mittel, den Spiritualisten und anderen okkulten Kreisen im Westen wohlbekannt. Ich selbst habe dort so etwas gesehen. Die zugrundeliegende Theorie ist, daß das Objekt, das schon irgendwo existiert, dematerialisiert wird und in diesem Zustand durch psychische Kraft in den Umkreis gebracht wird, wo es rematerialisiert wird. Baba hat gesagt, daß einige seiner Produktionen Apporte seien. In diesem Zusammenhang ist die Beobachtung eines Sai-Devotees aufschlußreich. Eine sehr bekannte indische Prinzessin erzählte mir, daß sie einmal nahe vor Baba saß, während er über ihr auf dem Podium stand und mit der Hand kreiste, um etwas zu produzieren. Sie konnte alles sehen, was unter seiner nach unten gekehrten Handfläche passierte. Zuerst sah sie dort eine kleine leuchtende Wolke erscheinen; diese kondensierte schnell und formte sich zu einem kleinen leuchtenden Objekt, über das Baba seine Hand schloß. Das Objekt stellte sich dann als ein goldener Ring dar.

Die alte 10-Dollar-Münze, die Baba in Horsley Hill für mich „produzierte“, war zweifellos ein Apport. Aber was war mit dem interessanten Phänomen, das er für Dr. V.K. Gokak, den Vizepräsidenten der Bangalore-Universität, entstehen ließ? Bei einem früheren Besuch in Dr. Gokaks Haus sah Baba zum ersten Mal an der Wand ein Portrait eines indischen Heiligen, Shiri Panta Maharaja of Balekundri, und fragte, warum es dort hinge.

Der Vizekanzler antwortete, daß der Heilige der Guru seines Vaters gewesen sei und daß er selbst den heiligen Mann sehr verehre.

Baba: „Hast Du ein kleines Portrait von ihm für unterwegs?“

Dr. Gokak: „Nein.“

Baba: „Möchtest Du eines?“

Dr. Gokak: „Ja, Swami, sehr gern.“

Baba ließ die Hand kreisen, ein bißchen länger als gewöhnlich, und kommentierte: „Es kommt.“ Er drehte die Handfläche nach oben und reichte dem Doktor einen kleinen Emailleanhänger. Darauf befand sich eine Miniaturabbildung des Portraits jenes Heiligen.

Apporte sind wohl in allen Schichten in Indien besser bekannt als im Westen. Der ehemalige Regierungsminister, der große Erzieher und bekannte Schriftsteller, Dr. K.M. Munshi, schreibt in seinem ausgezeichneten Buch ‚Bhavans Journal‘, daß er einen Mann habe Apporte vollziehen sehen, der neben ihm auf dem Sofa seines eigenen Wohnzimmers gesessen hätte. Zuerst war es kumkum (rotes Pulver) auf einem Tablett, ein anderes Mal Blumen, ein drittes Mal prasāda (Opferspeise) und ein viertes Mal Banknoten.

Munshi sagt weiter, er glaube, daß die heilige Asche, die Baba materialisiert und zur Heilung sowie zur Stärkung im Glauben benutzt, sich etwa auf ein Pfund täglich belaufen muß; diese sei nicht apportiert, sondern „auf eine andere, noch geheimnisvollere Weise hergestellt“. Klar scheint auch, daß die Süßigkeiten, die er unter den Augen der Leute aus jahrhundertealtem, solidem Gestein herstellt und viele andere Phänomene, die Sai Baba hervorbringt, keine Apporte sind.

Aber ob nun die Gegenstände „transportiert“, auf der Stelle durch göttlichen Willen geschaffen oder auf irgendeine andere Weise materialisiert werden – welche Fülle an Beweisen, welche Anzahl an Attesten von intelligenten und integren Leuten werden wohl noch nötig sein, um jene zu überzeugen, die diese Dinge noch nie gesehen haben?

Natürlich gibt es in Indien selbst eine große Zahl von Menschen, denen es nicht schwer fällt, die Existenz von Wundern zu akzeptieren. Unter der Oberfläche des täglichen Lebens hat es in diesem Land immer das Wunderbare gegeben. Es gab immer Menschen, die irgendwelche übernatürlichen Kunststücke vollbringen konnten, einen Duft aus der Luft hervorzaubern, einen versiegelten Brief lesen, einen Becher aus der Entfernung zerbrechen, durch Berührung heilen, starke Säuren ohne Schaden trinken, levitieren und so weiter. Diese Dinge sind hier integraler Bestandteil der Alltagskultur. Sie werden nicht nur von den Massen akzeptiert, sondern auch von Denkern und geistigen Führern, zum Beispiel vom Status des Dr. K.M. Munshi. Über dieses Thema habe ich mit vielen hervorragend gebildeten und hochkultivierten Leuten gesprochen; viele von ihnen haben in ihrem Leben einige Beispiele von wundersamen Phänomenen gesehen, ganz abgesehen von den Sai-Baba-Wundern. Die Möglichkeit von siddhis ist für das indische kulturelle Erbe so tief verwurzelt, daß sogar jene, die niemals irgendetwas derartiges gesehen haben, bereit sind, an das Wunderbare zu glauben.

Gerade aus diesem Grunde aber, so scheint mir, neigen einige der intelligenten Leute dazu, die Hauptsache an den Sai-Baba-Wundern zu übersehen. Ich habe sie sagen hören: „Fortgeschrittene Yogis können Wunder vollbringen, na und? Was hat das aber für einen Wert?“

Einige gehen noch weiter und sagen, daß man keine Wunder wirken sollte, da sie ein Hindernis für den spirituellen Fortschritt seien. Sie zitieren Äußerungen aus den Schriften und Yogatexten, um diese Ansicht zu untermauern. Aber wenn wir solche Behauptungen genauer untersuchen, finden wir, daß die Warnungen über die Gefahren, Wunder zu wirken, an Schüler gegeben werden, also an jene, die auf einer mittleren Ebene des spirituellen Pfades sind. Patanjali, zum Beispiel, betont, daß auf einer gewissen Stufe der Yogapraxis sich unweigerlich latente übernormale Kräfte der verschiedensten Art einstellen. Das heißt, der Schüler wird bemerken, daß er die Kraft hat, gewisse „Wunder“ zu vollbringen.

Aber dies bringt einige ernste Gefahren für den Yogi mit sich. Stolz und Egoismus können angestachelt werden. Er könnte die Fähigkeit für eigennützige Zwecke mißbrauchen. Er könnte verleitet werden zu denken, daß er sein Ziel schon erreicht habe. Anstatt zu verstehen, daß diese psychischen und psychokinetischen Fähigkeiten bloße Begleiterscheinungen sind, könnte er sie für das Endprodukt halten oder wenigstens als Zeichen, daß er eine hohe Stufe der Spiritualität erlangt hätte. Aber psychische Kräfte sind nicht per se ein Zeichen von Spiritualität. Ein Schüler, der sich in der Bewunderung derartiger Fähigkeiten verliert, ist irregeführt und wird keinen weiteren Fortschritt in Richtung auf das wahre Ziel des Lebens machen.

Baba selbst hat hierüber oft Warnungen an seine Devotees ausgegeben, als er noch in seinem früheren Körper in Shirdi war. Er betonte, daß das Erlangen von übernatürlichen Fähigkeiten einen Schüler, der noch nicht die höchste Stufe erlangt habe, oft von dem Hauptziel seiner spirituellen Disziplinen, der Gotteserkenntnis, abbringe. Zu einem seiner Devotees, der gerade die Hellsichtigkeit entwickelt hatte, sagte Baba zum Beispiel: „Warum starrst Du auf das Schauspiel dieser Hure? Es geziemt sich für uns nicht, mit einer Hure zu tändeln."

Die Frau des Mannes, die dabei war, dachte, daß Baba auf eine wirkliche Konkubine anspielte, aber der Devotee selbst verstand, daß sein Sadguru Baba ihm eine frühzeitige Warnung gegeben hatte, damit er nicht durch die Anziehungs- und Verführungskraft seiner frisch erworbenen Fähigkeit in die Irre geführt würde.

Aber solche Gefahren und Warnungen beziehen sich nur auf Chelas, d.h. Schüler auf dem Weg, nicht auf solche, die das letzte Ziel erreicht haben – nicht auf Menschen mit voller Gotterkenntnis, einen Gott-Menschen oder Avatar. Es gibt kein Verlangen nach irdischem Gewinn, nach Stolz, Egoismus, Eigensucht an den Wundern von Jesus Christus, Krishna, Sai Baba. Deshalb gibt es keine Gefahr, weder für den, der das Wunder wirkt, noch für dessen Empfänger.

Dennoch, obgleich der Empfänger keine negativen Auswirkungen von göttlichen Wundern erleiden kann, mag er vielleicht nicht immer all die guten Wirkungen erfahren, die potentiell vorhanden sind. In jedem dieser Wunder ist sozusagen ein spiritueller Faden. Wenn der Empfänger es versäumt, den Faden zu ergreifen, hat er eine goldene Gelegenheit verpaßt. Er mag vielleicht ein goldenes Juwel erhalten haben oder durch gnadenvolle Heilung gesegnet worden sein, ihm mag vielleicht bei einem praktischen Problem geholfen worden sein, oder er mag aus tödlicher Gefahr gerettet worden sein. Dies sind zweifellos wichtige Dinge, aber sie sind geringer im Vergleich zu dem, was er hätte gewinnen können.

Wenn er fortfährt, dem spirituellen Faden aus dem Wege zu gehen, wird er bald der wundersamen Phänomene überdrüssig. Sie werden ihn weder beeindrucken noch erfreuen. Darüber hinaus werden sie ihm auch nichts mehr nützen; wenn dann der Punkt erreicht ist, wo die wunderbaren Kräfte des Gott-Menschen nicht mehr so wirken, wie es sich dieser Materialist wünscht, wo er nicht mehr den weltlichen Nutzen hat, den er erwartet, wird er von der Gefolgschaft des Gottmenschen abfallen. So wie Captain Cook, als er die Ostküste Australiens entdeckte, an dem schmalen Eingang des schönen Hafens bei Sydney vorbeisegelte und ihn verfehlte, so wird dieser den schmalen Weg in den göttlichen Hafen verfehlen, nach dem alle menschlichen Schiffe suchen. Und wie lange muß er warten, wie viele Jahre, wie viele Leben, bis er wieder eine solche Pforte findet?

Worin liegt also die Bedeutung des göttlichen Wunders, der hohen, transzendentalen Magie, die niemals zum Nutzen des Ausführenden geschieht, sondern immer für die Menschheit? Einige der Zwecke sind offensichtlich, andere versteckter. Wie der große Himalaya-Adept Sinnett andeutete, veranlassen die Wunder den Menschen, Untersuchungen und Nachforschungen in die tiefsten Geheimnisse des Universums anzustellen. Nachdem H.S. Olcott in dem letzten Viertel des vergangenen Jahrhunderts eine Flut von Wunderphänomenen gesehen hatte, schrieb er: „Was mich betrifft, so kann ich sagen, daß die große Palette an Wundern aus geschulter Willenskraft, die ich gesehen habe, es mir leicht gemacht hat, die orientalischen Theorien der spirituellen Wissenschaften zu verstehen."

Diese Wirkung – das Verständnis der spirituellen Wissenschaften zu fördern – übt das Wunderbare auf einen Geist aus, der offen, lebendig und begierig ist, die tiefere Dimension der Existenz zu erforschen. Obgleich die Wunder an sich der spirituellen Wahrheit gegenüber, die dahinter steht, untergeordneter Natur und unwichtig sind, sind sie doch Zeichen, stärker als Worte, die den Menschen zu solchen Wahrheiten führen, die in ihrer tiefsten Dimension weder durch Wunder noch durch Worte ausgedrückt werden können. Denn die Menschen sind im allgemeinen apathisch und benötigen etwas Spektakuläres, um aus ihrer Untätigkeit aufgerüttelt zu werden. B.V. Narasimha Swami schrieb: „Ein gemeinsames Merkmal im Leben von Sai und Jesus ist, daß die Leute immer von der göttlichen Natur dieser beiden überzeugt werden mußten durch die Wunder, die sie wirkten. Wunder sind eine Konzession des Göttlichen an die Blindheit des Menschen."

Wenn es um Worte geht, gesprochen oder geschrieben, so schütteln die Menschen ihre Köpfe darüber oder nicken, stimmen zu, lehnen ab, debattieren, vergleichen ... Denn viele haben weise Worte gesprochen. Aber wenn, wie man im Journalismus sagt, ein Bild 1000 Wörter wert ist, so ist ein Wunder viele Tausende wert.

Als der Allmächtige an Moses den Befehl gab, das Volk Israel aus Ägypten zu führen, erwiderte Moses, daß ihm das Volk nicht glauben würde, daß er von Gott beauftragt sei, und sie ihn nicht als ihren Führer anerkennen würden. So sagte ihm der Allmächtige, er solle seinen Stab auf den Boden werfen. Moses gehorchte und sah, daß der Stab zu einer Schlange wurde. Dann befahl der Herr ihm, die Schlange am Schwanz wieder aufzunehmen, und als er es tat, sah er, daß die Schlange wieder ein Stab war. Dies war das erste der vielen Wunder, die Moses durch die Kraft Gottes wirken konnte. Der Sinn dieser Wunder war nicht nur, die Israeliten – und den Pharao – davon zu überzeugen, daß Moses ein Gottgesandter war, sondern auch, die vielen gewaltigen Hindernisse überwinden zu helfen, die sie auf der langen Reise aus der Gefangenschaft in Ägypten bis in die Freiheit des gelobten Landes vor sich hatten. Wie alle die unsterblichen Geschichten von menschlichen Pilgerreisen, hat auch diese tiefere Bedeutung. Sie lehrt unter anderem, daß Wunderkräfte eine Bedeutung dahingehend haben, den Menschen aus der Gefangenschaft des Fleisches zu befreien, indem er durch die verschiedenen Hindernisse des Lebens und seiner eigenen vergeblichen intellektuellen Versuche in das gelobte Land spiritueller Freiheit und Erlösung geführt wird.

So nutzt der Gottmensch, indem er einen Kern von Anhängern um sich sammelt, die Wunder, um ihnen zu helfen, die Wahrheit über seine göttliche Natur zu verstehen, und auch, um ihnen zu helfen, Blockaden in ihrem spirituellen Vorankommen zu beseitigen. Der Kern an Schülern wächst dann zu einer großen Anhängerschaft, und allmählich, wie die religiöse Geschichte der Vergangenheit zeigt, verbreitet sich die frohe Botschaft, das Evangelium, bis Millionen seine Nachfolger werden. Dabei wird das schwere Karma der Menschheit ein wenig erleichtert, und mehr und mehr Seelen werden aus der Dunkelheit zum Licht gebracht.

Aber es ist weise, in Erinnerung zu behalten, daß die größten Wunder nicht immer die auffälligsten sind. In der Gegenwart des göttlichen Menschen erkennt unsere erwachende spirituelle Wahrnehmungsfähigkeit eine Demonstration des allererstaunlichsten Wunders in der Existenz eines solchen Menschen selbst. Wir, die wir Sklaven unserer Wünsche sind, sehen einen, der deren Meister ist. Wir, die wir immer in unserem kleinen, getrennten, wichtigtuerischen Ich befangen sind, sehen jemanden, dessen Zentrum im Mittelpunkt der Menschheit und alles Lebendigen steht. Wir, die wir weiterstolpern durch Kummer und vergängliche Freuden, sehen die Verkörperung ewiger Freude. Wir, die wir konstant Liebe mit Lust, Besitzstreben und Eigenliebe verwechseln, fühlen von dem Großen den nektargleichen Strom der Liebe ausgehen, die göttlich und universell ist und alles Leben umfaßt. Und dennoch ist diese Liebe gleichzeitig nicht vage und unpersönlich; sie ist sehr persönlich, gerichtet auf das innerste Herz eines jeden Devotees. Und es ist kein Funke Egoismus in ihr.

Wenn unsere Füße erst den Anfang des spirituellen Pfades betreten, wissen wir, daß diese großen Qualitäten Ziele sind, zu denen wir uns auf der lebenslangen Pilgerfahrt durchkämpfen müssen. Aber oft sind solche Ziele uns als weit entfernt erschienen. Manchmal haben wir gezweifelt, ob wir sie überhaupt jemals erreichen können, ja sogar, ob überhaupt ein menschliches Wesen es jemals könnte. Vielleicht, so grübeln wir, sind sie letztlich nicht mehr als ein schöner Traum des Herzens. Aber nun steht dort einer in Fleisch und Blut vor uns, der den spirituellen Everest erstürmt hat. Ein Ideal, ein Traum ist somit eine wirklich existierende Realität geworden. Die menschliche Natur, wie wir es jetzt sehen, kann tatsächlich verändert werden, das niedrige Tier im Menschen kann vollständig verwandelt werden in ein höheres Selbst.

Hierin liegt vielleicht die tiefste Bedeutung der göttlichen Wunder; sie demonstrieren die gottähnlichen Anlagen, den Funken des Weltenfeuers in jedem Menschen. Sie bauen unseren Glauben auf und helfen uns, mit neuem Eifer an der Entwicklung des göttlichen Bildes in uns zu arbeiten. Und dies wird nicht nur durch die große Inspiration, durch das lebende Beispiel vor unseren Augen bewirkt, sondern auch durch die stille transformierende Ausstrahlung, die von dem Göttlichen ausgeht und ohne unser Wissen bis in unsere Tiefen geht. Durch seine bloße Natur reiner Liebe ruft der Avatar alle Menschen zu sich, und die vielen, die kommen, führt er auf dem schmalen, messerscharfen Pfad.

Als Sai Baba noch in seinem Shirdi-Körper war, kündigte er an, daß er hunderttausende von Menschen auf den Pfad führen und sie zum Ziel bringen würde, bis zum Ende, bis zu Gott. Mit dieser Arbeit ist er immer noch mit all seinen Kräften beschäftigt.

Narasimha Swami und andere, die tief an der Sai-Quelle getrunken haben, haben behauptet, daß die Universalreligion der Liebe und Brüderlichkeit, wie sie von Sai Baba gelehrt wird, die ganze Welt umfassen wird. Gewiß verbreitet sie sich im Augenblick allenthalben in Indien und fängt an, auch an anderen Orten im Ausland Wurzeln zu schlagen. Sathya Sai Baba machte seine erste Reise nach Übersee im Juli 1968. Er ging nach Uganda in Ostafrika, wo schon ein Kern von Devotees vorhanden war. Sein Besuch wurde ein nationales Ereignis. Große Menschenmassen umschwärmten ihn, nicht nur die wenigen Tausend dort lebenden Inder, sondern auch die vielen Tausend Afrikaner, nicht nur die Massen der unteren Schichten, sondern auch die höheren Regierungsminister, der Generalinspektor der Polizei, der Generalstabschef und andere höchste Beamte sammelten sich, um Baba ihre Ehrerbietung zu zeigen. Massen tanzten vor Freude bei seinem Anblick und reihenweise fielen Polizeiwachen vor ihm auf die Knie, als er an ihnen vorbeiging.

Es gibt wenig Zweifel, daß alle Kontinente und alle Völker die Chance haben werden, in den kommenden Jahren Sai Baba zu sehen. Das ist etwas, was es in der Menschheitsgeschichte bisher noch niemals gab. Ein Gottmensch, ein lebender Wundertäter wird in der Lage sein, mit den modernen globalen Kommunikationsmitteln die Welt zu bereisen, um seine Botschaft noch zu seinen Lebzeiten allen Menschen bekannt zu machen.

Früher war das nicht möglich, und die Kunde von solchen erstaunlichen Ereignissen erreichte die Masse der Menschen entweder durch mündliche Berichte oder durch Berichte, die viel später, nachdem das Ereignis stattgefunden hatte, niedergeschrieben wurden. Jetzt kann der Skeptiker, der zweifelnde Thomas, der weder an die größeren noch an die kleineren Wunder glauben kann, ihre Wahrheit selbst prüfen. Wenn er wißbegierig genug ist, kann er Prashanti Nilayam besuchen, um sie mit eigenen Augen zu sehen, oder er kann warten, bis Sai Baba näher zu seinem Teil der Erdkugel kommt.

Die Wunder von Christus und Krishna muß man auf Treu und Glauben hinnehmen, die Wunder von Sai Baba kann man selbst anschauen.

19. Einige Sai-Lehren

> Die Wahrheit trägt den Beweis in sich selbst,
> sie braucht kein anderes Zeugnis, sich zu beweisen,
> sie leuchtet aus sich selbst heraus.
>
> – SWAMI VIVEKANANDA –

Leser, die bisher noch keine Gelegenheit hatten, sich an Sai Babas spirituellen Vorträgen in englischer oder deutscher Übersetzung zu erfreuen, würden sicherlich gern eine kurze Darstellung der verbalen Lehren dieses Wundermannes mit göttlichen Kräften erhalten. Es ist keine leichte Aufgabe, in einem einzigen Kapitel auch nur den Kern seiner vitalen, strahlenden Lehren darzustellen. Ein bißchen kommt mir die Allerweltsweisheit zur Hilfe: „Es gibt nichts Neues unter der Sonne", die sich auch auf spirituelle Lehren und Philosophie beziehen läßt.

Die Bergpredigt von Jesus Christus zum Beispiel erschien den damaligen Zuhörern und seitdem vielen Menschen zweifellos revolutionär. Aber in Wirklichkeit können alle seine „neuen" Lehren in den jahrhundertealten, aber zeitlosen heiligen Schriften des Ostens gefunden werden. Es scheint tatsächlich so, daß alle die großen spirituellen Wahrheiten, die der Mensch auf seinem gegenwärtigen Evolutionsstand zu verstehen in der Lage ist, vor langer Zeit von den alten Meistern Indiens formuliert worden sind. Seit jener Zeit sind diese Grundwahrheiten von den großen Weltlehrern, die erschienen sind, viele Male erneuert, wiederbelebt und bekräftigt worden. Jeder präsentiert sie mit unterschiedlicher Akzentsetzung, verschiedenem Schwerpunkt, neuen Interpretationen und aktuellen Illustrationen, um sie dem Zeitalter, in dem er lehrt, anzupassen. Aber ein Studium der überlieferten alten Weisheiten – der Veden, der Upanischaden, der Purānas, den Shāstras (heilige Schriften) – zeigt, daß alle fundamentalen Wahrheiten, die aufgestellt werden können, in dieser oder jener Form schon gesagt worden sind.

Das bedeutet nicht, daß das Auftauchen neuer Lehrer unnötig oder unwichtig wäre. Mit der Zeit wird jeder Tempel, der für die Wahrheit errichtet wurde, zu ihrem Grab. Erhabene Worte zwischen den Deckblättern alter Manuskripte oder Bücher werden unweigerlich vergessen oder mißverstanden oder von niederträchtigen Priestern verdreht und werden so für die Unachtsamen und

Unwissenden zu einer Falle. Die alten Weisheiten müssen in neuem Gewand herausgestellt werden, neu belebt werden, damit sie neue Kraft und Bedeutsamkeit gewinnen. Dies kann nur von einem getan werden, der *wirklich weiß*. Seine Worte haben nicht den spekulativen Ton der Philosophen, sondern die bewußte Sicherheit wahren Wissens.

Jeder große Lehrer, der diese selbstleuchtende Wahrheit spricht, hat seine eigene individuelle Art und Methode der Darstellung. Einige haben zu Lebzeiten zu wenigen, andere zu vielen gesprochen. Jene, die wie Christus zu den Massen sprachen, haben die Weisheit zum größten Teil in die Form des Gleichnisses gekleidet, um von einfachen Gemütern leicht verstanden zu werden.

Sai Baba hat viele Ähnlichkeiten mit Christus, nicht nur in den Wundern, sondern auch in der Art seines Auftretens. In seinen Reden benutzt er eine Fülle von Parabeln, sprachlichen Figuren, Analogien und vertrauten Bildern. Dies ist zweifellos einer der Gründe, weshalb er die großen Massen anzieht; ein anderer Grund ist die Autorität, die aus seinen Worten klingt. Er spricht wie einer, der weiß. Und er scheut sich nicht, seine Lektionen einzuhämmern, zu wiederholen, zu unterstreichen. Hierin demonstriert er wie alle großen Lehrer die Tatsache, daß es nicht genug ist, wenn die Menschen die Wahrheiten hören und sie kennen: Sie müssen sie leben. Wissen und Handeln müssen eins werden. Nun möchte ich versuchen, einen kleinen Eindruck von dem zu vermitteln, was er lehrt.

Der Mensch ist seinem Wesen nach ātman (was übersetzt werden könnte mit: ‚göttlicher Geist'). Er ist nicht der Körper und darf sich niemals mit ihm identifizieren. Der Körper ist nur ein zeitliches Gewand. Sogar jene, die dieser Wahrheit intellektuell zustimmen, handeln die meiste Zeit so, als ob sie nicht mehr als Körper seien; so wird Baba also niemals müde, diese fundamentale Wahrheit einzuhämmern.

Er sagt zum Beispiel: „Du bist der unbesiegbare ātman (die dem Menschen innewohnende Göttlichkeit), unberührt vom Auf und Ab des Lebens. Der Schatten, den du wirfst, während du die Straßen entlangpilgerst, fällt auf Staub und Schmutz, Busch und Gestrüpp, Stein und Sand, aber du machst dir keine Sorgen darüber, denn du wanderst unbeschadet. Genauso hast du, da du ātman-Substanz bist, keinen Grund zur Sorge über das Schicksal deines Schattens, des Körpers."

Dieses wahre Selbst des Menschen ist etwas Subtileres als „Wasser oder Luft oder Äther, denn es muß im Auge sein, damit du sehen kannst, in der Hand, damit du halten kannst, in den Füßen, damit du gehen kannst. Die Sinne selbst sind träge Materie, das Selbst muß operieren, damit sie in Funktion treten können."

Der ātman selbst ist formlos, aber er schafft die Formen, die er benötigt. Er hat die fünf Hüllen des Menschen geschaffen. Die gröbste ist die annamayakosha (Nahrungshülle). Feiner ist die prānamayakosha (Hülle des Lebensatems). Diese beiden sind Teile des physischen Körpers. Zwei weitere Hüllen bilden den feinen oder Astralkörper. Diese sind die manomayakosha (Hülle des Gemüts, englisch: mind), und die vijnānamayakosha (Hülle des Intellekts oder höheren Geistes). Und die fünfte ist die ānandamayakosha (Hülle der Glückseligkeit), die dem höchsten Körper des Menschen dient, dem Kausalkörper, den man in Sanskrit den kāranasharira nennt. Alle diese Komponenten und Abteilungen dienen dem Herren des Schlosses, dem jīvātman (dem Individualgeist).

Aber der Herr dieses Schlosses, vollbeschäftigt mit diesen Instrumenten seiner eigenen Schöpfung und den Erfahrungen, die sie bringen, hat seine wahre Identität vergessen. Tief im Inneren klingt jedoch das schwache Echo einer Erinnerung. Manchmal hört er es, so daß er antwortet, wenn ein Ruf aus den Regionen der Unsterblichkeit kommt. Wie Baba sagt: „Der Mensch ist keine verächtliche Kreatur, in Schleim und Sünde geboren, bestimmt, eine triste Existenz zu führen. Der Mensch ist unsterblich und ewig. Wenn also der Ruf aus der Region der Unsterblichkeit kommt, antwortet er aus vollem Herzen. Er sucht Befreiung von seiner Gebundenheit an das Triviale und Zeitliche. Jeder sehnt sich im Innersten seines Herzens danach. Und es ist nur in einem Laden zu erhalten, in der Kontemplation des ātman, des höchsten Selbst, der die Basis all dieser Erscheinungen ist".

Aber Erlösung ist ein Kampf, der sich über eine lange Zeitspanne erstreckt. Sie kommt nicht automatisch mit dem Tod, wie manche denken mögen. Nachdem der physische Körper abgelegt worden ist, ist der ātman immer noch anderen Einflüssen unterworfen; er hat noch Bindungen mit der Erde, Bindungen an Erinnerungen und Wünsche, was ihn wieder und wieder zur Reinkarnation treibt.

Um Befreiung und ewige Glückseligkeit zu erlangen, muß der

Mensch alle irdischen Wünsche und Bindungen abstreifen. In einem von Babas bildhaften Gleichnissen sagt er: „Der Mensch ist wie Reis. Wenn die Schale nicht entfernt ist, wird er nicht wachsen. Die Schale des Menschen ist sein Wunsch-Körper; wenn dieser von ihm abfällt, wird er sich nicht wieder reinkarnieren."

Natürlich ist die Überwindung irdischer Wünsche und Bindungen etwas, das langes sādhana (spirituelle Übungen) erfordert. Die meisten von Babas Lehren zielen direkt darauf, den Menschen in diesem großen Kampf zu helfen. Er benutzt viele einfache Veranschaulichungen, um zu helfen, die grundsätzlichen Prinzipien zu erfassen und im Auge zu behalten. Zum Beispiel sagt er: „Die vielen Wünsche des Menschen sind wie die kleinen Metallmünzen, die er in seiner Tasche mit sich trägt. Je mehr er hat, desto schwerer wiegen sie. Aber wenn er sie in eine Papierbanknote von höherem Wert eintauschen kann, wird er gar keine Last spüren. Wenn er in gleicher Weise seine vielen Wünsche in einen umsetzen kann, und zwar in das Streben nach Vereinigung mit Gott, dann wird es kein Gewicht geben, das ihn auf die irdische Ebene zurückzieht."

Wenn der Mensch einmal aus der langen Schule der Existenz als Erscheinung – in dieser Welt und auch auf anderen Ebenen – herauskommt, beginnt er zu verstehen, daß sein Hauptziel ist, aus dem Kokon auszubrechen, der ihn so lange niedergehalten hat. Der Kokon hat seinen Zweck gehabt, aber die Zeit seines Nutzens ist vorüber. Der Mensch ist bereit zu seinem Flug in das neue Leben in Freiheit, d.h. das göttliche Leben.

Tatsache ist, daß jeder Mensch ein Funke des Göttlichen ist. Jeder Mensch ist potentiell Gott – nicht Gott, wie wir ihn uns gewöhnlich vorstellen, als Form, sondern der formlose Gott, der göttliche Ozean, aus dem alle Existenz kommt. Baba erklärt dies einfach so: „Wenn du das ātman-Prinzip erkannt hast, wirst du selbst Gott ... Jeder von Euch kann Gott werden, indem ihr eure getrennten individuellen Seelen mit dem Ozean des universalen ātman verbindet."

Die Grundlage von Liebe und Bruderschaft zwischen den Menschen ist, daß sie alle von diesem ātman-Prinzip stammen, ganz gleich, welcher Hautfarbe, Kaste oder Glaubensgemeinschaft sie angehören. Die Analogie, die Baba manchmal hierfür wählt, ist die des elektrischen Stromes, der Birnen von verschiedenen Farben, Formen und Größen erleuchtet. Die Realität hinter den Birnen ist der Strom, der in ihnen fließt, er ist für jede der gleiche. Der ātman kann mit dem Strom verglichen werden. Die Menschen sind die verschiedenen Ausdrucksformen dieses einen Stromes.

Gott ist formlos, dennoch hat er Form. Er ist das, was jenseits aller Formen liegt, und doch erschafft, erhält und zerstört er alles, was existiert. Gott ist wahrhaftig in jeder Form, aber im Menschen mehr als in allem anderen, und in einigen Menschen intensiver und vollständiger als in anderen. Wenige Menschen in der Weltgeschichte sind hundertprozentig Gott gewesen.

Tatsache ist jedoch, daß Gott, der irgendeinen Aspekt oder Teil seines Selbst als Wesen in jeder Form ausdrückt, sich als Gott in jeder gewählten Form, sei sie menschlich, teilweise menschlich oder ganz anders, manifestieren kann. Auch kann er auf jeden Namen antworten. Baba drückt es so aus: „Der Herr kann mit jedem Namen angerufen werden, der süß auf unserer Zunge schmeckt, oder in jeder Form vorgestellt werden, die unseren Sinn für Wunder und Ehrfurcht anspricht. Du kannst von ihm als Muruga, Ganapati, Sarada, Jesus, Maitreya, Shakti singen oder du kannst Allah oder das Formlose oder den Meister der Formen anrufen. Es macht überhaupt keinen Unterschied. Er ist der Anfang, die Mitte, das Ende; die Basis, die Substanz und der Ursprung..."

Aber wir dürfen niemals glauben, daß der allgegenwärtige Gott vollständig in irgendeiner besonderen, von uns gewählten Form anwesend ist oder ausschließlich auf den einen traditionellen Namen antwortet, den wir gewohnt sind anzubeten. Er manifestiert sich in diesen begrenzten, endlichen Kanälen, wenn unsere Anbetung aufrichtig ist, aber er ist nicht auf sie beschränkt. Wie der Sufi-Poet schreibt: „Sein Staub ist hier, aber Er ist der Unendliche."

In gewissem Sinne ist Gott uns näher, als unsere Hände und Füße. Wir müssen nicht nach ihm Ausschau halten jenseits der Sternenkonstellationen, „nicht im verborgenen Räderwerk, noch wo verschwommen die Erkenntnis dämmert", denn der liebende, gnädige Gott ist immer nahe bei uns. Er ist das Innerste unseres spirituellen Herzens. Aber besonders: „So wie der Arzt dort zu finden ist, wo sich die Patienten sammeln, und der Chirurg im Operationssaal", betont Sai Baba, „so ist Gott immer mit den Leidenden und Kämpfenden. Wo immer Menschen nach Gott schreien, da wird Gott sein."

Da nun das höchste Ziel eines jeden Menschen, seine wahre Bestimmung – ob er es weiß oder nicht –, darin besteht, Gott in sich selbst wahrzunehmen, wie sollte er also leben, um dies zu erreichen?

Baba lehrt nicht, daß der einzige Weg, dieses spirituelle Ziel zu erreichen, darin bestehe, fortzugehen um in Höhlen, Waldeinsiedeleien oder ummauerten Klöstern zu leben. Für die Mehrheit von uns ist es richtig, unser normales weltliches Leben weiterzuleben, aber wir dürfen nicht Sklaven der Verlockungen der Welt werden. Ein Boot, sagt er, ist dazu da, zu Wasser gelassen zu werden, aber das Wasser darf nicht ins Boot hineinkommen. In gleicher Weise sollen wir in der Welt sein, aber die Welt darf nicht in uns hinein.

Dazu gibt es von ihm eine andere Illustration: „Der Mensch muß Gott mit der rechten Hand ergreifen und die Welt mit der linken. Allmählich wird die linke ihren Halt verlieren. Mach dir darüber keine Sorgen; es muß so sein; vielleicht wird die Hand deshalb die ‚linke'[1] (verlassene) genannt, die Welt wird zurückgelassen. Aber die rechte Hand darf ihren Griff nicht lockern. Da sie *rechte* genannt wird, ist es *recht*, daß sie *richtig* greift und festhält".

Wie kann man das tun? Wir müssen erkennen, daß das große Drama dieser Welt, in der wir zur Zeit eine Rolle spielen, nicht mehr als ein vorübergehendes Schauspiel ist. Wir dürfen uns mit dem Drama nicht identifizieren oder uns an seine Verkleidungen und Eigenheiten binden, die wir ohnehin bald hinter uns lassen werden. Mit anderen Worten, wir müssen lernen, zwischen dem Beständigen und dem Vergänglichen, der Substanz und dem Schatten zu unterscheiden.

Der Schatten ist die große Illusion, daß wir unsere Körper sind, daß die physische Welt um uns die letzte und einzige Realität sei. Der Weg, diesen Irrtum zu korrigieren, besteht darin, unsere Gedanken und unser Streben auf Gott und unser Gesicht zum göttlichen Licht zu richten. Baba gibt dazu folgende Analogie: „Bewege dich vorwärts auf das Licht zu, so fällt der Schatten nach hinten, aber wenn du vom Licht weggehst, mußt du deinem eigenen Schatten folgen. Gehe deshalb jeden Moment einen Schritt näher auf den Herrn zu, und dann wird die große Illusion, der Schatten, nach hinten fallen und wird dich nicht in die Irre führen."

1 Anmerkung des Übersetzers: Es handelt sich hier um ein Wortspiel mit der Doppelbedeutung des Wortes left; 1. links, 2. verlassen, zurückgelassen.

Tatsächlich ist das, was wir alle suchen, das Glück; aber durch den täuschenden Schatten unserer eigenen Unwissenheit suchen wir es am falschen Ort. „Wenn du dich erst einmal dem Pfad weltlichen Glücks zuwendest“, sagt Baba, „wirst du immer weiter zu immer größerer Unzufriedenheit, Konkurrenz, Stolz und Eifersucht geführt werden. Halt einen Moment inne und untersuche deine eigene Erfahrung. Bist du glücklicher, wenn du reicher geworden bist? Findest du mehr Frieden, wenn deine Wünsche befriedigt werden? Du wirst selbst Zeuge der Wahrheit sein, daß ein verbesserter Lebensstandard keine Garantie für Glücklichsein darstellt.“

Wenn wir Glück in den Vergnügungen dieser Welt suchen, finden wir immer genauso viel Schmerz wie Genuß, ebenso viel Leid wie Freude. Die Gegensatzpaare, die schwarz-weißen Zwillinge, sind sich immer nah. Aber laß sie kommen! Die Genüsse und die Schmerzen, die Freuden und der Kummer, sie sind Teil des göttlichen līlās oder Spiels. Trotz dieser Spiele und jenseits von ihnen werden wir einen großen Frieden und bleibende Freude finden, wenn wir uns einmal dem Licht zugewandt haben und verstehen, daß wir ein Teil der göttlichen Substanz sind, des ātman, und daß unsere wahre Existenz jenseits dieses Schattenspiels auf der Raum-Zeit-Bühne liegt.

Aber gibt es eine bestimmte Führung oder yogisches Training, das dem Menschen hilft, sich aus den Fesseln der weltlichen Verlockungen zu lösen, das ihm hilft, die Abkehr vom Flitter zum großen Licht hin zu vollziehen? Baba spricht oft in seinen Vorträgen über die drei klassischen Yoga-Wege zur Erleuchtung. Er betont, daß alle drei Pfade benutzt werden müssen; Karma (Handeln), jnāna (Wissen) und bhakti (Hingabe an Gott). Sie sind die drei Wege auf der einen großen Hauptstraße zu Gott.

Baba sagt: „Gründe dein Handeln auf Wissen; das Wissen, daß alles eins ist. Laß die Handlung durchtränkt sein von bhakti; das heißt: Demut, Liebe, Barmherzigkeit und Gewaltlosigkeit. Laß bhakti von Wissen erfüllt sein, sonst wird es so leicht wie ein Ballon sein, der mit jedem Luftzug oder Windstoß davontreibt. Bloßes Wissen macht das Herz trocken; bhakti macht es weich durch Mitgefühl, und Karma gibt den Händen etwas zu tun, etwas, was jede Minute heiligen wird, die dir zu leben aufgegeben ist.“

Ich hörte Baba einmal noch mit anderen Worten über diese drei Wege der Selbsterkenntnis sprechen. Er nannte sie die drei W's: work (Arbeit), worship (Gottesdienst, Hingabe), wisdom

(Weisheit). Arbeit (karman) allein, sagte er, ist der langsame Passagierzug mit langen Aufenthalten und einigem Umsteigen an Knotenpunkten, bevor du das Ende der Reise erreichst. Aber wenn du bhakti hinzufügst, wirst du einen Expreßzug haben und schneller und leichter zu deinem Ziel kommen. Arbeit und Hingabe zusammen werden zudem Weisheit oder das Wissen über das Wahre (jnāna) entwickeln helfen. Damit wirst du dann in einem Non-Stop-Expresszug direkt zum Ziel der Reise gelangen. Verehre also Gott durch und in deiner Arbeit und bemühe dich unterdessen um Selbsterkenntnis, welche den beiden anderen Pfaden helfen wird, dich zur wahren Weisheit zu führen.

Über die spirituellen Bücher sagt er, sie seien nur wie Karten und Reiseführer. „Eine Karte überfliegen oder in einem Reiseführer blättern werden dir nicht den Genuß eines tatsächlichen Besuchs vermitteln, noch werden sie dir auch nur einen Teil des Wissens und der Freude einer Reise durch dieses Land geben."

„Tatsächlich", sagt er an anderer Stelle, „braucht man nicht einmal die Schriften zu lesen, die Gītā und die Upanischaden. Du wirst eine Gītā (göttlichen Gesang) speziell für dich geschrieben hören, wenn du dich nur nach dem Herrn in deinem eigenen Herzen richtest. Er ist dort, Dir gegeben als dein eigener Wagenlenker."

So sind also die großen Schriften der Welt Wegweiser, die uns so weit, aber auch nur so weit führen, wie es das schriftliche Wort vermag. Das wahre Wissen muß aus unserer eigenen inneren Erfahrung kommen. Wir müssen selbst zu dem Land reisen, das in uns liegt. Aber es ist sehr schwer, nahezu unmöglich, selbst den eigenen Weg durch die Wälder, durch den dichten Dschungel des Lebens zu finden, der das Land Gottes umgibt. Deshalb ist es bei weitem das beste, einen Führer zu haben, der dort gewesen ist, der aus persönlicher Erfahrung die Reise kennt. Mit anderen Worten, der sicherste, leichteste, schnellste Weg zur Selbsterkenntnis ist, einen spirituellen Guru – einen Sadguru – zu haben, der vollständig erleuchtet ist.

Wenn du im normalen Leben einen erfahrenen Führer hast, der dich durch fremde Wälder oder Wüsten oder verzwickte Wege einer unbekannten Stadt führt, dann hältst du nicht an, um mit ihm über den Weg zu debattieren oder zu streiten. Du vertraust ihm und unterwirfst dich seiner Führung. Genauso mit deinem Sadguru; du mußt sich vollständig in seine Hand geben. Dein eigenes dummes Ego, Stolz und Eigensinn werden dich nur in die Irre führen.

Dein spiritueller Führer weiß, wie er dich dahin führen kann, wo du hinwillst; so ist das erste, was du lernen mußt, die schwere Wissenschaft der Selbstüberwindung, der Hingabe.

Natürlich wird dir dabei gewaltig geholfen von der Liebe, die du unweigerlich zu deinem Sadguru hegst, dem dein wirkliches Wohl am Herzen liegt und der dir lediglich aus selbstloser Liebe weiterhilft. In der spirituellen Hinduphilosophie wird gelehrt, daß es keinen Unterschied zwischen dem Sadguru und Gott gibt, und in dieser bhakti-Liebe drückt der Sadguru die Liebe Gottes aus. „Wenn Gott liebt", schreibt der Heilige Bernhard von Clairvaux, „will er nichts anderes, als geliebt werden, weil er aus keinem anderen Grunde liebt, als geliebt zu werden, weil er weiß, daß die, die ihn lieben, durch diese Liebe gesegnet sind."

Diese selbstlose Liebe des Sadguru zum Schüler und die erwiderte, immer größer werdende Liebe des Schülers zum Sadguru, ist das Herzstück des bhaktimārga, des Weges der Verehrung, der Hingabe.

Während also die anderen Yogawege nicht vergessen werden dürfen, sondern genutzt und in Anspruch genommen werden müssen, ist bhakti die herausragende, die Haupt-Straße der großen Reise. Oder – um die Metapher zu wechseln – obgleich bhakti nicht die einzige Zutat ist in der alchemistischen Formel der Umwandlung der niederen Elemente des Menschen in spirituelles Gold, ist sie doch die wichtigste. Baba hat oft gesagt, daß für dieses Zeitalter bhaktimārga der leichteste und sicherste Weg zum Ziel ist. Viele große Lehrer, angefangen mit Lord Krishna, haben dasselbe gesagt.

Baba gebraucht viele Geschichten und Vergleiche, um den Wert des bhaktimārga herauszustellen. Hier ist eine:

Ein bhakta und ein jnānin (Anhänger des jnānamārga) gingen durch einen Wald und wurden sehr durstig. Sie kamen an einen Brunnen, der tief unten Wasser führte und dessen Seiten mit Buschwerk und Gestrüpp überwachsen waren. Es gab keine Möglichkeit, an das Wasser heranzukommen. Der jnānin überwand die Schwierigkeit, indem er größte psychische Kräfte mobilisierte, um die Form eines Vogels anzunehmen. Der bhakta hingegen sehnte sich nach der Gnade Gottes und rief ihn inniglich bei seinem Namen. Der Herr hörte ihn und antwortete, indem sich das Wasser bis zur Höhe des bhakta erhob, der so in die Lage versetzt wurde, seinen Durst vollkommen zu löschen.

Manchmal vergleicht Baba Gott mit einem Magneten und sagt: „Denkt daran, daß der Magnet kein Stück Eisen anziehen kann, welches mit Rost oder Schmutz bedeckt ist. Du kannst nicht zu Gott gezogen werden, wenn dein Geist vom Rost materieller Wünsche beladen ist und der Schmutz sinnlichen Verlangens dick darauf liegt."

Es wird eine Geschichte erzählt, wie ein reicher Mann zu Sai Baba kam, als er noch in seinem Shirdi-Körper war, und ihn bat, ihm den Weg zur Gotteserkenntnis zu zeigen. Baba erlegte dem Mann einige Prüfungen auf und gab dann eine längere Erläuterung über die Qualifikationen, die notwendig sind, bis jemand hoffen kann, in seinem Leben Gott zu erkennen.

Zahlreiche Anhänger Babas waren dabei und hörten zusammen mit dem reichen Mann die Abhandlung.

Ich habe viele Male und an vielen Orten Sai Baba die gleichen Instruktionen geben hören, betreffs Selbstdisziplin, über die Notwendigkeit von Training und Einschränkungen, die erforderlich sind, um auf dem Sai-Weg, welcher der von Sai Baba gelenkte bhakti-Weg ist, Fortschritte zu machen.

Ich will also das Wesentliche dieses Shirdi-Vortrags hier auflisten. Darin behandelt Baba zehn Punkte:

1. Der Aspirant muß die absolute Trivialität und Unwichtigkeit der Dinge dieser Welt und der nächsten erkennen. Er muß tatsächlich einen Ekel empfinden gegenüber den Ehrungen, Vergütungen und anderen Früchten, die ihm seine Handlungen sowohl in dieser als auch in der folgenden Welt bringen; denn sein Ziel ist höher als diese.
2. Er muß vollständig erkennen, daß er ein Gefangener der niederen Welten ist und muß ein intensives Verlangen haben, sich davon zu befreien. Er muß ernsthaft und entschieden an diesem Ziel arbeiten und sich um nichts anderes kümmern.
3. Unsere Sinne wurden geschaffen mit der Neigung, sich nach außen zu wenden, und so schaut der Mensch immer nach außen. Aber der, der Selbstverwirklichung und das unsterbliche Leben will, muß seinen Blick nach innen wenden und sein inneres Selbst betrachten.
4. Bevor der Mensch sich nicht von falschem Handeln abgewendet und seinen Geist zur Ruhe gebracht hat, kann er Selbsterkenntnis nicht erlangen – auch wenn er großes Wissen besitzt.
5. Der Kandidat des spirituellen Lebens muß ein Leben der

Wahrheit, Buße, der Orientierung nach innen und des rechten Verhaltens führen.
6. Zwei Arten von Dingen bieten sich dem Menschen fortwährend an – das Gute und das Angenehme. Der Suchende muß sich zwischen beiden entscheiden und wählen. Der Weise wählt das Gute, der Unkluge aus Gier und irdischer Gebundenheit das Angenehme.
7. Der Aspirant muß Geist und Sinne kontrollieren. Wenn sein Geist zügellos und seine Sinne unkontrolliert wie wilde bösartige Pferde sind, die einen Wagen ziehen, kann er sein Ziel nicht erreichen. Aber wenn der Verstand und der aufgeklärte Wille die Kontrolle übernehmen – wie die Hände eines guten Reiters, der die Zügel (den Geist) sachkundig benutzt, um das Pferd (die Sinne) sicher auf dem richtigen Weg zu führen, – dann erreicht das wahre Selbst, das der Meister des Wagens ist, das Ende der Reise: die höchste Stätte des allgegenwärtigen Gottes. Manchmal, ein anderes Bild wählend, vergleicht Baba den Geist mit einem elektrischen Kabel. „Stelle keinen Kontakt mit dem Geist her! Das ist genauso schlecht, wie ein Stromkabel berühren. Beobachte ihn aus der Entfernung; nur dann kannst du Glückseligkeit erreichen." Das heißt, wenn man sich zu sehr mit dem Geist einläßt und identifiziert, macht man sich unfähig, die Realität zu sehen, die jenseits des Geistes liegt.
8. So wie der Mensch den Geist kontrollieren muß, so muß er ihn auch reinigen. Dazu muß er die Pflichten des jetzigen, ihm aufgegebenen Lebens (dharma) voll erfüllen, ohne sich gleichzeitig daran zu binden. Er muß sich von der großen Illusion lösen: „Ich bin der Körper", oder „ich bin der Geist"; das wird ihm helfen, Egoismus abzubauen, Habsucht loszuwerden und den Geist von allen niederen Wünschen zu reinigen.
9. Der Aspirant muß einen Guru haben. Das Erkennen des Selbst ist ein so subtiler Prozeß, daß niemand es durch eigene Anstrengung erlangen kann. Die Hilfe eines großen Lehrers, der den Weg selbst gegangen ist und Selbstverwirklichung erreicht hat, ist absolut notwendig. Es ist nicht schwierig, einen Guru zu finden. Wenn der Schüler alles in seiner Macht Stehende getan hat, sich zu erforschen und seine Übungen zu machen, wird der Guru kommen, entweder körperlich oder unsichtbar. Baba sagt manchmal: „Wenn notwendig, wird Gott selbst kommen und dein Guru sein."
10. Zum Schluß – und das ist das Wichtigste –, kommt die Gnade des Herrn. Wenn der Schüler sich immer wieder bemüht, obgleich

er immer wieder versagt, wenn alles ganz hoffnungslos erscheint, und er letztlich seine eigene Hilflosigkeit erkennt, dann kommt die göttliche Gnade, das Licht scheint auf, die Freude durchströmt ihn, das Wunderbare ereignet sich. Er schreitet einen weiteren Schritt vorwärts auf dem spirituellen Pfad.

Nachdem der Shirdi-Vortrag beendet war, sagte Baba zu dem reichen Mann: „Nun, in deiner Tasche ist Gott in Form von 250 Rupien; bitte nimm sie heraus." Der Mann nahm das Bündel Banknoten heraus und, indem er das Geld zählte, fand er zu seiner großen Freude, daß dort 25 Zehn-Rupien-Scheine waren. Er hatte den genauen Betrag des Geldes in seiner Tasche vorher gar nicht gekannt, und so fiel er, da er Babas Allwissenheit fühlte, vor seine heiligen Füße und bat um Segen.

Baba sagte: „Rolle dein Bündel Gott zusammen. Solange du nicht von Habsucht frei bist, wirst du niemals den wahren Gott erlangen ... Die Liebe zum Geld ist ein tiefer Strudel des Leids, voller Krokodile in Form von Eitelkeit und Neid ... Habsucht und Gott sind zwei getrennte Pole; sie sind einander ewig entgegengesetzt. Für einen habgierigen Menschen gibt es weder Frieden noch Zufriedenheit noch Ausgeglichenheit. Wenn auch nur eine kleine Spur von Habgier im Geist ist, sind alle spirituellen Bemühungen ohne Wirkung. Die Lehren eines Guru sind nutzlos für einen Menschen, der voller Egoismus ist und immer an die Objekte der Sinne denkt. Die Reinigung des Geistes ist absolut notwendig; ohne sie sind alle spirituellen Bemühungen nichts als nutzloser Schein und Pomp. Deshalb ist es besser, wenn jemand nur das nimmt, was er verdauen und aufnehmen kann. Meine Schatzkammer ist voll, und ich kann jedem geben, was er will, aber ich muß zuerst sehen, ob er qualifiziert dafür ist, das zu erhalten, was ich gebe. Wenn du mir sorgfältig zugehört hast, wird es dir sicherlich zum Nutzen sein."

Baba wußte, daß der reiche Mann, zu dem er sprach, gemein und habgierig war. Seine vorausgegangenen Prüfungen hatten allen Anwesenden diesen Befund deutlich gemacht. Reichtum zu besitzen ist an sich kein Verbrechen. Alles hängt von unserer Einstellung zum Reichtum ab. Wenn wir „arm im Geiste" sind, d.h. ungebunden an unseren Besitz, und verstehen, daß er uns nur von Gott anvertraut wurde, um ihn entsprechend zu gebrauchen, dann ist es gleichgültig, wie viel oder wie wenig wir besitzen.

Dieser reiche Mann, der nicht wie der reiche junge Mann zu

Christus kam, um ihn um Erlösung zu bitten, ging anscheinend nicht traurig von dannen. Der Berichterstatter betont im Gegenteil, daß er, nachdem er Babas Segen erhalten hatte, den Ort ziemlich glücklich und zufrieden verließ. Er hatte wie die anderen Anwesenden das spirituelle Fest, das von Baba geboten wurde, genossen, und vielleicht fühlte er Hoffnung, daß die Einsicht, die er auf diese Weise erlangt hatte, ihm schließlich die Kraft geben könnte, die Größe des Kamels seiner irdischen Bindungen zu verringern, um dann durch das spirituelle Nadelöhr zu gehen.

Ob wir nun zur Selbsterkenntnis den bhaktimārga oder einen der anderen Wege suchen, in jedem Fall ist es notwendig, das Herz von Gier, Haß, Verlangen, Falschheit und anderen Lastern zu reinigen. Einer der großen Reiniger für diejenigen, die es praktizieren können, ist die nach innen gewendete erhebende Übung, die als dhyāna oder Meditation bekannt ist. Wie Baba lehrt, kann man über die Form Gottes oder den formlosen Gott meditieren oder vom einen zum anderen übergehen.

Vor langer Zeit lehrte Lord Krishna die gleiche Methode (wie in dem Shrīmat Bhāgavatam berichtet wird). Nicht als Krieger, sondern als höchster Gott sprechend, sagte Krishna: „Der Schüler, der seine Gedanken nicht auf die Sinne gerichtet hat, sondern auf meine Gestalt, sollte sich nun nur auf einen Teil konzentrieren, vorzugsweise auf das lächelnde Gesicht, und alles andere ausschließen. Dann sollte er sich auch davon lösen und sich auf mein allgegenwärtiges Selbst, das frei wie der Himmel ist, konzentrieren. Auch davon soll er ablassen, und eins mit mir werden und aufhören, an irgendetwas zu denken. Er wird mich, den inneren Herrscher, in sich selbst und sich selbst in mir sehen, wie Licht, das sich mit Feuer verbunden hat. Alle Zweifel über die Dinge, das Wissen und das Handeln werden dann zu Ende sein."

In seiner früheren Inkarnation kämpfte Baba mutig darum, die gefährlichen Mißverständnisse und Konflikte zwischen Hindus und Moslems zu beseitigen; in diesem Leben strebt er fortwährend danach, die grundlegende Einheit aller Religionen zu zeigen. Unter seinen ergebenen Anhängern sind Männer aller führender Religionen. Er zeigt ihnen seine Wertschätzung, indem er für jede Glaubensrichtung Dinge materialisiert, einschließlich Kreuze und Bilder von Christus für die Christen. „Dies ist die Größe des sanātana dharma, des ewigen spirituellen Gesetzes ... das Bestreben nach der Einheit hinter der scheinbaren Vielfalt. Der ātman, den das Gesetz zur grundlegenden Wahrheit erklärt, widerspricht nicht den Dogmen irgendeines Glaubens. Gott ist nicht durch Zeit und Raum zu begrenzen, er ist nicht zu definieren durch Namen und Formen."

Als Baba einmal auf das Böse in unserer Zeit zu sprechen kam, sagte er: „Die Nationen rüsten wild auf und schüren Haß ... Der Mensch hat sich auf die Stufe eines wilden Tieres begeben ... Der Funke, der im Geist des einzelnen entsteht, hat einen weltweiten Brand des Hasses und der Habgier entzündet. Dieser muß vernichtet werden: im Individuum, der Familie, dem Dorf, der Stadt, der Nation, ja, wo immer er sein Haupt erhebt. Der Mensch leidet, weil er sich nicht des Schatzes in seinem Inneren bewußt ist. Wie ein Bettler, der nichts von den Millionen weiß, die unter dem Fußboden seines Schuppens versteckt sind, erleidet er hartes Elend." Vier Feuerwehrmänner können den Weltbrand löschen: satya, dharma, shānti, prema. Nichts anderes kann helfen.

Satya ist Wahrheit; es ist die intellektuelle Klarheit, die uns in die Lage versetzt, hinter aller Falschheit, Illusion und Täuschung direkt ins Herz der Dinge zu sehen. Durch satya erkennen wir die Wahrheit unseres eigenen Wesens, Gottes und des Universums.

Dharma ist das spirituelle Lebensgesetz. Es ist die Kraft, die satya, die Urwahrheit, unter den gegebenen Lebensumständen ausübt. Manchmal erfordert dharma, daß wir in einer bestimmten Weise handeln, manchmal entgegengesetzt, aber in jedem Falle wird es in Übereinstimmung mit dem unwandelbaren, unsterblichen Gesetz des Geistes sein. Durch dharma leben wir in der Wahrheit; dharma ist satya in Aktion.

Shānti ist der große Friede, der durch satya und dharma zum Menschen kommt durch das Kennen und Leben der Wahrheit. Es ist „Friede, der höher ist als alle Vernunft und in den Herzen derer wohnt, die im Ewigen leben".

Prema ist die fortwährend von Gott ausströmende göttliche Liebe, die in allen großen Religionen als der höchsten Ausdruck Gottes auf Erden gilt. Christus sagte, daß Gott Liebe ist und daß wir unseren Nächsten wie uns selbst lieben müssen. Das sanātana dharma gibt den Grund dafür: Durch unser wahres Selbst, den ātman, sind wir in Wahrheit eins miteinander, mit allen Menschen und mit Gott.

Sai Baba sagt von dieser Liebe, die fortwährend aus Gott fließt und die alle Menschen füreinander empfinden können: „Sie ist ebenso in schlechten wie in guten Zeiten gegenwärtig. Sie ist nicht wie Pfeffer oder Salz, mit dem ihr eure Speisen würzt, sie ist das Brot und die Butter, die Grundsubstanz selbst. Sie ist eine unwandelbare Haltung, eine wünschenswerte Geisteshaltung, die durch Freude und Kummer hindurch immer gleich bleibt."

Und eine der vielen Geschichten, die er über dieses Thema erzählt, handelt von Rādhās Liebe: Eines Tages suchte Yashodā, die Pflegemutter Krishnas, das Kind, das fortgelaufen war. Überall suchte sie vergebens und lief dann zu Rādhās Haus, aber auch dort war Krishna nicht. Da schloß Rādhā die Augen und meditierte eine Weile über Krishna, und als sie seinen Namen rief, erschien er. Yashodā weinte Freudentränen, daß ihr Liebster wieder da war, aber nachdem sie über den Vorfall nachgedacht hatte, sagte sie zu Rādhā: „Ich liebe Krishna wie eine Mutter, mit ein wenig Egoismus und Besitzanspruch, denn er ist mein Sohn. Dein prema aber ist rein; er ist ohne Egoismus." Daher war er auch mächtiger.

Reiner prema hat die Kraft, Gott vor unseren Augen in Erscheinung treten zu lassen. Sai Baba ist eine Personifikation dieses reinen prema, so wie es Christus war. Wenn durch sein Beispiel, seinen Einfluß und seine Kraft genug Liebe in die Herzen der Menschen geflossen ist, wird sich die Welt verändern.

Schließlich muß noch gesagt werden, daß die bedeutendsten Lehren Babas individuell durch Worte, Hinweise, Ratschläge, Beispiel (und vielleicht am wichtigsten: durch stillen Einfluß) gegeben werden. Solche spirituelle Führung ist für jeden einzelnen Schüler verschieden, denn sie hängt vom Temperament des Schülers, seinem Entwicklungsstand und seiner jeweiligen Bedürftigkeit ab. Da sie persönlich und geheim ist, kann sie nicht von irgendeinem Beobachter hervorgeholt und interpretiert werden. Ich kann nur sagen, daß er einigen Mantras gibt, anderen spezielle Meditationsanweisungen, Yogaübungen oder Anweisungen zur Selbstdisziplin. Andere wiederum erhalten nichts dergleichen, sondern andere Hilfen. Einigen Anhängern scheint er zu gewissen Zeiten viel Spielraum zu geben, während andere ihre Segel dicht am Wind halten müssen. Die meisten werden mittels einfacher Parabeln und Analogien belehrt; den wenigen, die verstehen können, werden tiefere Bedeutungen klargemacht.

Das grundlegende Thema all seiner Schulung ist, daß wir Gott suchen müssen durch Selbstaufgabe und Hingabe. Die Seele, die sich vollständig hingegeben hat, das niedere Ego zerstört hat, ist in der Lage, die stillen wortlosen Lehren, die der Sadguru ausgibt, aufzunehmen und vollen Nutzen daraus zu ziehen.

Gleichzeitig sagt Baba oft: „Es ist alles in euch. Versucht nach innen zu horchen und folgt den Hinweisen, die ihr erhaltet." Um die Wichtigkeit dieser inneren Stimme zu zeigen, erzählt er die Geschichte von Lord Krishna und Arjuna, die zusammen einen Spaziergang machten.

Als sie einen Vogel am Himmel sahen, sagte Krishna: „Dort ist eine Ringeltaube."

„Ja, eine Ringeltaube", antwortete Arjuna.

„Nein, ich glaube, es ist eine Turteltaube."

„Du hast recht, es ist eine Turteltaube."

„So, jetzt kann ich erkennen, daß es mehr nach einer Krähe aussieht."

„Zweifellos ist es eine Krähe."

Krishna lachte und schalt Arjuna, daß er jeder Äußerung zugestimmt hatte. Aber Arjuna sagte: „Für mich haben deine Worte mehr Gewicht als die Beweiskraft meiner Augen. Was immer du sagst, daß es sei, das ist es."

Hier repräsentiert Lord Krishna die göttliche Stimme in einem jeden von uns. Unsere physischen Sinne mögen uns einen falschen Bericht geben, aber niemals die innere Stimme. Das Ziel des äußeren Sadguru ist es, uns zu helfen, zu allen Zeiten klar und deutlich die Stimme unseres inneren Gurus zu hören, so daß sie unser unfehlbarer Führer wird.

20. Avatar

> Höher und edler als alle gewöhnlichen Lehrer sind die Avatare Īshvaras. Sie sind die Lehrer aller Lehrer, die höchsten Manifestationen Gottes in Menschengestalt.
>
> – SWAMI VIVEKANANDA –

Als ich bei meinem ersten Besuch in Prashanti Nilayam entdeckte, daß die meisten von Sai Babas Devotees von ihm als von einem Avatar sprachen, begann ich Nachforschungen anzustellen und alles zu lesen, was ich an indischen Lehren über göttliche Inkarnationen finden konnte. In Wirklichkeit ist es natürlich keine ausschließlich indische Lehre. Das Christentum lehrt, daß Jesus, der Tischler aus Nazareth, eine Inkarnation der dreifaltigen Gottheit war, aber es behauptet, daß dies die einzige Inkarnation war, ein einmaliges Ereignis in der langen Geschichte der Menschheit auf dieser Erde. Der Hinduismus oder der sanātana dharma und Mahayana Buddhismus hingegen lehren die vernünftigere Doktrin, daß Vishnu – jenes Mitglied der dreifaltigen Gottheit, das für die Erhaltung und Evolution des Universums zuständig ist – menschliche Gestalt annimmt. Nārāyana, ein anderer Name Vishnus für seine Allgegenwärtigkeit, wird als Ursprung oder Same der Avatare betrachtet.

Das Shrīmat Bhāgavatam beschreibt die Wahrheit des Avatar-Prinzips in allegorischer Sprache in ihrem ersten Buch: „Der Purusha (das ist die erste Person, oder Gott), der unter dem Namen Nārāyana bekannt ist, wird von den Yogis als einer erkannt, der Tausende von Köpfen, Augen, Armen, Füßen usw. hat; er ist der Same aller Avatare."

Über das gleiche Thema wird gesagt: „So wie unzählige Flüsse in den Ozean münden, der niemals trocken wird, so unzählig sind auch die Abgesandten des Herrn; einige davon sind größere amsas (Strahlen) wie Rāma, Krishna usw., aber die meisten sind kleinere amsas seines höchsten Glanzes.

So gibt es nach dieser Lehre verschiedene Grade der „Avatarschaft" und von vielen großen spirituellen Lehrern Indiens glaubt man, daß sie Strahlen der göttlichen Kraft verkörpern und partielle oder kleinere Avatare gewesen sind. Die wenigen, die Lehrer der Lehrer, jene, die eine große Vorwärtsbewegung in der spirituellen Evolution des Menschen bewirkt haben, werden Hauptavatare genannt.

Aber wie sollen wir das in einem tieferen metaphysischen Sinne verstehen?

Entsprechend der Wahrheits-Religion, das heißt der Weisheit und Grundlage, die allen Religionen zu Grunde liegt, ist *jedes* menschliche Wesen eine Herabkunft Gottes in die Materie hinein. Aber ebenso wie ein Herabkommen Gottes repräsentiert der Mensch auch einen Aufstieg, nämlich von den niedrigen Lebensformen. Wegen des unsterblichen, göttlichen Geistes, der in ihn gekommen ist, hat der Mensch sich auf dem Weg der spirituellen Evolution nach oben gekämpft, und er wird weiter aufsteigen, bis er voll erkennt und versteht, daß er göttlicher Natur ist; oder, um es anders auszudrücken, bis er mit Gott verschmolzen ist und weiß, daß er in ihn eingegangen ist. Das Ende seiner langen Reise – durch viele Leben hindurch in den Welten der materiellen Phänomene – wird dort sein, wo er sich aufgemacht hatte, wie T.S. Eliot sagt, aber er wird zum ersten Mal den Ort kennen; er wird wissen, wo er ist und wer er ist. Oder mit einer anderen Metapher: Der göttliche Same wird eine voll ausgewachsene Pflanze geworden sein.

So ist der Mensch zur Zeit ein Schnittpunkt des Tierischen und des Göttlichen. Während er aufwärts klettert aus dem Schmutz und Sumpf, fällt das höhere Licht in ihn hinein, um seinen Aufstieg zu inspirieren und zu unterstützen. Alle Menschen sind sowohl Söhne der Erde als auch Söhne Gottes, wie Christus sagte. Aber wenn ein Individuum das Ende seiner Pilgerreise erreicht hat und den Staub der Erde in dem „kühlen Königreich des himmlischen Morgentaus“ abgewaschen hat, was ist dann? Es wird keine Wünsche mehr geben, die ihn zur Erde zurückziehen, kein Karma, kein „unerledigtes Geschäft“, das ihn zurückziehen könnte. Wenn er dennoch zurückkehrt, sich reinkarniert, wird es wegen seiner Liebe zur Menschheit sein, wegen seines Wunsches, seinen Mitmenschen in ihrem titanischen Kampf zu helfen. Allein großes Mitgefühl kann das Motiv sein für einen, der Erleuchtung, Freiheit und Göttlichkeit erlangt hat.

Wir dürfen nicht vergessen, daß jemand, der als Mensch gelebt und sich schließlich und endlich als göttlich erkannt hat, mit dem göttlichen Grund allen Seins verschmilzt, d.h. mit der Gottheit selbst. Er wird, in mythologischen Begriffen, ein Teil der unzähligen Augen, Hände und Füße Nārāyanas. Wenn er sich noch einmal als menschliches Wesen auf der Erde inkarniert, ist es tatsächlich Gott, der sich inkarniert, denn die befreite Seele und Gott sind eins.

Der Metaphysiker mag zwischen dem göttlichen Menschen und dem Göttlichen im Menschen unterscheiden wollen, der ‚Herabkunft' und dem ‚Aufgestiegenen'. Aber als ein hochintellektueller Devotee Baba einmal danach fragte, sagte Baba, daß es keinen wirklichen Unterschied gäbe, daß man es „Aufstieg" oder „Abstieg" nennen könne, denn beide seien daran beteiligt und beides ist wahr. Tatsache ist, daß unser begrenzter Verstand diese tiefe, abstruse Frage nicht verstehen kann. Alles, was wir verstehen können, ist, daß ein großer Avatar, obgleich von äußerer Erscheinung ein Mensch, mit menschlichem Körper, innerlich vollständig Gott ist.

Was sind nun die Zeichen und Signale, an denen wir einen Hauptavatar erkennen können? Die offensichtlichsten sind natürlich die siddhis, die übernatürlichen Kräfte. Da er vollständig in Gott eingegangen ist, hat er Verfügungsgewalt über sie alle, ohne Anwendung eines Mantras, Tantras oder yantras. Er hat zum Beispiel die Kraft, irgendetwas auf der Stelle aus dem ākāsha zu produzieren, das heißt anscheinend aus dem Nichts. Die gleiche Kraft macht es ihm möglich, Mengen und Größen nach Wunsch zu vergrößern oder zu verkleinern, Gegenstände verschwinden zu lassen oder sie zu verwandeln. Es ist wichtig, festzuhalten, daß die siddhis bei einem Avatar – im Unterschied zu einem Magier – nicht verschwinden oder abnehmen, ganz gleich, wie oft sie gebraucht werden, und sie werden nie zum persönlichen Gewinn angewendet, immer nur zum Segen und Nutzen für andere oder zum Ruhme Gottes.

Ein anderes, noch wichtigeres Kennzeichen des Hauptavatars ist die Kraft, göttliche Gnade zu spenden. Sai Baba sagt, daß eine derartige Gnade tatsächlich eine Belohnung für gute Taten in der Vergangenheit, vielleicht im vergangenen Leben ist. Es ist wie persönliche Ersparnisse, die man in der karmischen Bank angelegt hat, und die plötzlich durch die Kraft des Avatars freigegeben werden. Wir erinnern uns nicht an die guten Taten, die Ursachen, und so wird der „Glücksfall" als ein Geschenk des Himmels angesehen.

Aber Baba sagt, es gäbe auch spezielle Gnade. Diese habe nichts mit früheren guten Taten zu tun. Da gibt es keine Aktivposten in der karmischen Bank, aus denen man schöpfen kann, sondern man braucht einfach verzweifelt einen Kredit. Ein reicher Mann mit Verständnis und Mitgefühl mag dein Bürge sein, und die Bank wird dir das Geld vorstrecken. So etwa ist diese spezielle Gnade, und der Avatar hat die Kraft, sie zu vergeben. Sie mag als Resultat der Reue und Hingabe an Gott auftreten und ist wie eine Erlösung.

Diese spezielle Gnade kann das Geschick einer Person ändern, ebenso wie sein Gegenteil, die Gewalt, Strafen zu verhängen. Aber durch die Gesetze des Karma, des moralischen Ausgleichs, werden alle Menschen früher oder später für ihre Irrtümer und Missetaten leiden müssen. Aber wenn die Verbrechen sehr groß sind, kann der Avatar die karmischen Wirkungen beschleunigen und konzentrieren, indem er eine Strafe verhängt. So verhängte Lord Krishna über Ashvatthama, den Mörder von Kindern und Schlafenden, die Strafe einer langen Wanderschaft unter physischen und geistigen Leiden.

Wenn der Avatar Zorn erkennen läßt, wird es gerechter Zorn sein, um Böses zu besiegen und menschliches Wohlergehen zu fördern. Dahinter wird der süße Geschmack der Liebe zu spüren sein. Die äußere Persönlichkeit mag manchmal menschliche Gefühle zeigen, aber dahinter ist die immer gleichbleibende Glückseligkeit dessen, der in der Ewigkeit lebt. Von den ewigen Höhen, jenseits von māyā (Illusion), wo sein Zentrum immer im vollen Gottesbewußtsein liegt, sieht der Avatar die Vergangenheit, Gegenwart und Zukunft. Ohne die Fesseln von Zeit und Raum sieht er Ursachen und Wirkungen, die jenseits unseres menschlichen Sehvermögens liegen, dementsprechend urteilt er. Deshalb sind seine Worte und Handlungen oft schwer zu verstehen. Sie mögen verwirrend erscheinen, manchmal sogar unvernünftig für gewöhnliche Menschen, die nur einen kleinen Ausschnitt des großen Lebensteppichs sehen. Deshalb sagen wir, daß der Avatar unergründbar ist.

Das also sind einige äußere Zeichen, an denen Menschen mit Wahrnehmungskraft Gott in menschlicher Form erkennen können. Kleinere Avatare, die vielleicht ein paar dieser Eigenschaften besitzen, gibt es ziemlich häufig, besonders in Indien. Mehrere haben während der letzten hundert Jahre gelebt und gelehrt. Dahingegen sind die großen Avatare selten; viele Jahrhunderte vergehen zwischen ihrem Erscheinen. Sie kommen nur, wenn die Verhältnisse auf Erden ein kritisches Stadium erreicht haben, wenn die große Gefahr besteht, daß das Böse, Dämonische oder die niederziehenden Kräfte das Gute, Devische oder die vorwärtsgerichteten Kräfte überwältigen. Avatare kommen als die drastische Medizin, um die bösen Gifte in der Menschheit zu zerstören, und geben der Evolution des menschlichen Bewußtseins Auftrieb. In dem oft zitierten Vers aus der Bhagavad Gītā sagt Lord Krishna, der als Gott selbst spricht: „Immer wenn die Tugend verblaßt und die Bosheit überwiegt, manifestiere ich mich. Um die Tugend aufzurichten, um das Böse zu zerstören, die Guten zu retten, komme ich von Zeitalter zu Zeitalter."

Es gibt keinen Zweifel, daß wir heute in einem Zeitalter einer großen Krise leben. „Die Welt ist der Leib Gottes", sagt Baba. „Es ist Krebs im Körper, und er muß beseitigt werden." Kann der Krebs behandelt werden, oder muß er durch einen drastischen chirurgischen Eingriff beseitigt werden? Das ist die Frage. Mit anderen Worten: Muß es einen katastrophalen Krieg geben, einen Armageddon, bevor die Menschheit (was von ihr noch übrig sein wird) lernt, in Brüderlichkeit und Frieden zu leben? Oder wird eine mildere Therapie schon Wirkung zeigen?

Vor langer Zeit kämpfte Lord Krishna, himmlischer Avatar und irdischer König, zuerst für Frieden. Aber schließlich erkannte er, daß der Einsatz des Krieges notwendig war, um den Krebs der damaligen Zeit zu entfernen – eine mächtige Militärkaste, die arrogant und böse geworden war und ihren dharma (Ordnung, Gesetz, Gebot Gottes, Rechtschaffenheit) vergessen hatte. Viele Jahrhunderte davor war der Avatar Rāma gezwungen gewesen, mit demselben Problem auf dieselbe Weise fertig zu werden. Er mußte kämpfen, um die Rākshasas zu zerstören, die Dämonen in menschlicher Gestalt, die die Erde beherrschten und den göttlichen Plan der menschlichen Evolution behinderten.

Wie sieht es heute aus, wo die menschliche Rasse am Abgrund der Vernichtung steht, wobei ihr Unwissenheit und Gier die Zügel halten? Können die Kräfte des Lichts die Richtung rechtzeitig korrigieren? Baba gebraucht eine andere Metapher: „Weiße Ameisen sind wieder im Baum. Früher wurde der Baum abgesägt. Nun versuchen wir, ihn zu retten." So gibt es vielleicht doch noch Hoffnung.

„Aber warum sollte ein Avatar nötig sein?" könnte ein religiöser Mensch fragen. „Wenn die direkte Intervention Gottes nötig ist, warum kann er nicht eingreifen von dort, wo er ist? Warum muß er sich inkarnieren?" Sai Baba sagte einmal: „Ein Mensch, der einen anderen vor dem Ertrinken retten will, muß in dasselbe Schwimmbecken springen; der Herr muß in menschlicher Form hierher kommen, um von den Menschen verstanden zu werden."

Dadurch, daß er göttliche Gestalt annimmt, übernimmt der Göttliche gleichzeitig menschliche Eigenschaften und Beschränkungen. Er hat einen physischen Körper, dem, wie Swami sagt, auch er „den Tribut" zahlen muß. Wenn wir die Lebensläufe bekannter Avatare wie Rāma oder Christus studieren, finden wir Beweise einiger emotionaler Eigenschaften, die eher menschlich als göttlich sind, z.B. Trauer, Angst, Parteinahme für bestimmte Leute.

Wir mögen überrascht sein, diese menschlichen Züge in der Persönlichkeit des inkarnierten Gottes zu finden, aber tatsächlich bringen sie ihn uns näher. Durch sie sind wir in der Lage, ihn ein bißchen zu verstehen und so auch die göttlichen Qualitäten hinter den menschlichen. Daher kann ein Avatar, gerade dadurch, daß er ein menschliches Wesen mit ein paar Unzulänglichkeiten wird, das Wohl der Menschen sehr fördern.

Über seine Mission in dieser Welt hat Baba vieles gesagt. Hier nur zwei Dinge: „Ich bin gekommen, um die alte Straße zu reparieren, die den Menschen zu Gott führt. Werdet aufrichtige und geschickte Ingenieure, Aufseher und Handwerker, und schließt euch mir an. Die Veden, die Upanischaden und die Shāstras sind die Straße, die ich meine. Ich bin gekommen, diese zu enthüllen und neu zu beleben." Und weiter: „Ich bin gekommen, um den Samen des Glaubens an Religion und Gott zu säen. Ihr mögt einige Leute haben sagen hören, daß ich Sai Baba wurde, als ein Skorpion mich stach. Nun, ich fordere jeden von euch heraus, euch von einem Skorpion stechen zu lassen und euch in Sai Baba zu verwandeln. Nein, der Skorpion hatte nichts damit zu tun. In Wirklichkeit gab es gar keinen Skorpion. Ich kam als Antwort auf die Gebete der Weisen, Heiligen und Sucher, um den dharma wiederherzustellen."

Tatsächlich betrachten alle nahen Devotees, besonders die, die ihn seit einer Reihe von Jahren kennen, Sai Baba als einen Hauptavatar. Ihre persönlichen Erlebnisse, ihre tieferen Gefühle und Einsichten haben sie davon überzeugt.

Einige Leute, wie Dr. K.M. Munshi, erkannten Babas Göttlichkeit schon beim ersten Kontakt. In seiner Zeitschrift schrieb Dr. Munshi kurz nach seinem ersten Interview mit Sai Baba: „Der wahre Prüfstein eines gotterfüllten Individuums ist, ob er die Kraft hat, den Samen des Glaubens in die Menschen einzupflanzen – ein Same, der, wenn er aufgeht, sie befreien wird von Gier, Haß und Furcht. Diese Qualität hat Baba in überreichem Maße."

Genau wie die Inder, so sehen auch Leute aus der westlichen Welt Baba als eine göttliche Inkarnation. Nach ihrem ersten Besuch in Prashanti Nilayam sagte eine Frau aus Deutschland, eine ergebene und aufrichtige Sucherin des Weges: „Baba ist die Inkarnation von Reinheit und Liebe." Später, nachdem sie mehr Zeit bei ihm verbracht hatte, schrieb sie in einem Brief: „Ich werde innerlich immer mehr überzeugt, daß er Jesus Christus ist, der in der Fülle des Christus wiedergekommen ist, als Sathya Sai Baba."

Einige Leute allerdings, die Baba besucht haben und ihn als einen heiligen Mann mit übernatürlichen Kräften sehen, betrachten ihn nicht als eine Inkarnation des Göttlichen. Aber das war immer der Lauf der Welt. Die meisten der Zeitgenossen Krishnas sahen ihn nur als Menschen; sogar einige der großen Yogis seiner Zeit scheinen seine Avatarschaft bezweifelt zu haben; nur einige wenige sahen seinen grenzenlosen Glanz und wußten ohne Zweifel, wer er war. Das gleiche scheint mit Rāma der Fall gewesen zu sein. Und wie viele haben in Christus die höchste Gottheit erkannt, als seine Sandalen durch den Staub Palästinas schritten? Sogar einige seiner Jünger waren nicht überzeugt.

Aber wenn man Tage und Wochen mit Sai Baba verbringt, sei es in der speziellen Atmosphäre des Aschrams oder unterwegs an vielen Orten, beginnt man bald zu spüren, daß er sich weit jenseits der menschlichen Maßstäbe befindet. Abgesehen von den Wundern, die seine Gewalt über die Natur zeigen, seine Kraft, überall zu sein und zu wissen, was seine Devotees denken und tun („Ich bin ein Radio und kann mich auf deine Wellenlänge einstellen", sagt er) und seine Fähigkeit, Schutz und Hilfe zu bringen, abgesehen von all diesen übermenschlichen Fähigkeiten ist da die reine Selbst-lose Liebe. Sie steht über allem als Zeichen einer Christus-ähnlichen Göttlichkeit. Im Menschen sehen wir manchmal das Aufleuchten dieser Liebe gegenüber Kindern, Kranken und Schwachen. In Baba ist sie allezeit da und fließt frei aus der Quelle seiner göttlichen Natur, sie umarmt jeden, individuell und kollektiv.

Und die Liebe ist durchdrungen von einer großen Weisheit, einer tiefen intuitiven Wahrnehmung, die das Reale jenseits des Schattenspiels sieht. Seine Devotees haben zahlreiche Beweise, daß Baba ihre Vergangenheit, Gegenwart und Zukunft sieht, daß er ihr Karma kennt und durch welche Leiden sie gehen müssen, um alte Schulden zu bezahlen und die tieferen Lebenswahrheiten zu lernen, um Erlösung zu erlangen. Und er hilft ihnen, das Leid zu tragen, wenn dessen sofortige Beseitigung nicht ratsam ist. Er wird zur freundlichen, zarten, nachsichtigen Mutter, zum mutigen, mitfühlenden, gnädigen Vater, bis die Herzen und Augen seiner Kinder mit bhakti-Tränen überfließen. Sie fragen sich: „Womit habe ich das verdient? Wahrhaftig, ich bin es nicht wert."

Wenn wir gebeten würden, die Eigenschaften des von uns vorgestellten Gottes, des spirituellen Vaters, aufzuzählen, würden sicherlich die meisten von uns diese nennen: mitfühlende Sorge um unser Wohlergehen, Wissen darüber, worin dies Wohlergehen wirklich besteht, die sichere Stärke, uns auch unangenehme Medizin zu geben, wenn es nötig ist, die Kraft, uns zu helfen und zu führen auf dem schmalen Pfad zu unserem spirituellen Ziel, die Vergebungsbereitschaft und Gnade des Vaters, der mit Freude den verlorenen Sohn willkommen heißt, die Kraft, dem menschlichen Drama, das er selbst geschaffen hat, wesentliche erneuernde Impulse zu geben und eine Liebe, die zu allen seinen menschlichen Kindern gleich ist. Dies sind sicherlich die herausragenden Merkmale im geistigen Bild des Menschen von Gott. Und diese Qualitäten – alle – haben jene, die die Augen haben zu sehen, in Sai Baba wahrgenommen.

Darüber hinaus: Ein Baum wird nach seinen Früchten beurteilt, wie uns die Bibel erzählt. Babas Früchte sind jene Devotees, die sich seinem Einfluß vollständig hingeben und im Laufe der Jahre dadurch umgeformt werden. Nachdem sie einigen begegnet waren, bemerkten westliche Besucher: „Babas Devotees sind eine wundervolle Reklame für ihn. Wenn man mit ihnen zusammen war, weiß man, auch ohne ihn selbst getroffen zu haben, daß Baba etwas sehr Besonderes ist."

Ich selbst kann sagen, daß ich niemals vorher, nach jahrelanger Erfahrung an vielen Orten unter vielen Gruppen von Suchern, eine Gruppe Leute mit solcher Brüderlichkeit, Großmütigkeit, Warmherzigkeit und Aufrichtigkeit getroffen habe. Es ist eine Freude, unter ihnen zu sein, und oft denke ich an die Worte des Heiligen Johannes, die sich auf die frühen Anhänger Christi bezogen: „Wir lieben uns, denn zuvor hat er uns geliebt."

Einmal sagte ich zu einem vedantischen Devotee Babas: „Glauben Sie, daß Sai Baba ein Avatar ist?" Er antwortete: „Das ist wirklich eine Frage, die außerhalb meines metaphysischen Verstehens liegt. Aber über seine gottähnliche Liebe, Kraft, Unbegrenztheit, Unergründlichkeit und geheimnisvolle Tiefe besteht kein Zweifel."

In mir lösen diese Worte ein Echo aus. Warum sich über ein metaphysisches Etikett den Kopf zerbrechen, über das sich die Menschen sowieso immer streiten werden? Sicher sind seine göttlichen Attribute und das Gefühl seiner unauslotbaren Tiefe. Wie ich einmal in einer Rede vor einer für Baba typischen Riesenzuhörerschaft sagte: „Ein Buch über ihn zu schreiben, ist, als wolle man das Universum in einen kleinen Raum einschließen."

Dies wird in einer symbolischen Geschichte noch deutlicher ausgedrückt: Als das Kind Krishna herumlief und in alle möglichen Schwierigkeiten geriet, versuchte seine Pflegemutter Yashodā, es mit einem Stück Leine an einen Pfosten zu binden. Aber die Leine reichte nicht um seinen Körper. Sie nahm ein längeres Stück, das sich ebenso als zu kurz erwies. Welche Länge sie auch immer nahm, sie reichte nie ganz aus, um das göttliche Kind einzuschließen.

In gleicher Weise habe ich den Eindruck, daß jede Beschreibung Sai Babas – seiner Wunder, seiner Persönlichkeit, seiner Qualitäten, seiner Lehre – der Wirklichkeit nicht gerecht werden kann. Es bleibt immer etwas Wichtiges, daß einem entgeht oder entschlüpft. Darüber sagt Baba selbst: „Keiner kann mein Mysterium verstehen. Das Beste, was du tun kannst, ist darin einzutauchen. Es führt zu Nichts, über Für und Wider zu streiten; taucht und erlebt die Tiefe, eßt und erfahrt den Geschmack, dann könnt ihr nach Herzenslust über mich diskutieren. Entwickelt Wahrheit und Liebe, dann braucht ihr nicht einmal darum zu beten, dies und jenes zu bekommen. Alles wird euch ohne euer Fragen gegeben werden."

Ein andermal sagte er: „Natürlich müßt ihr alles Böse aus euch verbannt haben, bevor ihr das Mysterium erfahren könnt. Verkünde nicht, bevor du nicht überzeugt bist; sei still, solange du noch unentschieden bist. Wenn der Glaube dämmert, umzäune ihn mit Disziplin und Selbstkontrolle, damit die zarten Knospen gegen Ziegen und Vieh geschützt sind – jene buntgemischte Schar von Zynikern und Ungläubigen. Wenn dein Glaube zu einem großen Baum gewachsen ist, können jene Ziegen und Rinder sich in seinen Schatten legen, den er spenden wird."

Auswahl deutschsprachiger Literatur von und über Sathya Sai Baba

Sathya Sai Baba: Besinnung auf Gott (Dhyāna Vāhinī). Über den Prozess der wirklichen Meditation. 128 S., kart., ISBN 3-924739-32-3

Sathya Sai Baba: Strom des Friedens (Prashānti Vāhinī). Sathya Sai Baba lehrt uns das Geheimnis des Friedens. 116 S., kart., ISBN 3-924739-33-1

Sathya Sai Baba: Lebe die Liebe (Prema Vāhinī). Über die höchste Form der Liebe: die gesamte Schöpfung als Einheit zu sehen und sie zu bejahen. 134 S., Leinen, ISBN 3-900790-00-0

Sathya Sai Baba: Mensch und göttliche Ordnung (Gītā Vāhinī). Erklärende Ausführungen Sathya Sai Babas zur Bedeutung der Bhagavad Gītā. 216 S., kart., ISBN 3-924739-60-9

Sathya Sai Baba: Ewige Wahrheiten (Bhāratīya Paramārtha Vāhinī und Sathya Sai Vāhinī). Sathya Sai Baba vermittelt die Weisheit der Veden und ihre Bedeutung für den Erkenntnis- und Lebensweg. 192 S., kart., ISBN 3-924739-59-5

Sathya Sai Baba: Dharma – Göttliche Ordnung (Dharma Vāhinī). Das Bild einer Gesellschaftsordnung, in der jeder an seinem Platz zum Glück des Ganzen beiträgt. 104 S., kart., ISBN 3-924739-97-8

Sathya Sai Baba: Erfüllung in Gott (Bhāgavata Vāhinī). Sai Babas Version des berühmtesten der 18 Purānas. 244 S., kart., ISBN 3-924739-78-1

Sathya Sai Baba: Antworten (Līlā Kaivalya Vāhinī, Prashnottara Vāhinī, Sandeha Nivarinī). Anworten Sai Babas, die zeitlos, unveränderlich und universal gültig sind. 188 S., kart., ISBN 3-924739-87-0

Sathya Sai Baba: Upanishaden – Das Wissen vom Sein (Upanishad Vāhinī). Erläuterung der tiefgründigen Wahrheiten der Upanishaden, die zur Selbstverwirklichung führen. 112 S., kart., ISBN 3-932957-05-9

Sathya Sai Baba: Strom der Erkenntnis (Jnāna Vāhinī). In diesem Buch zeigt Sathya Sai Baba den Weg zu der höchsten Erkenntnis, dass alles, was existiert, seinem Wesen nach göttlich und eins mit Gott ist. 73 S., kart., ISBN 3-924739-96-X

Sathya Sai Baba: Die Geschichte von Rāma – Strom göttlicher Liebe (Rāma Kathā Rasa Vāhinī). Sai Babas Version des Rāmāyana ist ein Allheilmittel für die Beseitigung all der Krankheiten, die der Verwirklichung des Selbst entgegenstehen. Bd. 1, 340 S., kart., ISBN 3-924739-75-7; Bd. 2, 240 S., kart., ISBN 3-924739-79-X

Sathya Sai Baba: Sathya Sai Baba spricht – Bände 1–11, 20. Reden Sathya Sai Babas zu verschiedenen Anlässen. Kart. Bd. 1 (Reden 1953–60), 160 S., ISBN 3-932957-06-7; Bd. 2 (Reden 1960–62), 176 S., ISBN 3-924739-48-X; Bd. 3 (Reden 1963–64), 184 S., ISBN 3-924739-49-8; Bd. 4 (Reden 1963–65), 272 S., ISBN 3-924739-43-9; Bd. 5 (Reden 1964–67), 248 S., ISBN 3-924739-50-1; Bd. 6 (Reden 1967–68), 248 S., ISBN 3-924739-29-3; Bd. 7 (Reden 1966–71), 354 S., ISBN 3-924739-51-X; Bd. 8 (Reden 1970–73), 256 S., ISBN 3-924739-52-8; Bd. 9 (Reden 1974–75), 208 S., ISBN 3-924739-07-2; Bd. 10 (Reden 1975–80), 248 S., ISBN 3-924739-30-7; Bd. 11 (Reden 1979–82), 232 S., ISBN 3-924739-53-6; Bd. 20 (Reden 1987), 212 S., ISBN 3-932957-11-3. Übrige Bände folgen.

Sathya Sai Baba: Sommersegen in den Blauen Bergen 1976. In diesen Ansprachen erläutert Sathya Sai Baba anhand des Mahabharata und Bhagavatam, was es bedeutet, ein wahrer Mensch zu sein und wie man ein solcher werden kann. 144 S., bro., ISBN 3-932957-17-2.

Sathya Sai Baba: Kostbarkeiten aus Kodaikanal 1998. In den Ansprachen vom Sommerkurs in Kodaikanal gibt Sathya Sai Baba Anleitung für ein spirituelles Leben. 112 S., bro., ISBN 3-932957-16-4

Sathya Sai Baba: Vorträge über die Bhagavad Gītā. Zsgst. u. bearb. von A. Drucker. 304 S., bro., ISBN 3-932957-13-X

Sathya Sai Baba: Der Weg nach Innen – Sādhana. In einer Zusammenstellung wichtiger Auszüge aus Reden Sathya Sai Babas erfährt der Suchende, wie er auf dem Pfad geistiger Übungen (sādhana) göttliches Bewußtsein verwirklichen kann. 256 S., bro., ISBN 3-924739-15-3

Sathya Sai Baba: Meditation. Aussagen Sathya Sai Babas zur Praxis der Meditation. 160 S., bro., ISBN 3-924739-76-5

Sathya Sai Baba: Der Königliche Weg. Ansprachen von 1966–1990 zum Thema Seva – Selbstloses Dienen. 319 S., kart., ISBN 3-900790-03-5

Sathya Sai Baba: Sai Baba erzählt, Bd. 1+2. Kleine Geschichten und Gleichnisse (Chinna Katha). Bd. 1: 320 S., bro., ISBN 3-924739-28-5; Bd. 2: 208 S., bro., ISBN 3-932957-09-1

Baskin, Diana: Kostbare Erinnerungen – Sathya Sai Baba (Divine memories). Geschichte über die Jahre, in denen die Autorin in Sai Babas Haus lebte. 244 S., bro., ISBN 3-924739-77-3

Bokelmann, S.: Hingabe – Wesen der Liebe. Diese Zusammenstellung von Aussagen Sathya Sai Babas und Jesu Christi verdeutlicht die Einheit ihrer Botschaften. 120 S., bro., Best.-Nr. 1016

Chibber, M. L.: Sai Babas Mahavakya über Führung – Ein Buch für die Jugend, Eltern und Lehrer zur „Erziehung in Menschlichen Werten". 220 S., bro., ISBN 3-924739-90-0

Dhall, P. u. T.: Bewusst Eltern sein. Auf der Grundlage der fünf menschlichen Werte zeigen die Autoren, was es in der heutigen Zeit bedeutet, bewusst Eltern zu sein. 160 S., bro., ISBN 3-932957-19-9

Hislop, J.: Auf der Suche nach Gott in uns (Seeking Divinity). John Hislop erzählt von seinen zahlreichen persönlichen Begegnungen mit Sathya Sai Baba und erläutert dessen Lehre. 230 S., bro., ISBN 3-932957-07-5

Hislop, J.: Gespräche mit Sathya Sai Baba (Conversations with SSB). In Gesprächen mit Dr. Hislop und anderen beantwortet SSB viele uns bewegende Fragen. 160 S., bro., ISBN 3-924739-02-1

Hislop, J.: Mein Baba und ich (My Baba and I). Bericht eines gottsuchenden amerikanischen Geschäftsmannes über den Weg, den Sathya Sai Baba ihm und anderen zum inneren Gott weist. Mit Faksimile-Briefen von Sathya Sai Baba. 318 S., bro., ISBN 3-924739-20-X

Kasturi, N.: Die Girlande aus 108 Edelsteinen (Garland of 108 Precious Gems). Die Bedeutungen von 108 Namen Sathya Sai Babas werden erläutert. 136 S., bro., ISBN 3-924739-61-7

Kasturi, N.: Sathya Sai Baba. Sein Leben. Bd. 1–4 (Satyam, Shivam, Sundaram). Biographie Sathya Sai Babas. Bd. 1: 240 S., kart., ISBN 3-924739-74-9; Bd. 2:

246 S., kart., ISBN 3-924739-22-6; Bd. 3: 280 S., kart., ISBN 3-932957-00-8; Bd. 4: 212 S., kart., ISBN 3-932957-14-8.

Kasturi, N.: Easwaramma. Über den Weg der „Mutter" Sai Babas von der religiösen Dorfbewohnerin zur befreiten Seele. 192 S., bro., ISBN 3-924739-74-9

Kasturi, N.: In Gottes Liebe (Loving God). Der Autor beschreibt seinen Weg vom vaterlos aufgewachsenenen Jungen zum engagierten Lehrer, der schließlich in Sathya Sai Baba seinen göttlichen Lehrer und Vater findet. 448 S., bro., ISBN 3-932957-18-0

Krystal, P.: Sathya Sai Baba – Ziel aller Reisen (The Ultimate Experience). Weg einer Amerikanerin zu Sathya Sai Baba u. mit seiner Führung zu ihrem Selbst. 260 S., bro., ISBN 3-924739-21-8

Malina, H.: Einmal Puttaparthi und zurück. Hinweise und Tipps für eine Reise zu Sathya Sai Baba. 85 S., bro., ISBN 3-932957-03-2

Mittwede, M.: Spirituelles Wörterbuch Sanskrit–Deutsch. Über 3000 Sanskritwörter aus den Bereichen Religion, Philosophie, Gottesnamen, Yoga, Vedānta etc. 300 S., kart, ISBN 3-932957-02-4

Murphet, H.: Sai Baba und seine Wunder. Neben Wissenswertem über Biographie, Sendung und Lehre des Avatars Sathya Sai Baba enthält dieses Buch eine Fülle von Berichten über seine Wunder, mit denen er Menschen segnet, beschenkt und heilt. 272 S., bro., ISBN 3-924739-86-2

Murphet, H.: Sai Baba Avatar. Anhand vieler Beispiele berichtet der Autor von Sai Babas Wirken.. 270 S., bro., ISBN 3-922800-25-4

Murthy, T. S. A: Leben und Lehren von Shrī Sai Baba von Shirdi. Biographie der vorherigen Inkarnation Sathya Sai Babas. 208 S., bro., ISBN 3-924739-82-X

Sandweiss, S. H.: Der Heilige und der Psychotherapeut (The Holy Man and the Psychiatrist). Die innere Entwicklung eines amerik. Psychotherapeuten von Hilflosigkeit und Zweifel zur Erkenntnis der alles durchdringenden Liebe Gottes. 272 S., bro., ISBN 3-924739-36-6

Sandweiss, S. H.: Weg zu Gott durch Heilung der Seele (Spirit and Mind). Über die Bedeutung der Spiritualität für die Psychotherapie. 344 S., bro., ISBN 3-924739-64-1

Schau nach innen – Meditation über das Licht. Kinderbuch. Die vorliegende Lichtmeditation basiert auf einer Anleitung, die Sathya Sai Baba zu dieser wirkungsvollen Meditationsart gegeben hat. 32 S., bro., ISBN 3-924739-98-6

Svensson, Camille: Bhagavadgita – Der göttliche Gesang. Neuübersetzung mit Kommentaren aus den Schriften von Sathya Sai Baba. 296 S., kart., ISBN 3-932957-08-3

Thomas, Joy: Das Leben ist ein Spiel – Spiel es! (Life is a game – play it!). Das erste von vier Büchern über den Transformationsprozess der Autorin als Devotee Babas. 296 S., bro., ISBN 3-924739-81-1

Thomas, Joy: Das Leben ist eine Herausforderung – Begegne ihr! (Life is a challenge – meet it!). Die Autorin macht durch die Beschreibung ihrer eigenen Transformation deutlich, wie Sai Baba jeden Einzelnen seiner Anhänger auf ganz spezielle Weise auf seinen persönlichen Weg führt. 190 S., bro., ISBN 3-924739-71-4

Zeile, Edith (Hg.): Begegnung mit Sathya Sai Baba. Deutsche Devotees berichten über ihre Erfahrungen mit Sathya Sai Baba. 112 S., bro., ISBN 3-932957-04-0